人力资源管理师操作实务

绩效管理实务

主编◎葛玉辉　　副主编◎蔡弘毅

第2版

Performance Management Practices

清华大学出版社
北京

内 容 简 介

本书注重理论与实践平衡，强化实操，汲取了绩效管理经典作品的思想和新观点，同时融入了编者多年在管理咨询实践中的许多心得体会与经验，形成了对绩效管理实务的全新思路。

全书共分四篇十七章。按"理论—实战—工具—操作"的顺序有步骤、有层次地引入绩效管理的系统知识，既有理论基础，又有工具与操作的详细介绍，更有具体岗位的绩效管理设计，能帮助读者正确处理绩效管理研究与实务中遇到的难题，体会以不变应万变之理。

本书实操性强，注重理论、工具方法和实际操作的有机联系，充分利用丰富的图表来形象地表达问题，并结合案例进行分析。本书的每章都附有思考案例、管理提示或大师名言，能帮助读者尽快掌握绩效管理的实务操作技能。

图书在版编目（CIP）数据

绩效管理实务 / 葛玉辉主编 . —2 版 . —北京：清华大学出版社，2022.6
（人力资源管理师操作实务）
ISBN 978-7-302-57931-1

Ⅰ．①绩… Ⅱ．①葛… Ⅲ．①企业绩效—企业管理 Ⅳ．①F272.5

中国版本图书馆 CIP 数据核字（2021）第 061979 号

责任编辑：邓 婷
封面设计：刘 超
版式设计：文森时代
责任校对：马军令
责任印制：朱雨萌

出版发行：清华大学出版社
  网　　址：http://www.tup.com.cn，http://www.wqbook.com
  地　　址：北京清华大学学研大厦A座   邮　　编：100084
  社 总 机：010-83470000   邮　　购：010-62786544
  投稿与读者服务：010-62776969，c-service@tup.tsinghua.edu.cn
  质量反馈：010-62772015，zhiliang@tup.tsinghua.edu.cn
印 装 者：三河市铭诚印务有限公司
经　　销：全国新华书店
开　　本：185mm×260mm 印　　张：15.75 字　　数：364 千字
版　　次：2008 年 10 月第 1 版 2022 年 6 月第 2 版 印　　次：2022 年 6 月第 1 次印刷
定　　价：59.80 元

产品编号：081402-01

编 委 会

丛书主编

葛玉辉，男，1964 年出生，华中科技大学管理学博士，上海理工大学管理学院教授、博士生导师、工商管理系主任、工商管理一流学科带头人，国内著名的管理咨询专家，中国管理学网名师，上海交通大学海外教育学院特聘教授，复旦大学特聘教授，同济大学特聘教授，慧泉（中国）国际教育集团高级教练，精品课程"人力资源管理"主讲教授，上海解放教育传媒·学网特聘教师，上海博示企业管理咨询有限公司技术总监，中国人力资源开发与管理委员会委员，上海人才学会理事，上海市系统工程学会会员，上海社会科学联合会会员，湖北省社会科学联合会会员，中国管理研究国际学会理事。

葛玉辉在 *African Journal of Business Management*，*Journal of Grey System*，*Journal of Computational Information Systems* 等国外期刊，以及《预测》《管理工程学报》《科学学与科学技术管理》等国内期刊上公开发表学术论文 260 余篇，2000—2018 年主持企业策划、人力资源开发与管理研究等科技项目 40 余项，其中国家级项目 4 项，省部级项目 6 项，横向课题 31 项，4 项科研成果分获国家优秀成果二等奖、湖北省重大科技成果奖、湖北省科技进步三等奖。

丛书编委会（排名不分先后）

宋　美　宋志强　张玉玲　孟陈莉　赵晓青　郭亮亮

高　雪　顾增旺　蔡弘毅　葛玉辉　焦忆雷　蔺思雨

总 序
P . R . E . F . A . C . E

本套"人力资源管理师操作实务"丛书第 2 版，是在丛书第 1 版的基础上结合新时代前沿理论和最新的行业实践要求，从人力资源工作实务的角度进行编写的。本丛书注重理论与实践平衡，强化实操，汲取了人力资源管理经典理论和新观点并融入了编者多年在管理咨询实践中的许多心得体会与经验，形成了"理论—实战—工具—操作"的全新撰写思路。本套丛书实操性强，注重基础理论、工具方法和实际操作的有机联系，充分利用丰富的图表来形象地表达和说明问题并结合案例进行分析，每章有思考案例、管理提示或大师名言，有助于读者尽快掌握人力资源管理实务操作技能。本套丛书是人力资源管理者进行人力资源规范化管理、提高工作效率必备的实用工作手册和常用工具书。同时，本套丛书为打造一个专门的板块特构建了一个集"阅读—下载—互动"为一体的立体化教学资源平台，读者可以从这个平台的网站上下载工作中实用的表格或者文件的模板，也可以延伸阅读一些案例。

1. 丛书（第 2 版）构成：一套六本

（1）《工作分析与工作设计实务（第 2 版）》
（2）《招聘与录用管理实务（第 2 版）》
（3）《员工培训与开发实务（第 2 版）》
（4）《绩效管理实务（第 2 版）》
（5）《薪酬管理实务（第 2 版）》
（6）《职业生涯规划管理实务（第 2 版）》

2. 丛书特色：理论—实战—工具—操作—下载—互动

（1）丛书第 2 版立足于中国情境并结合新时代特色将前沿理论融入丛书中，如《绩效管理实务（第 2 版）》一书中编者增加了最新的绩效考核工具目标—结果考核法（objectives and key results，OKR）和经济增加值考核法（economic value added，EVA）。

（2）从人力资源管理工作实务的角度出发，按照实际工作流程中的相应环节进行内容框架设计；内容丰富，与实际工作结合紧密，具有工具性特色。在每章的开头以案例导入，每章的正文适当穿插案例，每章的结尾再设置案例，便于读者结合理论进行分析和讨论。

（3）从实用性的角度出发，对知识讲解采取图和表等直观形式来进行说明；对一些具体工作文本和工具表格，提供网络链接方便读者下载使用，突出实用性特色。

（4）对一些不容易用图和表说明的内容，针对各个工作环节中遇到的主要问题用实例加以说明；突出方法与技巧，帮助读者理解和掌握相关知识点；示例新颖、有代表性，完美地展现了人力资源管理的成功经验和实用技巧。

（5）形式活泼。书中增加了一些小案例、小测试或相关知识阅读推荐之类的小板块，使读者阅读起来更轻松，便于掌握。

（6）网络与丛书的互动。我们在互联网上搭建了一个编者与读者教与学的互动平台，将最新理论成果、策划案例分析、图形、表格、工作文本等相关资料展现在网上（www.boshzixun.cn），形成教学互动，实现丛书资源共享。

3. 作者团队：学术界+企业界

本套丛书的作者既有来自高校管理学院的教授、博士，又有来自管理咨询公司的资深高级咨询师，更有来自企业的人力资源总监、高层管理者，体现了理论与实践的完美结合、学术与应用的并重、操作与理念的相互渗透。

本套丛书从调研、策划、构思、撰写到出版，前后历时多年。丛书第 2 版的出版，既是作者辛勤工作的成果，更是"产学研"团队合作成功的标志。在此衷心感谢团队成员付出的大量心血，感谢清华大学出版社对本丛书出版的支持和帮助。

本套丛书适合作为经济管理类专业的本科生、研究生和 MBA 教材，也可供研究人员及各类组织的管理人员自学和培训使用。

在编写本套丛书的过程中，我们参阅和借鉴了大量的相关书籍与论文，在此谨向这些书籍和论文的作者表示最诚挚的谢意。限于编者的水平和经验，书中难免存在不足之处，敬请广大读者批评指正。

葛玉辉于上海

前　言

绩效管理作为人力资源管理的核心，对其他人力资源工作起着承前启后的重要作用；没有一个完善的绩效管理系统以及恰当的实施，人力资源管理工作就很难开展。每个组织都知道绩效管理是人力资源管理工作的关键，然而在绩效管理实践中，它又是一个人见人怕的"烫手山芋"，往往得不到经理的喜欢和员工的支持。这些症结不是无缘无故形成的，而是缘于一系列对绩效管理的不正确理解和对绩效管理工具的不恰当使用。对于何为绩效、绩效指标应当如何设计、绩效管理实施的关键是什么这几个问题，大部分绩效管理的实施人员只有一个模糊的概念，往往只是凭经验和感受去做，结果自己落入了绩效管理误区中却百思不得其解。

当前，不论是普通高校的企业管理、劳动经济学等经济管理类相关专业的大学生、研究生和MBA，还是各种类型的组织内人力资源管理从业人员及广大普通员工，都亟须一本关于绩效管理实务操作的教科书，以帮助他们系统地学习绩效管理知识，掌握绩效管理理论，提高绩效管理的实际操作能力。

本书系统、全面地介绍了绩效管理的理论和操作方法，以及部分特殊岗位的绩效指标的设计方法，共四篇，分为十七章。其中，第一篇是绩效管理概述，主要介绍了绩效管理的基础理论、绩效管理的流程以及绩效指标与标准的设计；第二篇是绩效考核工具，详细介绍了KPI关键绩效指标法、BSC平衡计分卡、360度考核法等工具如何使用，并对其优缺点进行了说明，在此基础上又介绍了最新的绩效考核工具OKR目标—结果考核法和EVA经济增加值考核法；第三篇是绩效管理的实施，主要讲解了绩效管理的实施流程及注意事项，从绩效计划的制订、绩效管理的实施与控制、绩效考核、绩效反馈到绩效考核结果的应用等完整的绩效管理流程；第四篇是特殊岗位的绩效考核方案，介绍了高层管理岗、职能岗、销售岗和研发岗等岗位的绩效考核指标和方法的具体设计方案。

本书从全新的视角来分析绩效以及绩效指标的设计，理论与案例相结合，利用丰富的图和表，形象地将绩效管理的本质与实际操作展示了出来。具体来说，本书有如下四大特色。

第一，按照"基础理论—工具方法—实际操作"的思路，有步骤、有层次地引入绩效管理知识，既有基础理论的系统阐释，又有工具方法与实际操作的详细介绍，使读者对绩效管理的理解更加透彻。

第二，以全新的视角介绍绩效指标的设计，不仅深入地介绍了KPI关键绩效指标、

BSC 平衡计分卡和 360 度考核这些常见的指标设计工具，更引入了 OKR 目标—结果考核法和 EVA 经济增加值考核法，从绩效指标的分解、筛选与表述三个方面进行分析，然后再结合绩效考核工具的介绍，引出绩效管理实际操作的全过程，全面深刻地介绍了绩效管理如何设计与实施，并详细地说明了实施过程中容易出现的问题的解决办法。

第三，本书无论是在基础理论篇，还是在工具方法篇和实际操作篇，都注重理论联系实际，利用丰富的图表形象地表达绩效管理中各模块的特点。本书每章的开头均以案例导入，每章的正文适当穿插案例，每章的结尾再设置案例，便于读者结合理论进行分析和讨论。

第四，本书基于实战，详细地介绍了公司特殊岗位的绩效该如何设计，包括公司高层管理者的绩效考核量表与绩效考核方案，公司职能岗位的绩效目标设计，销售岗位的绩效考核办法以及研发岗位的绩效考核指标，为读者在绩效管理实战中提供有力支持。

编者

目 录

C.O.N.T.E.N.T.S

第三篇　绩效管理的实施

第四篇　特殊岗位的绩效考核方案

第一篇
绩效管理概述

所有的组织都必须思考"绩效"为何物。这在以前简单明了，现在却不复如是。策略的拟定越来越需要对绩效的新定义。

——彼得·德鲁克

第一章　绩效与绩效管理

天外伺郎语出惊人：绩效主义毁了索尼

2006 年索尼公司迎来了创业 60 年。过去索尼公司像钻石一样晶莹璀璨，而今却变得满身污垢，暗淡无光。因笔记本电脑锂电池着火事故，世界上使用索尼产锂电池的约 960 万台笔记本电脑被召回，估计更换电池的费用将达 510 亿日元。PS3 游戏机曾被视为索尼公司的"救星"，在上市当天就销售一空，但因为关键部件批量生产的速度跟不上，索尼公司被迫控制整机的生产数量。2007 年 3 月进行年度结算时，游戏机部门的经营亏损将达 2000 亿日元。多数人察觉到索尼公司的不正常恐怕是在 2003 年春天。当时索尼公司公布一个季度就出现了约 1000 亿日元的亏损。市场上甚至出现了"索尼冲击"，索尼公司股票连续两天跌停。

（一）"激情集团"消失了

所谓"激情集团"，是指我参与开发 CD 技术时期，公司那些不知疲倦、全身心投入开发的集体。在创业初期，这样的"激情集团"接连开发出了具有独创性的产品。索尼当初之所以能做到这一点，是因为有井深大的领导。井深大最让人佩服的一点是，他能点燃技术开发人员心中之火，让他们变成为技术献身的"狂人"。在刚刚进入公司时，我曾和井深大进行过激烈争论。井深大对新人并不是采取高压态度，他尊重我的意见。为了不辜负他对我的信任，我当年也同样潜心于研发工作。比我进公司更早，也受到井深大影响的那些人，在井深大退出第一线后的很长一段时间，仍以井深大的作风影响着全公司。当这些人不在了，索尼也就开始逐渐衰败。与此相反就是"外部的动机"，如想赚钱、升职或出名，即想得到来自外部回报的心理状态。如果没有发自内心的热情，而是出于"想赚钱或升职"的世俗动机，那是无法成为"开发狂人"的。

（二）"挑战精神"消失了

今天的索尼职工好像没有了自发的动机。为什么呢？我认为是因为实行了绩效主义。绩效主义就是："业务成果和金钱报酬直接挂钩，职工为了拿到更多报酬而努力工作。"如果外在的动机增强，那么自发的动机就会受到抑制。如果总是说"你努力干我就给你加工资"，那么以工作为乐趣这种内在的意识就会受到抑制。从 1995 年左右开始，索尼公司逐渐实行绩效主义，成立了专门机构，制定了非常详细的评价标准，并根据对每个人的评价确定报酬。但是井深大的想法与绩效主义恰恰相反，他有一句口头禅："工作的报酬是工作。"如果你干了件受到好评的工作，下次你还可以再干更好的工作。在井深大的时代，许多人为追求工作的乐趣而埋头苦干。但是，因实行绩效主义，职工逐渐失去了工作热情。在这种情况下是无法产生"激情集团"的。为衡量业绩，首先必须把各种工作数量化，但是工作是无法简单量化的。

因为要考核业绩，几乎所有人都提出容易实现的低目标，可以说索尼精神的核心即"挑战精神"消失了。因实行绩效主义，索尼公司内追求眼前利益的风气蔓延。这样一来，短期内难见效益的工作，如产品质量检验以及"老化处理"工序都受到轻视。

"老化处理"是保证电池质量的工序之一。电池制造出来之后不能立刻出厂，需要放置一段时间，再通过检查别出不合格产品，这就是"老化处理"。至于"老化处理"程序上的问题是否是上面提到的锂电池着火事故的直接原因，现在尚无法下结论，但我想指出的是，不管是什么样的企业，只要实行绩效主义，一些扎实细致的工作就容易被忽视。

索尼公司不仅对每个人进行考核，还对每个业务部门进行经济考核，由此决定整个业务部门的报酬。最后导致的结果是，业务部门相互拆台，都想方设法从公司的整体利益中为本部门多捞取好处。

资料来源：天外伺郎. 绩效主义毁了索尼[J]. 经理人内参，2007（5）：40-43. 有删节.

《绩效主义毁了索尼》这篇文章，相信不少朋友都看过，反对和支持文章观点的争议一直存在，作者是索尼公司前常务理事土井利忠（文章署的是他的笔名"天外伺郎"）。他的主要观点是，20世纪90年代中期之后，索尼引入美国式的绩效主义，扼杀了索尼的创新精神，最终导致索尼在数字时代的失败。那么绩效究竟是什么，索尼的绩效管理为什么会失败，未来企业还需要绩效管理吗？通过思考这样的问题，我们进入对绩效管理课程的学习。

第一节 绩 效 概 述

一、不同学科视角下绩效的含义

1. 管理学视角

著名的哲学家亚里士多德曾经讲过，世上最难的工作莫过于下定义了，但有时下定义又是一切工作的前提。与"绩效"一词对应的英文单词是 performance，而 performance 的解释是"执行、履行、表现、成绩"（《牛津现代高级英汉双解词典》）。这个界定本身就不很清晰，实际上对于绩效的含义，直至今日，不同的人仍有不同的理解。因此，要想理解绩效的全部内涵，不但要关注它的理论发展，还要结合它在实践运用中的演变。

从管理学的角度看，绩效是组织期望的结果，是组织为实现其目标而展现在不同层面上的有效输出，包括个人绩效和组织绩效两个方面。组织绩效是组织最终经营管理的结果，组织绩效建立在个人绩效实现的基础上，但个人绩效的实现并不一定能保证组织是有绩效的。如果组织的绩效按一定的逻辑关系被层层分解到每一个组织成员的时候，只要每个人都达成了组织的要求，组织的绩效就实现了。但是组织战略的失误可能造成个人绩效的目标偏离组织绩效的目标，从而导致组织绩效的目标不能实现。

2. 经济学视角

从经济学的角度看，绩效与薪酬是员工和组织之间的对等承诺关系，绩效是员工对组织的承诺，而薪酬是组织对员工所做的承诺。一个人进入组织，必须对组织所要求的绩效做出承诺。这种对等承诺关系的本质，体现了等价交换的原则，而这一原则正是市场经济运行的基本规则。

3. 社会学视角

从社会学的角度看，绩效意味着每一个社会成员按照社会分工所确定的角色承担他的那一份职责。个人的生存权利是由其他人的绩效保证的，而其他人的生存权利又是由个人的绩效保证的。因此，出色地完成个人的绩效是作为社会一员的义务。受惠于社会就必须回馈社会。

二、绩效概念的三种观点

随着管理实践深度和广度的不断增加，人们对绩效概念和内涵的认识也在不断变化。目前在理解绩效的内涵上主要有三种观点：结果论、过程论和潜能论。

1. 结果论

结果论将绩效视为结果，主张用工作的实际产出说话，注重绩效的客观性和明确性。但是，如果人们无法控制行为的过程，那么行为导致的工作结果就不可靠，而且过分强调结果，就可能导致员工为达到目的而不择手段，使组织成员之间因追求短期效益而产生恶性竞争，最终伤害组织的整体利益和绩效。

2. 过程论

过程论将绩效视为一个为实现目标而采取行动的过程，即"绩效=行为"。过程论的基本假设是：行为必然导致结果，只要控制了行为就能够控制结果。过程论认为绩效是行为，通过对员工行为的标准化、职业化塑造，能建立起标准、规范的行为体系。

Borman 和 Motowidlo（1993）等人在过程论的基础上深入研究，提出了绩效的二维模式，即绩效是由任务绩效和周边绩效构成的。任务绩效指所规定的行为或与特定的具体职务的工作内容密切相关的，同时也和个体的能力、完成任务的熟练程度和工作知识密切相关的行为；周边绩效指与绩效的组织特征密切相关的行为或与非特定的工作熟练度有关的行为。这些行为虽然对于组织技术核心的维护和服务没有直接关系，但是它对企业的运营环境和企业的长远战略发展有重要的意义。周边绩效概念的提出对深化人们对组织绩效的认识具有重要意义。

3. 潜能论

知识经济时代，评价并管理知识型员工的绩效变得越来越重要。由于知识型工作和知识型员工给组织绩效管理带来的新挑战，越来越多的企业将以素质为基础的员工潜能列入绩效考核的范围。对绩效的研究也不再仅仅关注于对过去的反应，而是更加关注员工的潜在能力，更加重视素质与高绩效之间的关系。

三、绩效的决定因素

能够使一些人的绩效优于其他人的因素是陈述性知识、程序性知识以及动机。陈述性知识是关于事实和事情的信息，它包括关于某一既定任务的要求、说明、原则以及目标等方面的信息。程序性知识是知道应该做什么以及知道如何去做这方面知识的结合，它包括认知、身体、知觉、动力以及人际关系等方面的技能。动机包括以下三种类型的选择：选择是否付出努力（例如，"我今天要去上班"）；选择努力的程度（例如，"我将尽自己最大努力去工作"或"我不会太卖力气"）；选择是否坚持付出某种水平的努力（例如，"过一会儿我就会松点劲"或"无论如何我都会坚持下去"）。表 1-1 对陈述性知识、程序性知识和动机的组成进行了总结。为了使绩效达到较高的水平，上述三个绩效决定因素都必须同时具备。换句话说，这三个决定因素之间有一种相乘的关系。因此，绩效=陈述性知识×程序性知识×动机。

表 1-1　绩效的决定因素

陈述性知识	程序性知识	动　　机
事实	认知技能	选择是否付出努力
原则	精神运动技能	努力的程度
目标	生理技能	努力的持续性
	人际关系技能	

四、绩效在实践中的含义

在具体实践中，对绩效的理解可能是以上三种认识中的一种，也可能是对各种绩效概念的综合平衡。一般而言，人们在实践中对绩效有以下五种理解。

1. 绩效是"工作任务"

工作任务本身十分明确清晰，任务的完成受外界条件的制约不大，任务承担者与他人或团队之间的依赖程度也不高，这时完成工作任务本身就是绩效。这种理念的适用对象是生产一线的工人和体力劳动者。这种界定在传统的绩效考核中曾经风靡一时。但是，它对于企业中的管理层和知识型员工来说，由于任务界定的模糊化而缺乏针对性。

2. 绩效就是"工作产出"或"结果"

岗位职责决定了某一工作职位或部门应承担的为实现组织或部门目标必须完成的任务，特定的工作岗位决定了被考核者应有的知识、技能、态度和综合这些因素所能做出的实际贡献，所以，绩效被定义为"产出"或"结果"。这种界定包含着对被考核者责任认知的考核、能力考核和态度考核。但由于"产出"或"结果"经常是由某些不可控的因素决定的，而个体的考核信息却不能准确地反映这些因素，因此，"工作产出"或"结果"的绩效观受到了质疑。

3. 绩效就是"行为"

"行为说"认为许多工作结果可能是由与工作毫无关系的其他原因引起的，结果的产生可能包括许多个体无法控制的因素，过分重视结果会忽视重要的程序因素和人际关系因素。因此，相比之下，尽管行为也会受外界因素的影响，但它更多还是取决于个体的直接控制和调整。

4. 绩效是"行为"（如何做）+"结果"（做了什么）的统一体

作为结果和过程的绩效观各有其优点和缺点（见表1-2），从实际运用的角度来看，不同的侧重都失之偏颇，因此将两种观点结合起来是一种比较全面的绩效观。具体到实践中，高速发展的企业或行业，一般更重视"结果"；发展相对平稳的企业或行业，则更重视"过程"；强调反应速度，注重灵活、创新工作文化的企业，一般更强调"结果"；强调流程、规范，注重规则工作文化的企业，一般更强调"过程"；企业的不同类别的人员、不同层次的人员，层级越高越以结果为主，层级越低越以过程或行为为主。

表1-2 不同绩效观的优缺点比较

比　较	优　点	缺　点
注重结果、产出	• 鼓励大家重视产出； • 具有鼓舞性和奖励性； • 容易在组织中营造结果导向的文化和氛围； • 员工成就感强	• 在未形成结果前不能发现不正当行为； • 当出现责任人不能控制的外界因素时，评价失效； • 无法获得个人活动信息，不能进行指导和帮助； • 容易导致短期效益
注重过程、行为	• 能及时获得个人活动信息； • 有助于指导和帮助员工； • 能够使员工"正确地去做事"； • 有助于提高员工的职业化程度	• 对行为的理解有较大差异； • 成功的创新者难以容身； • 过分强调工作的方法和步骤； • 有时忽视实际的工作成果

5. 绩效是"做了什么"（实际收益）+"能做什么"（预期收益）

将员工个人的知识、技能、素质、潜能等要素都纳入绩效中的界定非常适合知识型员工的管理和从事大量创新性工作的企业，而且也体现了建立绩效考核体系的根本目的，就是要促使企业的目标顺利得以实现。要顺利实现组织的目标，最重要的不是过去做了什么和哪些没有做成，而是企业将来还能够做什么和如何从失败中吸取教训。所以，这种绩效观念是开放式的，在时间和空间上更为包容。

以上五种绩效含义的适用情况如表1-3所示。

表 1-3 绩效含义适用情况对照表

绩 效 含 义	适 用 对 象	适用企业的阶段
绩效是"工作任务"	• 体力劳动者； • 事务性或例行性工作人员	
绩效是"工作产出"或"结果"	• 高层管理者； • 销售、售后服务等可量化工作性质的人员	高速发展的成长型企业，强调快速反应、注重灵活创新的企业
绩效是"行为"	基层员工	发展相对缓慢的成熟型企业，强调流程、规范，注重规则的企业
"行为"+"结果"的统一体	普遍适用于各类人员	
"做了什么"+"能做什么"	知识工作者、研发人员	

第二节 绩效管理与绩效考核

一、绩效管理的含义

随着经济全球化和网络时代的到来，为了提高自己的竞争能力和适应能力，许多企业都在探索提高生产力和改善组织绩效的有效途径，组织结构调整、组织裁员、组织扁平化、组织分散化成为当代组织变革的主流趋势。但是，实践证明，尽管上述组织结构的调整能够减少成本，但却并不一定能改善绩效，只是提供了一个改善绩效的机会，而真正能促使组织绩效提高的是组织成员行为的改变。在这样一个背景下，研究者在总结绩效考核不足的基础上，拓展了绩效的内涵，于 20 世纪 70 年代后期提出了"绩效管理"的概念。

Nickols（1997）在其发表的题为"不要设计你们公司的绩效评估体系，去掉它"的文章中指出，从绩效考核到绩效管理依赖以下四个原则：一是必须设定目标，目标必须为管理者和员工双方所认同；二是测量员工是否成功达到目标的尺度必须被清晰地表达出来；三是目标本身应该是灵活的，应该足够反映经济和工作场所环境的变化；四是员工应该把管理者不仅当作考核者，而且当作指导者，帮助他们达成目标。Tom Coen & Mary Jenkins（1997）在其文章《废止绩效评估：为什么会发生，用什么代替？》中则认为，从绩效评估到绩效管理应该是一个组织整体文化的变化，包括指导、反馈、薪酬和晋升决定以及法律上的阐述。这里面就存在系统的观点，包括了现在公认的绩效管理的大部分内容。

二、绩效考核的定义

绩效会因时间、空间、工作任务的条件和环境等相关因素的变化而不同，呈现出明显的多样性、多维性与动态性，这也就决定了对绩效的考核必须是多角度、多方位和多层次的。对于绩效考核，不同的人有不同的认识，从较早期的观点看，有以下几种描述：对组织中成员的贡献进行排序；对员工的个性、资质、习惯和态度以及对组织的相对价值进行有组织的、实事求是的考核，它是考核的程序、规范、方法的总和；对员工现任职务状况的出色程度以及担任更高一级职务的潜力，进行有组织的、定期的并且是尽可能客观的考核；人事管理系统的组成部分，由考核者对被考核者的日常职务行为进行观察、记录，并在事实的基础上，按照一定的目的进行的考核，达到培养、开发和利用组织成员能力的目的；定期考核和考察个人或团队工作业绩的一种正式制度。

综合以上观点，可以从以下三个角度理解绩效考核。

（1）绩效考核是从企业经营目标出发对员工工作进行考核，并使考核结果与其他人力资源管理职能相结合，推动企业经营目标的实现。

（2）绩效考核是人力资源管理系统的组成部分，它运用一套系统的和一贯的制度性规范、程序和方法进行考核。

（3）绩效考核是对组织成员在日常工作中所表现的能力、态度和业绩，进行以事实为依据的评价。

归纳起来，绩效考核是指考核主体对照工作目标或绩效标准，采用科学的考核方法，评定员工的工作任务完成情况，员工的工作职责履行程度和员工的发展情况，并且将评定结果反馈给员工的过程。

三、绩效管理和绩效考核的区别与联系

1. 目的

对于传统的绩效考核来说，企业人力资源管理的目的是通过一系列制度、指标和标准来评判不同员工的劳动支出、努力程度和贡献份额，有针对性地支付薪酬、给予奖励，最大限度地利用人力资源来实现组织目标。由于实践中人们常常将绩效考核从完整的绩效管理中割裂开来，从而会误导绩效管理的目的。

绩效管理的目的包括三个方面，即战略目的、管理目的和开发目的。一个有效的绩效管理系统首先要根据公司的战略目标制定各部门和员工的目标；其次绩效管理系统应贯彻指导、评价、区分、激励、沟通等管理措施，使管理有效；最后绩效管理应着眼于人力资源的开发，使员工持续成长，绩效持续改善。

2. 基本假设

企业在单纯运用绩效考核技术时实际上已然假设所有的考核主客体对于组织目标、绩效指标、绩效标准以及绩效的有效实现方式都是了解和熟悉的，并且对于整个管理过程是基本认可的。也就是说，绩效考核仅对员工的行为表现和工作成果做评判，至多调整和完善管理过程中的局部环节。但是，这样的假设在人力资源管理实践中显然不现实

和不充分，因此，实施完整的绩效管理过程必须从企业管理的各个方面做准备，包括文化、战略、组织、领导、激励、决策支持和控制等。

3. 运作思路

绩效管理是人力资源管理体系中的核心内容，而绩效考核只是绩效管理过程中的关键环节，两者在实践中的运作思路是有根本差异的。

1）过程的系统性和前瞻性

企业不仅要完整地看待绩效管理的全过程，还要树立绩效管理是基本的管理过程的理念，并围绕此理念展开绩效管理的各项活动。

（1）绩效管理是一个完整的系统，绩效考核是这个系统的一部分。

（2）绩效管理是一个过程，注重过程管理，而绩效考核是一个阶段性的总结。

（3）绩效管理具有前瞻性，能帮助企业和管理者前瞻性地看待问题，有效地规划企业和员工的未来发展，而绩效考核是回顾过去的一个阶段的成果，不具备前瞻性。

2）二者的侧重点及结果

绩效考核在改善员工绩效方面不能孤立地发生作用。如果相应的基础和配套环境未建设好，绩效考核或评估就不能起到很有效的作用，而常常会流于形式，无法实现初衷。

（1）绩效管理有着完善的计划监控的手段和方法，而绩效考核只是提取绩效信息的一个手段。

（2）绩效管理注重能力的培养，而绩效考核只注重成绩的大小。

（3）绩效管理能建立考核者与被考核者之间的绩效合作伙伴关系，而绩效考核则使考核者与被考核者站到了对立的两面，甚至会制造紧张的气氛。

表 1-4 所示为绩效管理与绩效考核的主要区别。

表 1-4　绩效管理与绩效考核的主要区别

绩 效 管 理	绩 效 考 核
一个完整的管理过程	管理过程中的局部环节和手段
侧重于信息沟通与绩效提高	侧重于判断和评估
伴随管理活动的全过程	只出现在特定的时期
事先的沟通与承诺	事后的评估

四、绩效考核在绩效管理中的地位

绩效考核在整个绩效管理活动中主要承担两种职能：一种是绩效评价职能，指通过绩效考核获得员工工作的真实信息，以对绩效突出、表现优异的员工进行奖励，对成绩平平、表现不佳的员工进行惩戒；另一种是信息提供职能，指通过绩效考核获得员工工作的真实信息，有针对性地开发员工的各种潜能，并为组织提供员工在晋升、调动、加薪或培训方面有助于做决策的全面信息。

绩效考核在管理和发展方面的作用如表 1-5 所示。

表 1-5　绩效考核作用

管　理　方　面	发　展　发　面
<ul><li>衡量个人优缺点；</li><li>评价工作效果好坏；</li><li>记录个人决策；</li><li>确定个人工作；</li><li>薪酬管理；</li><li>决定晋升、调任或解聘；</li><li>帮助工作目标实现；</li><li>评价目标完成情况</li></ul>	<ul><li>确定企业培训需求并加以实施；</li><li>制订人力资源短期与长期规划；</li><li>确定企业长期发展需要；</li><li>建立评价员工的有效体系</li></ul>

第三节　战略性绩效管理

一、绩效管理与人力资源管理

绩效管理是人力资源管理的核心，绩效管理在人力资源管理一系列职能活动中起到承上启下的作用，绩效管理与人力资源管理的其他职能活动之间存在着密切的关系，如图 1-1 所示。

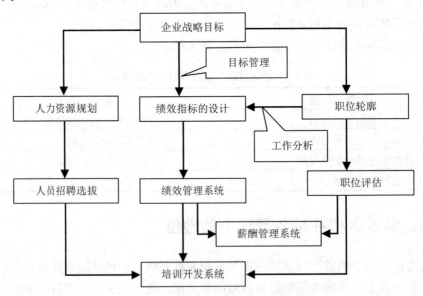

图 1-1　绩效管理与人力资源其他职能的关系

（1）与工作分析的关系。在绩效管理中，对员工进行绩效考核的主要依据就是事先设定绩效目标，而绩效目标的内容在很大程度上都来自通过工作分析所形成的工作说明书。借助工作说明书来设定员工的绩效目标可以使绩效管理工作更有针对性。

（2）与人力资源规划的关系。绩效管理对人力资源规划的影响主要表现在人力资源质量的预测方面。借助绩效管理系统，能够对员工目前的知识和技能水平做出准确的评价，这不仅可以为人力资源供给质量进行预测，还可以为人力资源需求质量的预测提供有效的信息。

（3）与招聘录用的关系。绩效管理与招聘录用的关系是双向的。首先，通过对员工的绩效进行评价，能够对不同招聘渠道的质量做出比较，从而可以对招聘渠道进行优化；此外，对员工绩效的评价也是检测甄选录用系统效度的一个有效手段。其次，招聘录用也会对绩效管理产生影响，如果招聘录用的质量比较高，员工在实际工作中就会表现出良好的绩效，这样就可大大减轻绩效管理的负担。

（4）与培训开发的关系。绩效管理与培训开发也是相互影响的，通过对员工的绩效做出评价，可以发现培训的"压力点"，在对"压力点"做出分析之后就可以确定培训的需求；同时，培训开发也是改进员工绩效的一个重要手段，有助于实现绩效管理的目标。

（5）与薪酬管理的关系。绩效管理与薪酬管理的关系是最为直接的，按照赫茨伯格的双因素理论，如果将员工的薪酬与他们的绩效挂钩，使薪酬成为工作绩效的一种反映，就可以将薪酬从保健因素转变为激励因素，从而使薪酬发挥更大的激励作用。此外，按照公平理论的解释，支付给员工的薪酬应当具有公平性，这样才可以更好地激发他们的积极性。为此就要对员工的绩效做出准确的评价，一方面使他们的付出能够得到相应的回报，实现薪酬的自我公平；另一方面，也使绩效不同的员工得到不同的报酬，实现薪酬的内部公平。

（6）与人员调配的关系。企业进行人员调配的目的，就是实现员工与职位的相互匹配。通过对员工进行绩效考核，一方面可以发现员工是否适应现有的职位，另一方面也可以发现员工适合从事哪些职位。

对员工进行绩效考核，还可以减少解雇辞退等不必要的纠纷。在西方发达国家，解雇员工时必须给出充分的理由，否则可能引起法律纠纷。绩效管理就是一种有效的手段，如果连续几年某个员工的绩效考核结果都不合格，那么就证明该员工无法胜任这一职位，企业就有足够的理由解雇他。随着全球一体化进程的加快和员工法律意识的增强，这个问题应当引起国内企业的重视。

二、战略性绩效管理

战略管理是一个动态过程，其间组织通过对内外环境的分析和学习，建立战略方向，制定有利于实现目标的战略并且执行这些战略，对生产经营活动实行总体性管理。战略管理是帮助企业迎接所面临的竞争性挑战的一种手段，在这个过程中，首先要分析企业所处的竞争环境，确定企业的战略目标，然后再设计出最有助于企业实现预定目标的行动计划以及资源配置方式。其中的关键是使企业自身条件与环境相适应，使企业在激烈的市场竞争中获得优势，求得企业的长期生存与发展。如图 1-2 所示，战略管理过程主要包括以下八个步骤，其中包括战略制定、战略实施和战略评估三个阶段，前六个步骤都可并入第一个阶段。

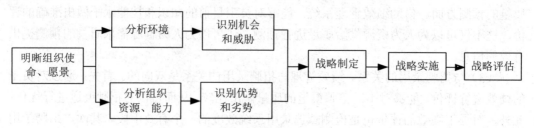

图 1-2　战略管理过程

从人事管理到人力资源管理，再到战略性人力资源管理，这样的演变过程说明了人力资源活动在实现企业战略目标中的重要作用。战略性人力资源管理定位于支持企业的战略中人力资源的作用和角色，它是 21 世纪人力资源研究中的一个重要领域，是组织中关于"人"的管理的一种新视野。战略性人力资源管理是相对于传统事务性人力资源管理而言的一种新的人力资源管理形态。战略性人力资源管理通过把这种职能活动，如招聘、录用、培训、评价和报酬体系等紧密地和战略管理过程联系起来，为企业创造竞争优势。

一个优秀的绩效管理系统不仅是人力资源管理的一个模块，而且可以为企业高层实现战略目标、提高战略执行力奠定坚实的基础，如图 1-3 所示。

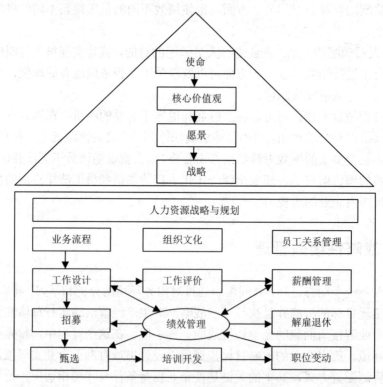

图 1-3　战略性人力资源管理系统

战略性绩效管理，就是战略性人力资源体系中的绩效管理，它承接组织的战略，是由计划绩效、监控绩效、评价绩效和反馈绩效四个环节构成的一个闭循环，通过这四个环节的良性循环过程，使管理者能够确保员工的工作活动和工作产出与组织的目标一致，不断改进员工和组织的绩效水平，促进组织战略目标的实现。战略性绩效管理是通过识别、衡量和传达有关员工工作绩效水平的信息，使组织的目标得以实现的一种逐步定位的方法。由于组织与员工在实现既定目标的前提下本来就是一个不可分割的有机体。因此，绩效管理系统只有在针对组织进行定位的前提下，才能够对作为组织成员的个人的行为进行定位。为了更好地实现绩效管理，企业高层必须能够准确、清晰、明确地表达企业的目标与战略，从而在绩效管理系统中，向员工准确地传达信息，以保证绩效管理的目标得以实现。绩效管理系统的任何一个环节都与组织的目标相联系，如何体现出这种联系，正是战略性绩效管理系统设计中的关键。

从系统的角度来看，人力资源管理系统是企业经营管理系统中的一个子系统，一个完整的人力资源管理系统通常由组织结构设计、工作分析与设计、招聘、培训、绩效薪酬和企业人力资源规划等组成。这些都会受到企业文化的影响，并且它们相互影响、相互作用，共同为企业的人力资源管理战略与规划提供支撑。绩效管理在人力资源管理中处于核心地位，它与人力资源管理其他的环节存在着密切的关系。只有系统地把握它们之间的关系，才能对企业的员工绩效管理体系进行科学的设计，并将评价的结果有效地运用，以推动战略目标的实现。

案 例 分 析

案例一：IBM 的绩效管理

在人员的绩效管理上，IBM 取消以往绩效四级考核的评等方式，而采用新的三等（1，2，3）评等方式，并实行纺锤形的绩效分配原则，即除非有例外状况，绝大多数的员工都能得到评等 2。IBM 的新绩效管理制度叫作个人业务承诺（personal business commitments，PBCs），即除了由经理人做年终绩效考核，员工亦可自己另寻找 6 位同事，以匿名方式通过电子窗体进行考核，称为"360 度反馈"（这种方式的弊端在于：部分员工在评价时，只征求平时关系比较好的同事的意见并提前知会，这可能导致最终评价结果缺乏客观性）。如果得到特别差的评等 3，代表本人未达成业务承诺（PBCs），你可能需要接受 6 个月的留公司查看处分，你必须更努力工作，以达更佳的业绩；得到评等 2 代表你达成目标，是个好员工；得到评等 1 的人被称为"水上飞"（water walkers），代表你是高成就者，超越了自己的目标，也没做错什么事。

（一）员工的绩效计划

员工的绩效计划建立在员工自己按下列三个领域设定的年度目标上。

（1）必胜（win）。这里表达的是员工要抓住任何可能成功的机会，以坚强的意志激励自己，并且竭力完成。如市场占有率是最重要的绩效评等考量。

（2）执行（execute）。这里强调三个词，即行动、行动、行动，不要光是坐而言，必须起而行。

（3）团队（team）。即各不同单位间不允许有冲突，绝不能让顾客产生疑惑。

这种绩效考核对一般IBM成员具有重要意义，而对被赋予管理者责任的管理人员，则根据员工意见调查（employee opinion survey）、高阶主管面谈（executive interview）、门户开放政策（open door policy）的反馈，另加一个评等构成，并且占有整体评等一半的比重。

（二）IBM管理者的责任

1. 人员配置（stuffing）

① 配置有才能的人才。② 对每位员工，根据其工作成绩及将来可能具有的必要技能，提出他们今后在公司内的几种发展前途。③ 根据需要，对员工进行适当的调配。

2. 培养（developing）

① 为员工履行职务适当地安排必要的教育训练。② 要支持、鼓励员工增长知识与技能，提高其信心，同时，要引导员工充分理解未来的事业。③ 适当培养自己与部下的接班人。

3. 调动员工积极性（motivating）

① 制订有效的部门目标与明确的业务目标。② 确认员工进修业务与评定标准。③ 进行适当的指导与监督。④ 最大限度地发挥员工的知识与技能。⑤ 按业务目标，定期对员工的成绩进行评定。⑥ 推荐、晋升善于发挥能力的、有上进心的员工承担更重要的工作。⑦ 对取得成绩者给予适当的报酬，以贯彻正确的管理。⑧ 为员工能持续追求最佳效果创造条件。⑨ 对主动承担工作并发挥了独创性且获优异成果者，加以表扬，同时给予相应的待遇（提薪、晋升）。⑩ 选择典型实例向员工推荐。⑪ 对工作优异、做出贡献者予以表彰。

4. 授权（delegating）

充分授予员工以执行职务所必要的决策权。

5. 与雇员的关系（employee relations）

① 为了解员工需要什么和关心什么，有效地确立并坚持定期交流。② 确切掌握员工的工作积极性及事业的发展，并向上级汇报。③ 适当地掌握员工私人信息。④ 发现公司的方针、制度、惯例等和实际情况相违背时，要提出改革方案。

6. 安全与健康（safety & health）

① 通过对工作方法和机械设备的定期检查，掌握并排除危害安全与健康的因素。② 对工作方法进行实验与说明。

7. 公司财产的安全与保密（security）

① 对自己管辖的一切公司财产负有保证安全与管理的责任。② 教育员工懂得人人都有确保公司财产安全的义务。③ 熟悉有关公司财产安全及保密的规定与各种手续，如有影响公司财产的事情发生，要及时采取适当措施。

8. 机会均等（equality）

① 在所有部门的业务活动中，都不会考虑人种、信仰、肤色、年龄、性别、有无结婚、出身、国籍或身体是否残疾等因素，一律实行"机会均等"，并积极采取行动。② 为残疾人提供雇用机会与工作环境。

9. 社会责任（social responsibility）

① 充分理解 IBM 对地区社会与一般社会的责任。② 在履行经营责任的同时，要坚持不懈地关心社会责任。

10. 自我开发（personal）

① 要关心自我能力的开发与训练（特别是发挥人才作用的训练），并充分安排时间。② 关于组织管理的责任。

11. 计划（planning）

① 制订长期、短期的业务目标，提出可望取得最大成果的计划实施方案。② 编制并提出能够正确反映收入与开支的预算方案。③ 经常适当搜集影响产品、服务与技术的新信息，并为谋求 IBM 的利益，有效地利用这些信息。④ 在制订计划时，要根据经验提出改进方案。

12. 组织（organizing）

① 要经常保持能够随机应变的组织形式。② 熟悉并遵守方针、指令与手续。③ 在必要情况下，对现行指导方针提出改革方案。

13. 实施（doing）

① 为达到长期与短期的目标，指挥日常业务。② 为组织全体人员取得最大成果，调整各项业务工作。③ 为使员工能对公司、负责人以及公司的方针全面信任而积极工作，要保持日常管理的统一性。

14. 交流（communicating）

① 不论第一线生产部门还是管理部门，都要通过与有关人员的积极协作，养成并保持一种富有创造性的默契配合精神，以促进共同目标的实施。② 有关重大事项、履行职务所采取的措施以及某些决策，要经常向上级报告。

15. 控制（controlling）

① 核实执行情况是否符合制订的计划。② 按被通过的预算限度，履行自己的职责。

资料来源：陶建宏. 人力资源管理理论与实务[M]. 北京：中国经济出版社，2016：184.

分析：

（1）IBM 人事管理责任手册给人突出的一点印象是，IBM 非常重视上级与下级之间的交流。手册中的 15 项几乎都强调负责人必须留出充足的时间与部下进行交流。这种反复强调与雇员进行交流的重要性，是 IBM 人事管理的一大特点。

（2）遍布全球的 IBM 组织能有条不紊地正常运转，依靠的就是 IBM 的人事管理技术，它是推动 IBM 发展的动力。

（3）IBM 人事管理手册不是经营者一时灵感的产物，而是在总结历史和实践经验的基础上不断改革完善的人事管理法典。

案例二：惠普公司绩效管理七步法

惠普的绩效管理是要让员工相信自己可以接受任何挑战，可以改变世界，这也是惠普独特的车库法则的主要精神所在（惠普创始人 Bill Hewlett 和 David Packard 在硅谷的一个车库中创建了惠普公司，车库法则得名于此）。

惠普的绩效管理可以分为两部分内容：一是组织绩效管理，管理的对象是公司绩效；二是员工绩效管理，以员工作为绩效管理对象。

（一）组织绩效管理

惠普用四个指标来衡量组织绩效管理，即员工指标、流程指标、财务指标和客户指标。

员工满意度调查是员工指标中的重要一项。在总结各种影响员工工作表现的因素以后，惠普提出了一个待遇适配度（offer fit index，OFI）、满意度（satisfactory，SAT）和重要性（importance，IMT）并重的员工满意度分析方法。薪资并不是员工唯一的需求，员工的工作行为还取决于老板素质、岗位的适配性、能力的增长性、工作挑战性和休假长度及质量等其他因素。问题的关键是怎样来衡量这些指标。惠普的方法是，对每一项指标，都要从适配度、满意度和重要性三个方面用具体的可比较的数据做出衡量，比如员工对目前岗位的认可度，对直接老板的认同度，对工作前景的展望，公司都会把这些看起来无法衡量的指标化为数据进行比较。这些数据是从平常众多的调查表中总结出来的，具有非常高的有效性和可靠性。

中国惠普的管理层基本上每年都要做员工满意度调查。在 2005 年 5 月做出的调查中，惠普发现公司在人力资源上比较紧缺，分析原因，发现是因为 IT 业发展放缓，公司对于员工的招聘非常慎重，由此造成了暂时的紧缺性。对于这样的问题，公司当然不会通过紧急聘用人员来解决，而是通过岗位的调动或者工作的再分配，使每位员工的工作效率最大化。一旦 IT 业的整体环境趋向好转，公司就会有计划地招聘新员工。同时这次调查又发现公司在对优秀员工的培训方面有点不足，在薪资和福利上也尚有改进的余地。这样的调查能让惠普找到目前公司在员工满意度方面的不足，并结合当前的经济环境对各个问题有针对性地做出调整和改进。

组织绩效评估的员工指标除员工满意度外，还有优秀人才流失率和员工生产率等因素，这些因素看起来无法衡量，但却可以从平时的工作中做出记录，点点滴滴，都可以汇成大海。

组织绩效评估中另一个指标是客户指标，其中又包括市场份额、老客户挽留率、新客户拓展率、客户满意度和客户忠诚度等几个因素。以客户忠诚度为例，惠普每年都要对现实客户和潜在客户做出调查，比如一个客户（集体客户或个人客户）明年要采购的打印机是多少台，计划从惠普采购的是多少台，到年底再次做出调查，看客户实际从惠普采购的打印机又是多少台，这样公司就能把客户的忠诚度化为一组组可衡量的数据，这种把客户忠诚度直接和公司销售业绩用具体数据相关联的做法，能使公司上下对忠诚度这一很难衡量的指标有现实的直接感受，也就能促使公司去努力提高客户忠诚度。

惠普的组织业绩评估尚有其他两个指标：流程指标和财务指标。流程指标包括响应周期、总缺陷率、成本改进率和产品开发周期四个因素，而财务指标则包括销售收入、经营利润和经济附加值三个因素。

（二）员工绩效管理

惠普员工绩效管理最后要达到的目标是：造氛围（培养绩效文化）、定计划（运筹制胜业绩）、带团队（建设高效团队）、促先进（保持激发先进）、创优绩（追求卓越成果）。可分为以下七个方面。

1. 制订上下一致的计划

惠普要求（公司不同职位上员工都要做出各自的计划。股东和总执行官要制订战略计划，各业务单位和部门要制订方针计划，部门经理和其团队要制订实施计划，通过不同层面人员的相互沟通，公司上下就能制订出一致性很高的计划，从而有利于发展步骤的实施。惠普有一个独特的企业计划十步法，颇值得外人学习。

2. 制定业绩指标

对于员工的业绩指标，公司用六个英文字母来表示：SMTABC。具体的解释是：S（specific，具体性），要求每一个指标的每一个实施步骤都要具体详尽；M（measurable，可衡量），要求每一个指标从成本、时间、数量和质量四个方面能做综合的考察衡量；T（time，定时），业绩指标需要指定完成日期，确定进度，在实施的过程中，管理层还要对业绩指标做周期检查；A（achievable，可实现性），员工业绩指标需要和老板、事业部及公司的指标相一致且易于实施；B（benchmark，以竞争对手为标杆），指标需要有竞争力，需要保持领先对手的优势；C（customer oriented，客户导向），业绩指标要能够达到客户和股东的期望值。

3. 向员工授权

经理是这样一些人，他们通过别人的努力得到结果，同时达到公司期望的目标，所以惠普特别重视经理向员工授权的方式。惠普强调的是因人而异的授权方式，根据不同的员工类型、不同的部门类型和不同的任务，惠普把授权方式分为五种，即 act on your own（斩而不奏）、act and advise（先斩后奏）、recommend（先奏后斩）、ask what to do（问斩）、wait until told（听旨）。不同的员工要用不同的授权方法，因人而异。

4. 教导员工

根据员工的工作积极性和工作能力，惠普把员工分成五个类型，分别采用一种方法进行教导。最好的员工既有能力又有积极性，对于这样的员工，惠普公司的管理层只是对他们做一些微调和点拨，并且很注重奖励，以使员工保持良好的状态。第二等级的员工有三种：一种是工作能力强但工作积极性弱的员工，公司主要对他们做思想上的开导和鼓励，解决思想问题；还有一种是工作积极性强但能力弱的员工，公司教导的重点集中在教育和训练上；第三种是能力和积极性都处于中等的员工，公司需要就事论事地对他们做出教导，以使得他们在能力和积极性上都有提高。最糟糕的员工是既无能力又无积极性的，公司要对这样的员工做出迅速的处理，要么强迫他们提高能力或增长积极性，要么毫不犹豫地开除。

5. 处理有问题的员工

和其他公司一样，惠普公司也会有一些表现不好的员工，面对这些员工，迅速做出反应是很重要的，一般处理时间在60～90天。惠普希望迅速而永久地解决不可接受的差员工，防止他们在公司停留过久。一旦公司发现哪个员工表现不好，就会向他们发出业绩警告，当年不会涨工资也不会有股票期权。经过一番教导以后，当发现员工的表现没有显著改善时，就要进入留用察看期，除了不涨工资、不配授股票或期权，这些员工还不能接受教育资助，也不允许其在内部调动工作。如果一段时间的教导以后员工的表现仍未提高，公司就要立刻行动，开除这些员工。

6. 确定员工业绩等级

在评定员工业绩时，惠普要综合考虑以下指标：个人技术能力、个人素质、工作效率、工作可靠度、团队合作能力、判断力、客户满意度、计划及组合能力、灵活性创造力和领导才能。在评定过程中，惠普会遵循九个步骤：协调评定工作，检查标准，确定期望，确定评定时间，进行员工评定，确定工作表现所属区域，检查分配情况，获得最终许可，最后将信息反馈给员工。

7. 挽留人才

惠普通过体制、环境、员工个人事业和感情四个方面来挽留人才。惠普试图通过自己良好的公司体制来吸引员工，在平时的管理中，对员工的工作目标有很明确的界定，对员工的工作职责和工作流程有明确的划分，对不同表现的员工奖惩分明，这些体制上的优点都有可能促使员工因对公司产生好感而不愿离开。在工作环境方面，公司倡导开放和平等的工作气氛，强调员工和管理人员之间的相互信任和理解，同时积极营造活泼自由的工作氛围。公司尽量让员工跨部门轮换工作，从而增加员工的工作履历和工作经验，为员工的发展打基础，并且提供大量的培训机会，让员工感觉到自己的事业能够得以迅速发展。公司还通过亲和的上下级关系和对员工家庭、健康等全方位的关怀来取得员工对公司的依赖感，增强员工对公司的感情，让员工最终不愿意离开公司。

资料来源：程延园. 绩效管理经典案例解析与操作实务全书（中）[M]. 北京：中国经济出版社，2016：821.

第二章 绩效管理的基本流程

导入案例

向华为公司学习如何进行绩效管理

在很多人眼中，华为公司是中国最具有全球竞争力的企业之一。其成功的因素有很多，其中的绩效管理是非常值得我们学习的。下面就来看看华为公司是如何进行绩效管理的。

我们可以从绩效管理的四个流程来梳理一下华为公司的做法。这四个流程分别是绩效计划、绩效辅导与实施、绩效评估以及结果反馈与应用。

（一）华为公司的绩效计划

为了把华为公司打造成世界一流的通信企业，华为公司制订了自己的业务目标规划，为此，公司高层在全公司范围内制定了以下六大 KPI：人与文化、技术创新、制造优势、顾客服务、市场领先和利润增长。

公司实行严格的 PBC（personal business commitment，个人业务承诺）计划。PBC 计划采取自上而下的方式进行制订，将公司目标逐一分解到部门，员工根据部门年度目标进行个人 PBC 设计。PBC 计划是华为公司对每个员工的期望和考核的标准。

从 2009 年开始，员工主要按照半年度为一个周期对 PBC 进行设计，二级部门主管以上主要以一年为周期进行设计。对于 PBC 计划内容，要求要有明确的权重区分及目标的衡量标准，在工作的具体开展过程中，如遇到突发事件和重大的人事变动，需对事先制定的 PBC 及时进行调整更新。

1. 层层制订目标

每年的年初，公司向各事业部下达绩效目标。各事业部将下达的目标分解至部门、片区、办公室、科室。在和员工沟通的基础上，再将目标分解给各个员工。

2. 绩效目标要求

（1）目标须符合 SMART 原则（具体、量化、有适度的挑战性、有时限）。

（2）员工个人目标应紧密围绕组织目标，与组织目标保持一致。

（3）员工目标的挑战性应与员工职务级别、薪酬级别成正比。

（4）实行矩阵管理的岗位，员工目标由行政上级、业务上级共同确定。

3. 绩效目标特点

华为公司的绩效目标计划体现了以下特点。

（1）目标覆盖面广，对公司的各个运作领域做出了要求和考核。

（2）目标具体，要求明确，衡量标准详细，可操作性强。

（3）目标设置时缺乏上下级沟通和交流，带有较强的行政命令。

（4）目标设置时未能考虑员工的中长期事业发展规划。

（二）华为公司的绩效辅导与实施

公司很重视绩效计划制订后的辅导工作，部门主管应该帮助员工达到绩效目标。因此，华为要求：

（1）主管重视对下属进行指导，每半年进行三次以上的正式面谈。

（2）为及时跟进，部门主管面谈需有详细的记载，并进行面谈记录的抽检，对未按要求执行的部门要进行严格处罚。

（3）各级管理人员必须与员工保持沟通，每月员工的上级必须与员工进行一次以上的沟通辅导，了解员工工作进展、需要的支持以及员工个人职业发展意向，对绩效表现不佳的员工给予及时反馈和指导，以避免可能的误解和拖延。

公司通过辅导改进员工工作，提供资源支持，指导员工完成工作。沟通始终贯穿于目标制订、目标实施、绩效评估、工作改进及整个管理过程中。

（三）华为公司的绩效评估

1．评估内容

公司的工作绩效考核关注未来的工作改进，要求绩效考核指标尽量细化而且定量，所以公司的考核部门积极分析思考，尽量做到考核指标容易衡量。例如，针对人力资源部门，员工招聘完成率及员工的离职率代替了人力资源整体工作表现这样的定性指标，而新员工培训完成率及培训满意度则代替了员工培训管理情况这样的定性指标。我们不难发现，合理的指标考核帮助华为员工用数字说明工作的完成情况，也方便员工对未来工作计划进行清晰梳理。

2．评估方式

在考核方式方面，公司对员工绩效关注的同时，更关注对团队的考核。华为规定，在年终评定中，业绩不好的团队原则上不能提拔干部，也不允许跨部门提拔。也就是说，员工在自身接受考核之前，他所在的团队或部门已经接受公司层面的整体考核了。员工个人的业绩会受到部门考核结果的影响，如果部门整体业绩不达标，那么员工的升迁及个人奖金会受到很大程度的影响。所以，公司的团队考核驱动各部门或团队的员工上下同心，整体员工形成合力，就能促进公司的业绩增长。

3．考核对象

公司针对中高层管理者的考核与一般员工有很大的差别。公司虽然开展严格的绩效考核，但是对普通员工付出的劳动，还是强调要给付高于行业平均的报酬。而对中高层管理者或者公司干部，则提出全方位的要求。这其中不仅包括业绩、专业能力、协调能力，还包括员工的献身精神。公司对于干部的考核还包括关键事件行为表现的评价，这主要评价了干部对关键事件的过程管理能力及应对突发事件的能力。另外，在对管理干部的年终考核中，公司强调360度的全面评价，目的是要求管理干部能够服众。

（四）华为公司的结果反馈与应用

绩效考核结果出来之后，各级主管必须第一时间与员工进行沟通，对绩效结果评定的原因进行说明，帮助员工制订绩效考核方案，并签订下半年的 PBC 计划。员工对绩效结果存有异议，可以向人力资源部或经理人团队进行投诉。公司重视绩效管理结果应用，将绩效结果作为员工晋升、调薪等的客观和主要依据。

公司要求员工绩效考核结果必须有优良差的强制分布，与之相对应的就是泾渭分明的奖惩制度。

资料来源：向华为学习如何进行绩效管理[EB/OL].（2016-12-26）. http://www.hrsee.com/?id=490.

通过对华为公司的绩效考核管理进行分析可以发现，企业的绩效考核如果要真正有效执行，就必须从量化指标、团队考核、员工自评、绩效沟通、考核结果应用等多个方面进行落地。否则，绩效考核很可能会成为上下和气、有名无实的例行公事，考核也就失去了它原本应有的意义。

第一节　绩效管理系统

绩效管理是一个动态持续循环的完整的系统，这个系统包括几个重要的组成部分：目标（计划）、辅导（教练）、评价（检查）、回报（反馈）。这些构件共同组成了一个管理循环。针对以上循环，我们可以将绩效管理程序划分为四个阶段：绩效计划、绩效实施、绩效考核、绩效反馈改进，如图 2-1 所示。

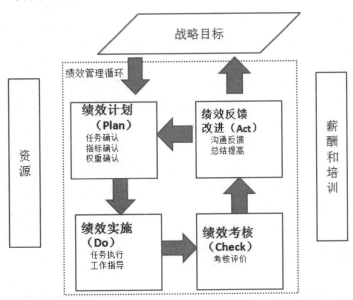

图 2-1　绩效管理系统

绩效管理是一个封闭的循环，先进行绩效的计划，再到任务的执行，任务完成后产生绩效，就要进行考核检查，并将考核结果反馈给员工，再综合前三个阶段的得失，完善绩效管理系统，做出更合理的绩效计划，从而又开始新一轮的循环。而绩效管理作为一个系统是开放的，从资源和战略目标的输入，到目标绩效的实现和为薪酬的发放、培训等提供依据，是一个有投入、有产出的开放系统。绩效管理是一个持续不断的交流过程，该过程由员工与他的直接主管之间达成的协议来保证完成。绩效管理是一个循环过程，在这个过程中，它不仅强调达到既定的绩效目标，更强调通过计划、实施、考核、反馈而达成目标的过程。

绩效管理不但是人力资源部的工作，而且是整个公司管理的核心部分，是实现公司战略目标的关键环节，是每一个管理人员义不容辞且最为核心的管理任务。一个公司要实现利润目标、留住优秀的员工、提高公司的创新力和核心竞争力、创建学习型组织，靠的就是细致的目标体系（计划）、良好的执行控制体系、优秀的绩效反馈与改进体系。这样公司可以把握战略目标实现的程度，员工可以知道其工作不仅是为了薪资，更是为了提高自身的能力。绩效管理系统是一个管理循环过程，具体包括四个环节：绩效计划、绩效实施、绩效考核、绩效反馈改进。绩效管理系统中的几个环节紧密联系，环环相扣，任何一个环节的脱节都会导致绩效管理的失败，所以在绩效管理中应重视每个环节的工作。

第二节　绩效管理流程

一、绩效计划

绩效计划是绩效管理系统中的第一个环节，是启动绩效管理和实现绩效管理战略目标的关键。制订绩效计划的主要依据是工作目标和工作职责。企业在制订绩效计划时，管理者和员工首先应该明确公司的战略经营计划、本部门的工作计划、员工的职责分工和上年度的绩效反馈，然后就本年度的工作计划展开讨论，并就员工的工作分配与职责达成共识。绩效计划的制订过程同时也是目标管理实施的过程，管理者和员工围绕企业战略目标实现的需要，将目标进行层层分解，明确自身要承担的职责和义务，在此基础上制订绩效计划以确保目标的实现。

绩效计划的内容除了最终的个人绩效目标，还包括双方应采用什么样的方式、做出什么样的努力、进行什么样的技能开发等，以达到计划中的绩效结果。绩效计划在帮助员工找准路线、认清目标方面具有一定的前瞻性，是整个绩效管理系统中最重要的环节。绩效计划是绩效评估的起点，在动态的绩效管理过程中，绩效计划要根据绩效反馈的情况和绩效实施过程中发现的问题进行调整。

二、绩效实施

制订了绩效计划后，员工就开始按照计划开展工作。在工作过程中，管理者要对员工的工作进行指导和监督，对发现的问题及时予以解决，并根据需要对绩效计划进行调整。绩效管理的过程离不开员工和管理者的有效沟通，绩效实施与管理实质上就是双方持续的沟通过程。这是一个双向的交互过程，贯穿于绩效管理的始终。首先，在绩效计划制订的过程中，企业管理者就应该认清目标，分析任务，告知员工并加以讨论；其次，在评估过程中，主管应该与员工双方就计划的实施保持充分的沟通，追踪计划进展情况，及时为员工解决在绩效管理中遇到的问题；最后，评估结束后，上下级之间应该对评估结果进行沟通，对绩效计划的实施情况进行总结，找出工作的优点和差距，确定改进的措施和方向，以使下一轮的绩效管理做得更好。通过上下级的有效沟通，企业让员工更清楚了解绩效管理的全过程，同时通过员工的反馈这种双向的沟通过程，完善绩效管理的实施过程。绩效实施与管理是绩效管理中联结计划和评估的必不可少的中间过程，不仅关系绩效计划的落实和完成，同时也会影响绩效评估的效果。

三、绩效考核

绩效评估是指在绩效周期结束时，管理者和员工使用既定的评价方法与技术，对员工的工作绩效进行评价的过程。绩效评估是一个动态的持续过程，所以必须用系统的观念来考虑其在绩效管理系统中的作用。绩效计划和沟通是绩效评估的基础，只有做好绩效计划和沟通工作，绩效评估工作才能顺利进行。绩效评估的一个重要目的是发现员工工作中的问题并加以改进，所以评估工作结束后，要对评估结果进行分析，寻找问题，并提供工作改进的方案以供员工参考，帮助员工提高工作绩效。另外，在评估中还应将当前评估与过去的绩效联系起来，进行纵向比较，只有这样才能做出客观的结论。绩效反馈是绩效评估的后续，放在绩效管理系统中，它既是一个绩效管理循环的结束，又是下一个循环的开始。

绩效评估是绩效管理过程中的核心环节，也是技术性最强的一个环节。绩效评估不是为了评估而评估，而是为了激发员工的发展，促进企业的成长。

四、绩效反馈改进

绩效反馈是指绩效周期结束时，在管理者和员工之间进行绩效评价面谈，使员工充分了解和接受绩效评价的结果，并由管理者指导员工在下一周期进行改进的过程。绩效反馈贯穿于整个绩效管理的周期，在绩效周期结束时进行的绩效反馈是一个正式的沟通过程。绩效管理的目的不仅仅是为了得到一个评价等级，其最终的目的是要提高员工的绩效，确保员工的工作活动和工作产出与组织的目标保持一致，从而实现组织的目标。绩效反馈在绩效管理中具有重要的作用，绩效管理是否能够实现当初的目标，在很大程度上取决于管理者如何通过绩效反馈使员工充分了解如何对今后的工作进行改进。

有关绩效面谈的操作流程如图 2-2 所示。

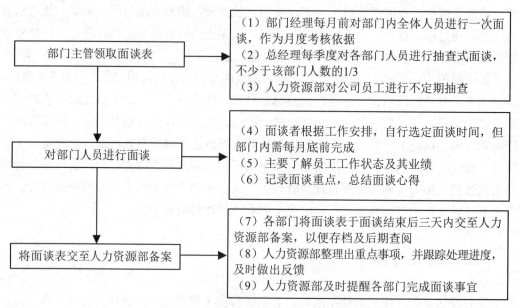

图 2-2　绩效面谈的操作流程

绩效计划、绩效实施、绩效考核和绩效反馈改进这四个环节构成了一系列循环往复的绩效管理过程。这些环节在发生的时间和方式上既具有一定的连续性，也存在许多交叉的地方。在绩效管理过程中，管理者要把各个环节放在绩效管理的系统中去考虑，这样才能做好企业的绩效管理工作。绩效管理的整个流程如图 2-3 所示。

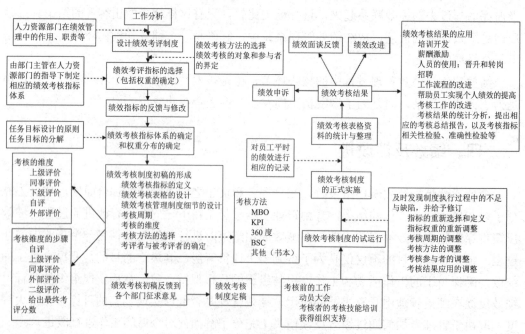

图 2-3　绩效管理的整个流程

<hr>

案 例 分 析

案例一：A公司的绩效管理系统

A公司是一家民营高新技术企业，2004年以前未对员工实施绩效管理，薪酬中的绩效工资只与公司的经营效益挂钩，而与员工的个人工作绩效无关。2004年为了完成公司经营目标，提高公司的市场竞争力，A公司希望通过建立绩效管理体系将组织和个人的目标联系起来。为此，公司安排人力资源部用两个月的时间创建了一套绩效管理系统，并从2004年1月开始在公司内部实施。

A公司的绩效管理体系主要包括制订工作计划、开展工作追踪、实施绩效考核、考核结果反馈、考核结果运用。绩效考核的周期为一个月。A公司首先在年底确定公司级的下年度经营目标，并将目标分解到了季与月，然后根据上述目标确定各部门的相应工作目标与工作计划；各部门的部门经理在每月月底，根据部门工作目标与工作计划对下属员工提交的个人工作计划进行调整，并由员工确认；每个月由各级主管人员根据工作计划对直属员工进行工作追踪，并在月底对员工的工作表现进行评价考核，向人力资源部提交绩效考核报告；对于绩效考核结果，主要用于调整员工的月度薪酬（绩效工资部分）及做出相关的雇用决定。受到调整的月度薪酬（绩效工资部分）在月薪中所占比例为20%。

在实施绩效管理初期，A公司的员工绩效有一定程度的提高，但随着绩效管理工作的持续实施，员工的工作绩效难以达到预期目标，甚至有些岗位的员工绩效出现了明显的下滑。与此同时，员工的主动离职率也有较大幅度的提高，从中层管理人员到基层员工对绩效管理的负面反馈不断增多，多次出现员工对管理人员的投诉。到2004年年底，公司的年度经营目标未能达成。

基于战略的绩效管理是一项复杂、细致的工作，它既与企业战略相关联，又涉及企业每一位员工的具体工作，同时还与企业文化、管理水平、人员素质等因素密切相关，操作不当极易导致失败。而A公司在目标设定、资源配置、结果运用等方面均存在问题，从而直接导致绩效管理失败。

（一）绩效管理的目标设定及其问题

1. 公司缺乏清晰的长期战略

公司的高层管理者未能提出一个清晰、可行的长期战略目标，年度经营目标的设定不具有战略意义，只能由公司高管依据个人经验和主观意愿进行设定，在可达成性和可执行性方面均存在问题，直接影响部门及员工工作目标的设定，从而造成个人目标与企业目标的相关性很差。

2. 员工个人目标设定不符合SMART原则

设定工作目标必须遵循SMART原则，即目标必须是特指的（specific）、量化的（measurable）、双方同意的（attainable）、可实现的（realistic）和有时间限制的

（time-bound）。但由于A公司实施绩效管理的准备时间较短，人力资源管理人员在进行目标设定时缺乏经验与技巧，很多工作目标设定不利于考核落实，从而直接影响了考核结果的准确性以及员工对考核工作的理解。

（二）绩效考核指标的设定背离了初衷

绩效考核指标的设定不合理，这导致员工对建立这套绩效管理系统目的性的认识与公司的初衷发生重大偏离，从而在实施过程中渐渐失去了员工的理解和支持。

A公司在建立绩效管理体系时，目的不仅是为员工薪酬调整和晋升提供依据，而且是要通过该体系使个人、团队业务和公司的目标紧密结合，提前明确要达到的结果和需要的具体领导行为，提高管理者与员工的沟通质量，强化管理人员、团队和个人在实现企业目标、提高业务素质等方面的共同责任，帮助公司与员工在工作要求和个人能力、兴趣和工作重点之间找到最佳结合点，从而提高组织效率，实现企业战略目标。

但是，A公司的考核标准是如何设定的呢？它们是否能够达到这一目的？A公司的绩效考核内容分为硬指标考核项与软指标考核项两大部分。两部分指标对员工绩效考核结果的影响各占50%。硬指标考核项主要是工作业绩考核，该考核办法为：公司为每个岗位核定一个绩效标准分，员工当月的工作绩效分与该标准分的百分比（完成率）就是该考核项的分数。其中员工的工作绩效分=∑（某项工作的标准工时×该项工作完成系数×该项工作质量系数），每项工作的标准工时由员工的直接主管在每月制订工作计划时与员工确认，完成系数、质量系数由直接主管在月底绩效考核时评定。

例如，某岗位的绩效标准分是1200分，该岗位某位员工当月完成的各项工作累计绩效分为900分，则该员工的工作业绩分数为75分。

根据软指标考核项目的评判标准，要想达到100分，工作要做得近乎完美；要想达到80分，工作业绩要超过标准，做得比较优秀；而合乎工作标准，只能达到60分；略有不足就只能得40分；与标准差距较大则得20分。按照这样的评分标准，绝大多数员工只能达到60分，想要取得80分或100分几乎是不可能的。而员工月薪中的绩效工资部分是与绩效考核结果挂钩的，员工的实际绩效工资金额=标准绩效工资×绩效考核分数。也就是说，一位工作基本达到要求但没有超标准表现的员工，他的硬指标考核可以达到90～100分，但是软指标考核只能在60～70分，因此，最终绩效考核分数最高也只有85分。换句话说，他当月绩效工资只能得到85%。这种绩效考核结果严重影响了绩效管理的效果，它使员工认为，公司实行绩效管理只是为了克扣员工的薪酬，从而忽略或不愿承认绩效管理的益处，进而对绩效管理采取敷衍、不合作的态度，而公司希望通过绩效管理激励员工的目的也就成了泡影。

（三）实行绩效管理所需资源不足

1. 管理者缺乏管理技能

A公司从计划建立考核体系到最终实施考核体系只用了两个月的准备时间。短暂的准备时间使得公司无法在实施前对相应的管理人员提供充分的管理培训，各级管理人员因未能熟练掌握、运用绩效管理的基本技能而直接影响了绩效管理的效果。例如，管理人员还不习惯对员工的工作进行记录，尤其是那些事关工作成败的关键性事实。这样，到了月底考核时经理很难依据考核期内的工作记录对员工进行考核，而主要还是根据平时的印象。同时，由于对绩效管理人员培训不足，使得管理人员常常陷入"晕轮效应""近期行为偏见""趋中趋势""宽厚性或严厉性误差"等考核误区中。尽管经过一段时间的培训与实践，有些绩效管理人员开始掌握考核技能，但绩效管理人员的流动以及对新任职的管理人员的培训不足，使得管理技能缺乏仍旧成为影响绩效管理正常运行的主要障碍。

2. 管理者管理时间不足

各级管理人员尚未能从一般业务工作中脱离出来，他们为保证部门工作的完成，往往不能投入足够的时间到绩效管理工作中去。同时，公司的考核周期非常短，每个月都要进行考核工作，因此，他们只能将有限的时间主要用在绩效考核环节（因为绩效考核大多是书面的，需要上报）。而对于那些不需要书面上报的，比如需要与员工进行讨论，并获员工确认的工作计划，对员工进行工作追踪等绩效管理的其他环节，绩效管理人员则很难按公司的要求完成，这就使得公司的绩效管理变成了单纯的绩效考核，从而使公司无法达到通过绩效管理系统发现问题、改善和增强各层级间沟通的目的。

3. 配套资源不足

建立绩效管理系统的作用还在于帮助企业做好人力资源规划。通过绩效管理系统设计的企业能力模型可以引导员工产生提高对企业有用能力的需求和愿望；同时，企业可以通过提供有针对性的培训，满足员工以及自身的能力需求。但A公司现有的培训资源无法提供相应的有效培训，从而使绩效管理系统对人力资源规划的作用无法得到更大发挥。

从整体上看，A公司的绩效管理体系在设计时还是比较完整、系统的，它并不是一个单纯的绩效考核，而是一个完整的管理过程；它不仅限于事后的评估，而是强调事先的沟通与承诺；它力求通过制订个人工作计划，将组织与个人的目标联系起来，通过目标和计划设定达成共识，对员工进行人力资源管理和开发；在绩效考核环节采用目标管理法，使员工的工作行为与组织整体目标保持一致，有利于降低管理费用，并可为考核者提供明确的标准；同时，为避免给目标管理带来一些弊端，如员工的短期行为，还增加了软指标的考核，力求使绩效考核更加科学、合理；通过设立考核反馈环节，增强上下级之间的沟通，增强员工对绩效管理系统的认知。

但是，需要强调的是，A公司绩效管理指标体系的设计过于复杂，极易流于形式；绩效管理人员缺乏管理经验、技巧和时间；培训体系不健全；考核结果运用不当；等等。这些问题由于暂时无法解决，甚至有些置身其中的管理者并不愿解决，因此，A公司无法实现建立绩效管理体系的初衷，从而导致绩效管理的失败。

建议A公司以及与其经历类似的企业为改善绩效管理系统的实施效果，在公司战略、培训资源等问题暂时无法解决的情况下，可以在以下几方面着力：首先调整绩效考核结果运用的问题，取得员工的理解和支持；其次加强管理人员的管理技能培训；最后再解决公司战略、培训资源的问题。

资料来源：赵涛. 绩效考核与量化管理全方案[M]. 上海：立信会计出版社，2010：329.

案例二：摩托罗拉公司的绩效管理

关于管理与绩效管理，摩托罗拉有一个观点：企业即服务，企业管理即人力资源管理，而人力资源管理即绩效管理。可见，绩效管理在摩托罗拉公司具有非常重要的地位。正是因为重视，摩托罗拉的绩效管理才开展得好；正是因为定位准确，摩托罗拉的业绩才越来越好，员工才越来越有干劲，企业的发展也才越来越有希望。

摩托罗拉将绩效管理上升到了战略管理的层面，并给予了高度的重视，这给我们许多企业做出了榜样，树立了学习的模范。企业的发展就是要走出去，引进来，不断学习先进的管理经验，并应用于本企业，只有这样企业才会兴旺发达，员工才会努力工作，与企业共兴亡。摩托罗拉认为绩效管理是一个不断进行的沟通过程，在这个过程中员工和主管以合作伙伴的形式就下列问题达成一致：① 员工应该完成的工作；② 员工所做的工作如何为组织的目标实现做贡献；③ 用具体的内容描述怎样才算把工作做好；④ 员工和主管怎样才能共同努力帮助员工改进绩效；⑤ 如何衡量绩效；⑥ 确定影响绩效的障碍并将其克服。

从这个并不烦琐的定义里可以看出绩效管理在摩托罗拉的地位，绩效管理关注的是员工绩效的提高，而员工绩效的提高又是为组织目标的实现服务的，这就将员工和企业的发展绑在了一起，同时也将绩效管理的地位提升到了战略的层面，战略性地看待绩效管理，战略性地制定并执行绩效管理的策略。另外，定义还特别强调了员工和主管是合作伙伴的关系，这种改变不仅是观念的改变，而且是更深层次的观念创新，给了员工更大的自主和民主，也一定程度上解放了管理者的思维。随着这种观念的深入，员工和主管的关系将更加和谐，将会有更多的互助，互补提高，共同进步，这也正是绩效管理要做到的工作和应该完成的任务。同时，定义也强调了具体的可操作性：工作内容的描述要具体，衡量的标准要具体，影响绩效的障碍要具体，只有具体的东西，才有可行的操作性，因此，"具体"两个字包含着深刻的内涵。这里特别强调沟通，没有沟通的绩效管理无法想象，没有沟通的管理也不能给我们希望，因此，强调沟通、实施沟通在绩效管理中显得尤其重要。这些都是摩托罗拉给我们的一些启示，是我们必须学习的地方。

在定义之外，摩托罗拉进一步强调绩效管理是一个系统，用系统的观点看待绩效管理，将绩效管理置于系统之中，使其各个组成部分相互作用，并以各自独立的方式一起工作去完成既定的目标。

摩托罗拉认为绩效管理是这样一种工具：① 一个公司总体人力资源战略的一部分；② 评价个人绩效的一种方式；③ 重点放在提高员工个人综合技能上；④ 将个人绩效与公司的任务与目标相联系。

摩托罗拉认为绩效管理有如下五个组成部分。

1. 绩效计划

在这个部分里，主管与员工就下列问题达成一致：员工应该做什么？工作应该做多好？为什么要做该项工作？什么时候要做该项工作？其他相关的问题：环境、能力、职业前途、培训等。在这个过程中，主管和员工要就上述问题充分进行沟通，最终形成签字的记录，即员工的绩效目标。员工的绩效目标是整个绩效管理循环的依据和绩效考核的依据，其作用非常重要，需要花费必要的时间和精力来完成，在摩托罗拉大约用一个季度的时间，摩托罗拉的第一个季度就是绩效目标制订季度。摩托罗拉的绩效目标由两部分组成：一部分是业务目标（business goals），一部分是行为标准（behavior standard），这两部分组成了员工的全年绩效目标。它们相辅相成，互为补充，共同为员工的绩效提高和组织绩效目标的实现服务。

2. 持续不断的绩效管理沟通

沟通应该贯穿在绩效管理的整个过程中，仅有年终的考核沟通或仅仅一次两次的沟通是远远不够的，也是违背绩效管理原则的，因此，摩托罗拉强调全年的沟通和全通道的沟通，这一点在摩托罗拉手机的广告词中也有体现：沟通无极限。

持续不断的绩效管理沟通主要包括：① 沟通是一个双向的过程，目的是追踪绩效的进展，确定障碍，为双方提供所需信息；② 防止问题的出现或及时解决问题（前瞻性）；③ 定期或非定期，正式或非正式，就某一问题专门对话。在这个过程中也要形成文字记录，必要时经主管和员工双方签字认可。

3. 事实的收集、观察和记录

主管需要在平时注意收集事实，注意观察和记录必要的信息，为年终考核做好准备，具体包括：① 收集与绩效有关的信息；② 记录好的和不好的行为。收集信息应该全面，好的、不好的都要记录，而且要形成书面文件，必要的要经主管与员工签字认可。以上两个过程一般在二、三季度完成。进入四季度，也就进入了绩效管理的收尾阶段，到了检验一年绩效的时候了。

4. 绩效评估会议

摩托罗拉的绩效评估会议是非常讲究效率的，一般集中一个时间，所有的主管集中在一起进行全年的绩效评估。它主要包括：① 做好准备工作（员工自我评估）；② 对员工的绩效达成共识，根据事实而不是印象；③ 评出绩效的级别；④ 不但是评估员工，而且是解决问题的机会。最终形成书面的讨论结果，并以面谈沟通的形式将结果告知员工。考核结束不等于绩效管理就到此为止，还有一个非常重要的诊断过程。

5. 绩效诊断和提高

绩效诊断和提高过程用来诊断绩效管理系统的有效性，以改进和提高员工绩效，主要包括以下四个方面：① 确定绩效管理的缺陷及原因；② 通过指导解决问题；③ 绩效不只是员工的责任；④ 应该不断进行。

关于这一点，摩托罗拉也有一个非常实际有效的衡量工具，包括以下十个方面：① 我有针对我工作的具体、明确的目标；② 这些目标具有挑战性，但合理（不太难，也不太容易）；③ 我认为这些目标对我有意义；④ 我明白我的绩效（达到目标是如何评估的）；⑤ 我觉得那些绩效标准是恰当的，因为它们测量的是我应该做的事情；⑥ 在达到目标方面我做得如何，我能得到及时的反馈；⑦ 我觉得我得到了足够的培训，使我能得到及时准确的反馈；⑧ 公司给我提供了足够的资源（如钱、仪器、帮手等），使我达到目标成为可能；⑨ 当我达到目标时，我得到了赞赏和认可；⑩ 奖励体系是公平的，我因为自己的成功而得到了奖励。每一项有 5 个评分标准，这样通过打分可以得知一年以来的绩效管理的水平如何，差距在哪里，从而做到拾遗补缺，改进和提高绩效管理的水平。此外，摩托罗拉的绩效考核表里没有分数，而是运用等级法，实行强制分布，这样既能区分出员工绩效的差别，又尽可能地避免了在几分之差上的无休止的争论。

资料来源：付亚和，许玉林. 绩效管理[M]. 3版. 上海：复旦大学出版社，2014：29.

讨论题：

（1）摩托罗拉公司对绩效管理概念的理解有什么独到之处？还有哪些方面需要补充？（提示：绩效管理的定义及其重要性）

（2）评价摩托罗拉公司绩效管理的五个过程中，哪些地方值得我们学习，哪些地方需要改进？（提示：绩效管理的影响因素及绩效管理流程）

第三章 绩效指标与标准的设计

从三洋看美、日绩效指标的区别

一位就职于美国世界500强企业的HR经理感叹，他所在的企业对绩效考核操作的要求非常严格，尤其是在细化绩效指标时，人力资源部将高层的战略目标层层分解，得到了各部门经理和员工的绩效指标，但为了说服各部门经理和员工接受，人力资源部往往将太多的时间放在了与他们的博弈上。

日本三洋集团的一个人事课长的回答语惊四座：在日本，企业并不看重绩效结果考核，HR经理们的绩效考核工作，只不过是年终的形式化的履行手续。但即便如此，也并没有影响日本企业在全球的领先地位。

在追求绩效考核的企业看来，当一个企业决定主动把握自己的命运，而不是让企业的发展放任自流时，就需要建立与完善系统的绩效考核指标体系，同时也借此把员工个人的利益（主要是薪酬）、企业的利益和员工个人的绩效结合起来。企业的绩效包括结果与过程两个方面，结果是企业最根本的追求，企业通过对过程和结果的控制来达到自己对结果的追求。既然不重视对员工结果的考核，那么日系企业是如何控制员工的绩效的呢？

结果与行为指标的对比

绩效指标在美国企业人力资源管理体系中占有很重要的地位。考核指标最关注的是员工的最终成果，同时，也将员工对工作及职业的态度列入考核范畴。

但在日本的人力资源管理体系中，并没有将绩效管理单独列出，甚至在日语里，"绩效"和"业绩"也是同一个词。日本的企业主相信他们的员工是努力工作的，而且日本实施的是终身雇佣制。因此，末位淘汰在日系企业并不存在，所谓的"绩效考核"，其实更多的是考核员工对企业的忠诚度。

这种状况与日本企业对岗位职责界定不清有着直接关联。在美国企业的人力资源管理体系中，职位分析被视为整个人力资源管理工作的基础，考核、薪酬与培训均以此为基础制定。因此，美国企业往往对职位分析倾注了大量的人力物力，定期进行更新，采用科学方法收集和分析工作信息，再按工作的性质、繁简、难易和所需资格条件，分别予以分类与评定，并在此基础上形成职位说明书。在美国企业看来，最终的职位说明书就是绩效管理的立足点和根基。离开了职位说明书，一切形式的绩效管理都只能是空谈，没有说服力。

日本企业却不认这一套。日本企业的职位分析普遍非常模糊。没有划分清晰的岗位职责，就谈不上清晰的个人考核指标。因此，在日本企业，评价员工的首要标准是对企业的忠诚度，其次是合作意识，最后才是个人能力，这与美国企业首先突出个人能力是大相径庭的。

究其原因，主要是由于日本人并不推崇个人英雄主义，而是重视协作和技术，在日本企业的管理中表现为公司强调集体观念，要求部门的工作大家都来做，每个员工的工作划分不细，很多岗位的职责划分是模糊的，甚至存在明显的重叠和交叉。但并不能因此就简单地认为日本企业的考核模式输人一等。由于日本人强调团队合作和集体绩效，尽管在日本不太可能出现类似比尔·盖茨这样的天才创新人物，但其团队研发能力却非常强。这也是日本电子企业能一直与美国电子企业抗衡的主要原因之一。

事实上，很难据此判断在绩效指标体系方面，日美企业孰优孰劣。但近十多年来，日本企业出现了比较大的问题，日本第一大家电企业——松下电器出现 48 年来首度亏损，亏损额高达 4310 亿日元。而日本七大电子企业中，只有索尼保持盈利。相对于日本企业的不景气，美国企业则扶摇直上。这些都使日本的企业主不得不反思自身的绩效指标体系，以通过求变重新焕发企业的活力。但由于其终身雇佣制的限制，短期内若想对考核模式做一个较大的调整，并不是件容易的事情。

资料来源：从三洋看美、日绩效指标区别[EB/OL]．（2017-08-16）．https://doc.mbalib.com/view/2a3905579c48f9ad0c0d3b1affc626ab.html.

第一节 绩效指标

一、绩效指标的含义

绩效指标是指对员工绩效（态度、行为、能力和业绩等因素）进行衡量或者评估的指标维度。例如，销售额、顾客满意度、市场增长率、市场开发程度等可以用来评价销售人员的绩效考核指标；创新能力、研发能力、学习能力等可以用来评价研发人员的绩效考核指标；出勤率、工作完成准时程度等可以用来评价常规工作人员的绩效考核指标。

绩效指标贯穿于绩效管理的各个环节。在绩效计划阶段，要对绩效指标的设计进行讨论，然后就讨论所确定的绩效指标进行计划；在绩效实施阶段，管理者可以通过监察相应指标的变化对绩效情况进行有针对性的辅导；在绩效考核阶段，绩效指标就是绩效考核的标准；在绩效反馈阶段，管理者可以根据员工在各绩效指标上的完成情况对员工进行有的放矢的沟通。

二、绩效指标的作用

绩效指标的作用主要包括导向、约束、凝聚和竞争这几个方面。

1. 导向作用

绩效指标的导向作用是绩效管理导向作用的具体体现形式。在设计绩效指标的过程中，必须注重约束员工在工作中的具体行为，并且使其明确工作目标，从而对员工工作起到导向作用。

2. 约束作用

绩效指标可以明确地告诉员工应该做的工作和不应该做的工作，以及员工自身所做的工作是否与绩效指标相符合，约束员工日常行为。

3. 凝聚作用

一旦绩效指标确定，员工就会利用各种资源，凝聚一切可利用的力量来实现和完成绩效目标，可以把大家凝聚在一个共同的目标和方向上。

4. 竞争作用

绩效指标的设定要求员工要通过努力工作才能完成具体的工作目标。绩效指标明确员工努力的方向和目标，这就提供了员工与员工之间、部门与部门之间以及企业与外部企业之间的竞争目标和对比标准，使员工为完成绩效考核指标互相竞争，从而对员工个人、部门以及企业的绩效都起到促进作用。

三、绩效指标的类型

绩效指标根据不同的维度，有不同的划分方式。

1. 根据绩效指标的导向划分

根据绩效指标的导向，绩效指标可以划分为结果导向指标和行为导向指标。

1）结果导向指标

组织可以用多种指标对员工绩效进行衡量，但衡量员工产出结果的指标不外乎质量、数量、成本等。表3-1列举了常用的结果导向指标。

表3-1 常用的结果导向指标

指 标 类 型	常用具体指标举例
质量	产品合格率、次品率、出错率、返修率、顾客回头率、顾客投诉次数等
数量	产量、销售量、市场占有率、顾客接待人数等
成本	总成本、单位产品平均成本、采购成本、管理费用、销售费用等

（1）质量量化的绩效指标。在绩效考核的具体过程中，很多企业都需要对员工和部门的工作质量进行考核。因此，需要在实际工作中列出所有相关的工作质量指标进行考核。例如，产品质量（产品的合格率、产品的优良率等），生产报表统计（统计准确率等），设备维护（设备完好率、维修合格率等），技术支持（技术支持满意度、客户投诉次数等），客户投诉处理（投诉处理满意度等）。

（2）数量量化的绩效指标。用数量进行量化，是绩效考核中最常用的方式之一。因为数量情况不但比较容易获取，而且结果有较强的说服力和科学性。通常用数量或者百分比指标来量化员工的业绩和技能。例如，数量额（销售额、产品产值、生产产量、利润率等），百分比（计划完成率、差错率、达成率等），频率（次数、周转速度等）。

（3）成本量化的绩效指标。从成本的角度进行绩效指标的量化，不但能够科学地检验企业员工在实际工作中对产品成本的使用情况，而且能够加强整个组织对工作成本的管理情况，增强全体企业成员的成本管理责任意识。例如，生产成本（单位生产成本、生产成本下降率等），质量成本（预防成本、外部损失成本、内部损失成本、鉴定成本等），采购成本（采购成本节约率等），物流成本（运输成本、仓储成本、配送成本等）。

2）行为导向指标

结果导向指标是可以直接评价的绩效指标，但是其无法对员工的行为、能力和工作态度进行评价。这些模糊、难以计量的行为指标对于企业目标的实现具有非常重要的意义。早在科学管理时代，泰勒通过实验就已经发现了员工行为影响着劳动生产率。表3-2是 G.Yukl 在对管理者行为进行具体研究后提出的管理岗位主要行为指标要求。

表3-2　管理岗位的主要行为

职 能 活 动	简 要 说 明
计划和组织	决定长期目标和战略，按优先顺序分配资源，决定如何配置人员以及有效完成任务，决定如何促进合作，提高产量和所属部门的效率
解决问题	明确与工作相关的问题，及时、系统地分析问题并找出原因，解决问题，特别是采取果断措施解决重要问题和危机
明确角色和目标	分配任务，对如何完成任务提供指导，进行有效沟通，清楚了解工作职责、任务目标、完成期限和预期绩效
提供信息	向有关方面发布关于决策、计划和活动的相关信息，并向其提供书面资料和文件，对技术信息的要求做出回应
监督	收集关于工作活动的信息及影响工作的外部环境信息，检查工作的质量和进度，评估个人和组织部门的绩效，进行趋势分析，预测外部事件
激励	运用感情和逻辑的影响技巧调动员工的积极性，对任务目标做出承诺，遵从合作、协助、支持的要求，树立行为榜样
协商	做出改变前要与相关人员进行商讨，鼓励提出改进的建议，鼓励员工参与决策，在决策中采用他人的思想和建议
授权	允许下属在执行工作、处理问题和做出重要决策时分担一定的责任，并赋予其相当的权力
支持	要以友好的方式行事，做事细心周到，耐心并乐于助人，当有人不安或焦虑时表现出同情和支持，善于倾听别人的抱怨及问题，关心他人利益
开发和指导	提供指导和有帮助的职业建议，帮助个人获得技能，取得专业进步和职业发展
管理冲突团队建设	建设性地解决冲突，鼓励团队合作，认同工作部门的建设
联络	进行非正式的社交，与具有信息并能提供支持的人建立联系，通过近期沟通保持联系，包括拜访、打电话、通信及参加会议和社会活动
认可和赞赏	对有效绩效、重大成就和特殊贡献给予认可并进行表扬和认可，对某人的贡献和特殊贡献表示欣赏
奖励	对有效绩效、显著成就和突出能力提供建议并给予奖励，如加薪、升职等

当然，在绩效指标的设计过程中，结果导向指标与行为导向指标各有一定的适用范围和不足之处。结果导向指标适用于考核那些可以通过多种方法达到绩效标准或绩效目

标的岗位，但有时结果不完全受考核对象的控制，可能出现被考核者为了达到一定的目的而不择手段，损害企业长期利益的现象。行为导向指标则适用于考核那些可以通过单一的方法或程序化的方式实现绩效标准或绩效目标的岗位，但必须对那些同样能够达到目标的行为方式进行区分。

2. 根据企业不同部门来划分

根据企业不同部门分类，绩效指标可以划分为共同绩效指标、人力资源部门绩效指标、财务部门绩效指标、行政管理部门绩效指标、销售部门绩效指标、特例绩效指标及其他部门绩效指标。

1）共同绩效指标

共同绩效指标指企业内各个部门绩效考核的过程中都要考虑的绩效指标。例如，业务支援力（部门间服务满意度调查）、管理能力（员工满意度调查）、员工流动率、员工出勤率、成本预算达成率、教育训练出席率、提案件数或者价值成长率等。

2）人力资源部门绩效指标

人力资源部门绩效指标主要用于人力资源部门绩效考核的执行。例如，职员增加率、工资增加率、间接人工比率、加班工资率、离职增加率、迟到或早退情况、员工平均工资、招募成本率、训练成本率、平均训练成本以及受训比率等。

3）财务部门绩效指标

财务部门绩效指标主要用于财务部门绩效考核的执行。例如，账务、报表及统计数据出错次数，账务、报表及统计数据出错金额比例，费用、成本、现金流量分析上报迟交天数，应收账款、库存情况分析表上报迟交天数，信用评价，等等。

4）行政管理部门绩效指标

行政管理部门绩效指标主要用于行政管理部门绩效考核的执行。例如，不定期抽查环境卫生情况、宿舍员工的满意度、消防安全教育落实、消防设备合格率、汽车调度、汽车安全事故的次数及金额、员工提案制度的实施情况等。

5）销售部门绩效指标

销售部门绩效指标主要用于销售部门绩效考核的执行。例如，销售量的促进情况（销售成长率、销售目标达成率），产品的利润情况（销售毛利率、销售成本率、销售利润成长率、销售利润达成率、销售折扣率、客诉赔偿率等），收款情况（应收账款回收率、呆账率），新客户增加情况（访问家数成长率、预订家数成功率），顾客关系情况（订单延迟率、订单交货延迟率、客户退货率、客户抱怨率、缺货率、出货短缺率、顾客满意度、顾客忠诚度、市场占有率等），库存管理（库存周转天数），管理费用管理（管理费用率、投资报酬率、经济附加价值）等。

6）特例绩效指标

特例绩效指标指出现重大质量事故或者工作失误造成经济损失时，由考核领导小组讨论处理意见；以书面形式提出合理化建议，并在工作过程中通过创新降低成本的，由考核领导小组讨论处理，给予一定的奖励。

7）其他部门绩效指标

其他部门绩效指标主要用于企业其他部门绩效考核的执行。例如，薪资计算准确率，一次交验合格率，设备故障停机率，账、物、卡相符率，定额领用率，公司电话系统维护及时率，样品开发完成率，新产品开发成功率，技术数据发放不及时率，品质成本比例，客户抱怨次数，客户抱怨金额，材料成本，人工成本，制造费用，报废率，滞物料数量、金额、比例，物料周转率，等等。

第二节　绩效指标的设计方法

一、绩效指标设计的程序

一般来说，绩效指标的设计需要一定的程序，以便在指标设计时有"规则"可依，以提高绩效指标设计的合理性。绩效指标设计一般包括以下程序。

1. 分解组织战略目标与确定岗位职责

组织战略目标是对企业战略经营活动预期取得的主要成果的期望值。战略目标的设定，同时也是企业宗旨的展开和具体化，是企业宗旨中确认的企业经营目的、社会使命的进一步阐明和界定，也是企业在既定的战略经营领域展开战略经营活动所要达到水平的具体规定。

将组织战略目标层层分解，落实到企业中的每个具体岗位，初步形成员工的绩效目标。将分解的绩效目标与岗位工作说明书结合，确定员工在绩效周期内的岗位职责。图 3-1 为组织目标分解过程与岗位目标、职责的确定过程。

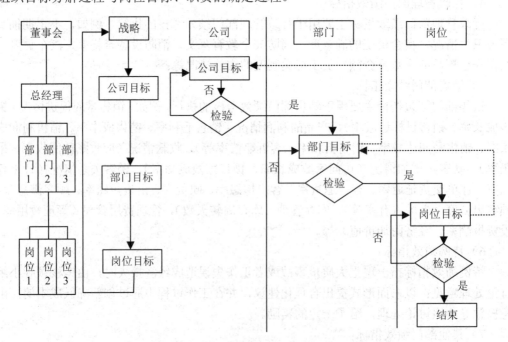

图 3-1　组织目标分解过程与岗位目标、职责确定过程

2．工作岗位分析

根据考核目的，对被考核对象所在岗位的工作内容、性质，完成这些工作所应履行的岗位职责和应具备的能力素质、工作条件等进行研究和分析，从而了解被考核者在岗位工作中应该达到的目标、采取的工作方式等，以初步确定出绩效考核指标（见图3-2）。目前的中国企业大都根据企业给每个工作岗位制定的职责、要求来确定相应的绩效指标体系。当然，为了减少管理成本，并不需要将所有的岗位职责、要求都作为考核的指标，而是选取企业每一相对重要的岗位职责进行绩效指标的设计。

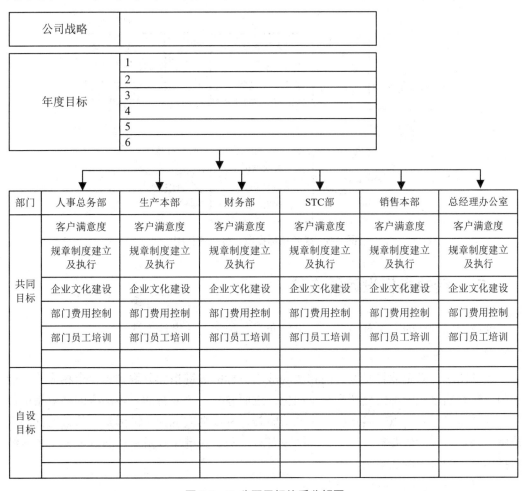

图 3-2　A 公司目标体系分解图

3．提取指标并进行指标分析，确定指标体系

根据工作岗位分析所初步确定的指标，运用绩效指标设计方法进行指标分析，最后确定绩效指标体系。在进行指标分析和指标体系的确定时，往往将几种方法结合起来使用，使指标体系更加准确、完善、可靠。图3-3为绩效指标提取、分析过程。

4．修订

为了使确定好的指标更趋于合理化，还应对其进行修订。修订分为考核前修订和考核后修订两种。考核前修订指通过专家咨询法，将所确定的指标提交于领导、学术权威或专家进行审议，征求意见，修改、补充、完善绩效考核指标体系。考核后修订指根据考核结果应用之后的效果等情况进行绩效指标的修订，使绩效指标的内容更加具体和完善。

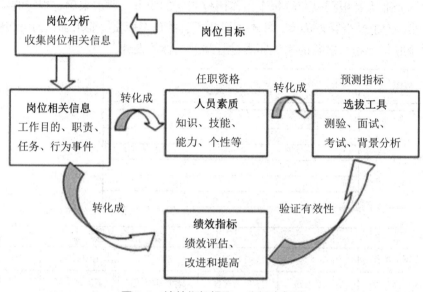

图 3-3　绩效指标提取、分析流程图

二、绩效指标设计的方法

绩效指标设计的方法有很多，这里仅介绍几种常见的设计方法。

1. 鱼骨图法

鱼骨图法，指企业将发展方向和实现战略目标的关键指标分解到每一个相应的职能部门，然后通过职能部门分解到员工岗位，进而建立一个复合的、多层次的绩效指标体系。其具体思想有三点：确定影响企业战略与目标成功实现的关键因素；从关键性因素范围中确定关键绩效要素；基于关键绩效要素，确定关键绩效指标。图 3-4 为某企业绩效指标设计的鱼骨图法举例。

1）鱼骨图法的具体操作过程

鱼骨图法的具体操作过程有以下几点。

（1）针对所需要进行绩效考核的企业各部门的考核问题点，选择绩效指标设计层别的方法。

（2）通过头脑风暴法分别对各层别的类别找出所有可能的绩效指标因素。

（3）将找出的各绩效指标因素进行归类、整理，明确其从属关系。

（4）分析、选取可以为企业绩效考核服务的最重要的绩效指标因素。

（5）检查各因素的描述方法，确保语法简明、意思明确，做出鱼骨图示意图。

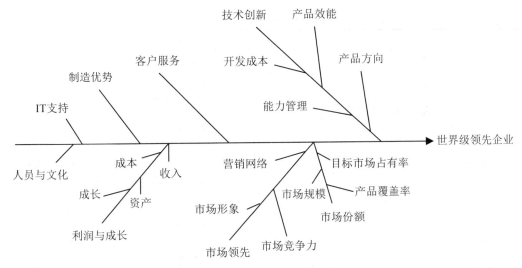

图 3-4　绩效指标分解鱼骨图

2）绩效指标鱼骨图的绘制过程

（1）由绩效考核指标设定的问题负责人召集与绩效指标设定有关的人员组成一个工作组，该组成员必须对绩效指标有一定程度的了解。

（2）绩效指标设定的负责人将拟找出的绩效指标因素写在黑板或白纸右边的一个三角形框内，并在其尾部引出一条水平直线，该线称为鱼脊。

（3）工作组成员在鱼脊上画出与鱼脊成 45°角的直线，并在其上标出引起绩效指标的因素，这些成 45°角的直线称为大骨。

（4）对引起问题的原因进一步细化，画出中骨、小骨等，尽可能列出所有因素。

（5）对鱼骨图进行优化整理。

（6）根据鱼骨图进行讨论。

由于鱼骨图不以数值来表示并处理问题，而是通过整理问题与它所属原因的层次来标明关系，因此鱼骨图能很好地描述定性的问题。鱼骨图的实施要求工作组负责人（即进行企业诊断的专家）有丰富的指导经验，整个过程负责人要尽可能为工作组成员创造友好、平等、宽松的讨论环境，使每个成员的意见都能完全表达，同时保证鱼骨图正确做出，即防止工作组成员将原因、现象、对策互相混淆，要保证鱼骨图层次清晰。

2. 工作分析法

工作分析法指从员工的职业活动调查入手，顺次分析员工的职务、职位、职责、任务与要素，并由此确定工作的性质要求和任职条件，得出工作说明书的方法。在制定绩效指标过程中进行的工作分析，一是分析员工应该履行哪些职责、执行哪些任务；二是分析员工履行职责、执行任务等对员工的知识和能力有哪些要求。通过对前者的分析，可以用来设计与职责履行和任务完成相关的指标；通过对后者的分析，可以用来设计与岗位规范要求内容相关的指标。而且通过工作分析得出任务和职责的重要程度，可以确定与之相对应的哪些指标也更为重要。详细的绩效指标示例如表 3-3 所示。

表3-3　绩效指标示例

部　门	财　务	管　理
市场销售	每位职工销货额； 坏账率； 营销费用/营销收入比率； 毛利/营销收入比率； 用人费用/营销收入； 平均存货成本	拜访客户数； 库存降低率； 交货延迟数； 新产品/营销收入比例； 客户资料的累计数（标准格式）； 产品技术文件的累计数（标准格式）； 市场预测的准确度（历史资料比对）； 交货延迟日； 付款延迟日； 坏账率（迟收率）； 客户资料的文件数（标准格式）
研发	部门预算控制程度； 研发成本成长率； 单项研发项目的预算控制（含人时及投入的其他资源）； 研发成本/营销收入比例； 加班小时/总工时的比例； 研发重点选择及完成的贡献金额； 产品上市周期； 产品改善、品质提升程度； 产品改良（贡献金额）； 新产品开发（贡献金额）； 新材料开发（贡献金额）； 制程改良（贡献金额）； 成本降低（贡献金额）	如期完成研发数（一定比率）； 技术档的制作件数（标准格式）； 完成产品测试件数； 完成产品开发件数； 提供技术服务的人时； 完成年度预期研发件数； 研发重点选择及完成的比例； 产品改良（件）； 新产品开发（件）； 新材料开发（件）； 制程改良（件）； 成本降低（件）
生产	产品不良率； 完工率； 单位职工生产力； 成本降低幅度； 存货水准； 产能配合程度	
行政	预算达成率； 重大采购成本控制； 公司全面营销费用成长率； 部门预算的达成率； 部门预算的成长率； 财务管理的节省金额（与历史比）	预算执行（全公司）； 教育训练执行时间； 制度设计完成率（与预算比）； 办公器材的损坏率； 各项文件书报杂志的管理（由使用单位评定）

部　门	财　务	管　理
HR	加班费控制； 用人费用控制； 人事费用增减幅度； 职工流动率； 职工满意度； 教育训练课程的开办次数； 单位职工教育训练时数； 职工问题解决的程度	组织气氛指标（士气调查）； 出缺勤率； 人员流动率
IT	预算达成率（部门内）； 信息预算成长率； 外包/内部培训成本比率； 每小时数据处理成本； 计算机软硬件及耗材成本比	信息设备采购执行成本； 预定的系统发展达成率； 提供计算机系统咨询服务人时； 设备的使用或闲置率； 系统故障率； 平均每次系统维护人时
财务	应收账款数及收现期限； 库存现金； 存货水准的控制（平均存货成本）； 坏账率（90天以上账款率）； 利息支出变动率； 节税金额或比率； 外汇操作收益率（会计处理成本的降低）； 税前净利及营业额； 销售金额成长率； 投资报酬率； 总资产报酬率	会计报表的延迟日数（现金、营运资金的流动性预测）； 预算个别科目的准确性程度； 各种财会报表分析文件的累计数（以科目或分析比率鉴定）
采购	预算控制制度； 闲置材料的处理收入； 采购成本/采购金额； 拒收采购金额（次数）/采购金额（次数）； 超额采购金额（一定比率）； 采购数量折扣金额	采购准时进货率（或延迟率）； 采购来源的多样性（与历史比）； 采购品不合格率； 每次采购平均处理时间； 供货商数据的建立完备程度（标准格式）； 采购制度的建立（书面格式）； 采购前置时间的缩短
工程	预算达成率； 品质成本/营销金额； 每批量品质成本/每批量总额； 工程测具的维修成本成长率	产品不良率； 各单项产品测试的人时； 工程测具的损坏率； 提供技术支持的人时； 品管制度的书面档； 规格的技术文件（齐备率）； 品管的标准作业流程（标准格式）
客服	顾客满意度； 顾客抱怨次数； 问题解决程度	

3. 问卷调查法

问卷调查法要求设计者以书面形式将项目和问题表示出来，分发给有关人员填写，收集、征求不同人员的意见。问卷调查有结构问卷调查和非结构问卷调查两种。这里仅简单介绍结构问卷调查法及问卷的设计和实施程序。

（1）了解情况，搜集、分析和确定绩效指标。一般来说，可以采用文献查阅、关键事件分析、访谈等方法确定这些绩效指标。

（2）使用恰当的语言对绩效指标加以描述，以确定它的内涵和外延。

（3）将描述语言随机排列，采用五等级或七等级的形式对这些绩效指标加以评价，如"非常重要""重要""一般""不重要""不要"等，这样就可以形成一份结构式调查问卷。每一个绩效指标在进行语言描述时要注意：就所提问题而言，不要在一个问句中包含两个或两个以上的问题，提问的方式要认真推敲，防止诱导；回答问题可按照逻辑及先易后难的顺序回答。例如，推销员的绩效考核指标调查表如表 3-4 所示。

表 3-4　推销员的绩效考核指标调查表

拟采用指标	指 标 描 述	重 要 程 度				
		非常重要	重要	一般	不重要	不要
销售额	销售产品的价值额					
销售利润	销售额-销售成本					
出勤率	出勤天数/应出勤天数					
遵守秩序	严守工作纪律					
货款回收率	收回货款/应收货款					
销售增长率	(本期销售额-上期销售额)÷上期销售额×100%					
新客户开发数	开发新客户的次数					
客户投诉次数	客户投诉的次数					
销售资料的建立和完善	将客户资料记录、整理，并不断完善					
全局意识	办事能从全局出发，考虑整体利益					
单位销售成本	总销售成本/销售数量					

说明：你认为一个销售人员应该考核哪些指标？请在表中"重要程度"栏里打√。

4. 经验总结法

经验总结法是一种通过众多专家总结经验从而提炼出绩效指标的方法。一般可以分为个人总结法和集体总结法两种。个人总结法的工作流程是请人力资源专家或人力资源部门的专业人员回顾过去的工作，通过分析最成功或最不成功的人力资源决策来总结经验，并在此基础上设计出考核人员绩效的指标目录。集体总结法的工作流程是请若干人力资源专家或企业内有关部门的主管（6～10 人）集体回顾过去的工作，分析绩效差异的根源，列出长期以来评价员工的常用绩效指标，并在此基础上提出新的绩效评价指标。

经验总结法有助于迅速取得有关指标体系构成的信息，提高绩效管理指标。例如，企业秘书的工作职责与关键绩效指标表如表 3-5 所示。

表 3-5 企业秘书的工作职责与关键绩效指标

工 作 职 责	关键绩效指标
录入、打印各种文件	错误率、时效性、客户（给予任务者）满意度
起草通知、日常信件	主管人员满意度、工作的完成效率
安排会议	会前准备情况、会议过程中突发问题的处理能力

三、绩效指标权重的设计方法

企业绩效指标确定之后，指标权重成为一个需要重视的问题。在特定时期内，不同指标对特定的活动和部门、岗位所起的作用存在显著的差异，指标权重突出了重点目标，体现了企业的价值引导，反映了决策者的爱好、组织的要求及环境的影响。因此，确定指标的权重，能够对绩效指标的作用进行区别对待，从而反映出不同指标对评价结果的影响程度。

指标权重的设计可以体现出各个绩效指标在绩效考核过程中不同的重要程度，在进行的绩效指标配置过程中，有几点需要注意：权重在设计过程中必须体现出绩效的重要程度；需要考虑考核的工作内容在不同阶段的发展重点，随着工作开展的实际情况进行权重的设置；权重需要突出企业工作中的核心任务和工作安排等情况；权重必须体现出企业的战略性决策安排，在分值设定上有一定的差异性；等等。

绩效指标权重设计的方法很多，这里仅介绍几种常见的方法。

1. 德尔菲法

德尔菲法本质上是一种反馈匿名函询法。流程是在对所要预测的问题征得专家的意见之后，进行整理、归纳、统计，再匿名反馈给各专家，再次征求意见，再集中，再反馈，直至得到稳定的意见。德尔菲法虽然经过了多轮的反馈、统计和分析，但主要还是停留在几个专家定性分析的基础上。尽管最后可能出现多个专家意见统一的情况，但结果更多反映了专家们的主观意见趋同。因为人们在多数意见都统一的前提下，有着一种"随大流"的倾向。因此，由德尔菲法确定出来的权重的可靠性也不是很高，因为它缺乏定性与定量的结合、分析与运算。

德尔菲法的实施步骤如下。

（1）组成专家小组。按照绩效指标权重设计所需要的知识范围确定专家。专家人数的多少可根据预测问题的大小和涉及面的宽窄而定，一般不超过 20 人。

（2）向所有专家提出所要预测的绩效指标权重设计的问题及有关要求，并附上有关这个问题的所有背景材料，同时请专家提出还需要什么材料。然后，由专家做书面答复。

（3）各个专家根据他们所收到的材料，提出自己的预测意见，说明自己是怎样利用这些材料并在此基础上提出预测值的。

（4）将各位专家第一次判断意见汇总，列成图表，进行对比，再分发给各位专家，让专家比较自己同他人的不同意见，并修改自己的意见和判断。也可以把各位专家的意见加以整理，或请身份更高的其他专家加以评论，然后把这些意见再分送给各位专家，以便他们参考后修改自己的意见。

（5）将所有专家的修改意见收集起来，汇总，再次分发给各位专家，以便做第二次修改。逐轮收集意见并为专家反馈信息是德尔菲法的主要环节。收集意见和信息反馈一般要经过三四轮。在向专家进行反馈时，只给出各种意见，但并不说明发表各种意见的专家的具体姓名。这一过程重复进行，直到每一位专家不再改变自己的意见为止。

（6）对专家的意见进行综合处理。德尔菲法同常见的召集专家开会，通过集体讨论得出一致预测意见的专家会议法既有联系又有区别。

2. 主观经验法

评价者凭自己以往的经验直接给指标加权，如日本劳动科学研究所的木林富士郎专家提出的权重分配模式。主观经验法是决策者个人根据自己的经验和对各项评价指标重要程度的认识，从引导意图出发对各项评价指标的权重进行分配。有时决策者会召集一些人讨论一下，听取大家的意见，然后由决策者做出决定。主观经验法的优点在于能充分利用专家的集体智慧和以往经验，缺点在于过于依赖主观经验使结果具有不确定性。这种方法基本上是个人的经验决策，因而往往带有片面性。对于比较简单的业绩评价工作，这个办法花费的时间和精力比较少，容易被接受。现行的许多企业人员业绩考核都采用这种方式。应用时应该注意召集有利益冲突的各方进行充分的讨论，平衡各种不同的意见从而避免决策者的专断行为。

3. 简单排序编码法

简单排序编码法是通过管理者对各项考核因素的重视程度进行排序编码，然后确定权重来进行的，需要管理者从历史数据和个人经验出发，对各项考核项目做出正确的排序。比如在绩效考核过程中，某一职位有四个 KPI 的考核因素，分别为 A、B、C、D，依企业的要求及目标设定者的经验，各项考核因素的重要性排序为 B、D、C、A；然后再按照自然数顺序由大到小对其进行分配，分别为 4、3、2、1。然后将权数归一化，最后结果为 A：$1/(4+3+2+1)=0.1$；B：$4/(4+3+2+1)=0.4$；C：$2/(4+3+2+1)=0.2$；D：$3/(4+3+2+1)=0.3$。这种简单排序编码法计算权数较简单，但也存在主观因素，因而有一定的不合理性，但至少它比管理者单纯地依据自身经验进行权重设定的方式要客观一些。

4. 倍数环比法

倍数环比法首先将各考核因素随机排列，然后按照顺序对各项因素进行比较，得出各因素重要程度之间的倍数关系（又称环比比率），再将环比比率统一转换为基准值，最后进行归一化处理，确定其最终权重。这种方法需要对考核因素有客观的判断依据，需要有客观准确的历史数据作为支撑。例如，倍数环比法事例表如表 3-6 所示。

表 3-6 倍数环比法事例表

考评因素	A	B	C	D	合计
环比比率	0.3	2	0.55	1	3.85
基准值	0.33	1.1	0.55	1	2.98
最终权重	0.1107	0.3691	0.1846	0.3356	1

说明：表格第二行，0.3 表示 A 的重要性是 B 的 0.3 倍；2 表示 B 的重要性是 C 的 2 倍；0.55 表示 C 的重要性是 D 的 0.55 倍；1 表示 D 本身。第三行，是以 D 为基准进行的比率归一化，因 C 的重要性是 D 的 0.55 倍，所以取值为 0.55×1=0.55；B 是 C 的 2 倍，所以取值为 0.55×2=1.1；以此类推。最终权重则以合计数为分母，各基准值为分子算出。

这种通过倍数环比法来决定权重的方法实用，计算简单。由于其有准确的历史数据做支撑，因此具有较高的客观科学性。

5. 优序对比法

倍数环比法虽然较为实用，但事实上许多企业的历史数据常常不能反映因素之间的客观关系，而且有些因素不能量化计算。如何评定它们之间的重要程度呢？优序对比法通过各项因素两两比较，充分考虑各项因素之间的互相联系，从而确定了其权重。

使用优序对比法首先需要构建判断尺度，一般情况下，重要程度判断尺度可用 1、2、3、4、5 五级表示，数字越大，表明越重要。例如，优序对比法事例表如表 3-7 所示。

表 3-7 优序对比法事例表

	A	B	C	D	合计	最终权数
A	—	0	2	1	3	0.1
B	5	—	4	3	12	0.4
C	3	1	—	1	5	0.17
D	4	2	4	—	10	0.33
总计					30	1

说明：合计列是将该行与其他因素两两比较得出的值进行加总，最终权数则是以各行合计数除以总计得出。

优序对比法通过各考核因素之间的对比，充分显示因素与因素之间重要性的相互关系，实施过程仍需要管理者凭经验做出判断，虽然在某一判断上可能会出现偏差，但是却可以在与其他因素的比较上得到弥补，对决策者的主观经验判断是一个补充，因此，具有较大的客观科学性。实践证明，这种方法是切实可行的。

6. 对偶加权法

对偶加权法是一种简单易行又不失科学严谨的指标权重确定方法，以下为它的操作程序。

（1）考核要素在首行和首列中分别列出，将行中的每一项要素与列中的每一项要素进行比较。标准为：行中要素的重要性大于列中要素的重要性得 1 分，行中要素的重要性小于列中要素的重要性得 0 分。比较完后对各要素的分值进行统计，即可得出各考核要素重要性的排序。每位评价者都按照此种方法得出各种考核指标要素的重要性排序。例如，对偶加权法例表如表 3-8 所示。

表 3-8 对偶加权法例表

考 核 指 标	A	B	C	D	E
A	—	1	0	1	1
B	0	—	0	1	1
C	1	1	—	1	1
D	0	0	0	—	1
E	0	0	0	0	—
重要指标（合计）	1	2	0	3	4

（2）综合每位评价者的不同排序为次序量表资料。例如，指标综合次序量表如表 3-9 所示。

表 3-9 指标综合次序量表

考 评 指 标	考 评 人 员				
A					
B					
C					
D					
E					

（3）用公式 $P = (\sum FR - 0.5N)/(nN)$ 转换成等距离量表来比较指标的顺序及差异程度。其中，P 为评价指标的频率，R 为评价指标的等级，F 为对某一评价指标给予某一等级的评价者的数目，N 为评价者数目，n 为评价指标数目。

（4）求出各评价指标的 P 值后，查正态分布表，将 P 值转换为 Z 值，从而区分出不同考核要素之间重要性的具体差异。

（5）把各评价指标之间的 Z 值转换成比例，就可以得出每个指标的权重值。

7. 层次分析法

层次分析法（AHP）是美国匹兹堡大学教授 T.L.Saaty 提出的一种定性与定量分析相结合的多目标决策分析方法。它改变了以往最优化技术只能处理定量分析问题的传统观念，率先进入了长期滞留在定性分析水平上的许多科学研究中，提供了对非定量事件做定量分析的简便方法。

将层次分析法应用到绩效考核中的最大优点是准确确定绩效指标权重，从而使绩效指标间的相对重要性得到合理体现，为制定公正、科学的绩效评估体系奠定了基础。

1）操作步骤

（1）通过职务分析，在明确岗位绩效指标体系之间的相互依存及影响的基础上，建立一个由目标层（被评估的岗位）、准则层（绩效评估一级指标）、指标层（绩效评估二级指标）组成的递阶层次模型。

（2）通过比较下层元素对于上层元素的相对重要性建立判断矩阵，按层次分析法的要求，判断矩阵是通过两两比较下层元素对于上层元素的相对重要性，并把比较的结果用一个数值表示出来得到的。例如，T.L.Saaty 提出了一个 1～9 的标度法，如表 3-10 所示。

表 3-10 T.L.Saaty 的 1～9 标度法

标度	1	3	5	7	9
定义	同样重要	稍微重要	比较重要	特别重要	极端重要

（3）层次单排序。计算各判断矩阵的特征值最大值及其所对应的特征向量，得出层次单排序，获得指标层对于目标层的重要性数据序列，从而获得最优决策。

先解出判断矩阵 A 的最大特征值 λ_{max}，再利用公式：$\lambda\omega=\lambda_{max}\omega$，解出 λ_{max} 所对应的特征向量 ω，ω 经过标准化后，即为同一层次中相应元素对于上一层次中某个因素相对重要性的排序权值。

（4）一致性检验。由于问题复杂程度不尽相同，不可能要求所有判断都完全一致，但却应该使判断有大体上的一致性。因此，需要对判断矩阵 A 进行一致性检验。首先计算 A 的一致性指标 C_1：

$$C_1=(\lambda_{max}-n)/(n-1)$$

式中，n 为判断矩阵的阶数。当 A 具有完全一致性时，$C_1=0$。$(\lambda_{max}-n)$ 愈大，矩阵的一致性愈差。判断 A 是否具有满意的一致性，还需将 C_1 与平均随机一致性指数 R_1 进行比较。例如，对于 1～9 阶判断矩阵，T.L.Saaty 给出了 R_1 值，平均随机一致性指标 R_1 如表 3-11 所示。

表 3-11 平均随机一致性指标 R_1

阶数 n	1	2	3	4	5	6	7	8	9
R_1	0	0	0.58	0.9	1.12	1.24	1.32	1.41	1.45

当 $C_R=C_1/R_1<0.1$ 时，就认为判断矩阵 A 具有满意的一致性，否则要对 A 重新进行调整，直到其具有满意的一致性为止。

2）操作流程图

根据层次分析法的计算步骤来制定相应的可操作性流程图，方便判断矩阵相关计算的程序开发，从而使得层次分析法在绩效评估的运用中更加条理化、规范化。例如，基于层次分析法的绩效指标权重确定方法操作的流程图如图 3-5 所示。

3）层次分析法设定权重的优点

（1）系统性设定绩效指标权重。层次分析法把绩效指标作为一个整体的系统，按照分解、比较判断、综合的思维方式进行决策，成为继机理分析、统计分析之后发展起来的系统分析的重要工具。系统的思想在于不割断各个因素对结果的影响，而层次分析法中每一层的权重设置最后都会直接或间接影响到结果，而且在每个层次中的每个因素对结果的影响程度都是量化的，非常清晰、明确。这种方法尤其可用于对无结构特性的系统评价以及多目标、多准则、多时期等的系统评价。

（2）简洁实用的决策方法。这种方法既不单纯追求高深数学，又不片面地注重行为、逻辑、推理，而是把定性方法与定量方法有机地结合起来，使复杂的系统分解，能将人们的思维过程数学化、系统化，便于人们接受，且能把多目标、多准则又难以全部量化处理的决策问题化为多层次单目标问题。通过两两比较确定同一层次元素相对上一层次元素的数量关系进行简单的数学运算。即使是具有中等文化程度的人也可了解层次分析的基本原理，掌握它的基本步骤，计算也非常简便，并且所得结果简单明确，容易为决策者了解和掌握。

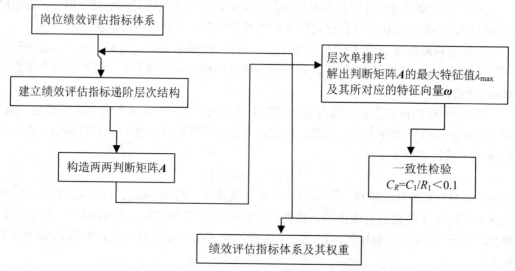

图 3-5　基于层次分析法的绩效指标权重确定方法操作流程图

（3）所需定量数据信息较少。层次分析法主要是从权重设定者对绩效指标权重设定问题的本质、要素的理解出发，比一般的定量方法更讲求定性的分析和判断。其是模拟人们决策过程的思维方式的一种方法，把判断各要素的相对重要性的步骤留给了大脑，只保留人脑对要素的印象，化为简单的权重进行计算。这种分析法能处理许多用传统的最优化技术无法着手的实际问题。

第三节　绩 效 标 准

一、绩效标准的含义

绩效标准指组织期望员工达到的绩效水平，它以某一岗位的工作分析为基础，由人力资源管理人员、上级主管与同一岗位的员工一起，结合绩效期初设定的绩效目标拟定岗位上所有员工一定绩效期应达到的工作水平。绩效标准可以在绩效指标确定的情况下，根据员工实际绩效水平与绩效标准的差别程度，来判断员工绩效的优劣性，从而在决定员工的薪酬、福利以及培训发展等方面有更公平的依据。

一般来说，绩效标准是指在各个指标上员工绩效应该达到什么样的水平：完成多少数量，达到什么程度，是一种被期望达到的水平。而绩效指标关注从哪些方面对工作绩效进行衡量或考核的问题。当绩效指标确定后，设计绩效标准也不是一件容易的事。通常衡量某绩效指标的绩效标准是单一的，而描述工作要项以及工作要求的绩效指标是多元的。对于可量化的指标，通常设计的标准是一个范围，如果被考核者超过了这个范围的上限则为卓越绩效。相反，如果低于下限则说明被考核者存在绩效不足的问题。对于非量化指标，在设定绩效标准时往往要对该指标进行具体的描述。例如，绩效指标与标准对比实例如表 3-12 所示。

表 3-12　绩效指标与标准对比实例

工 作 要 项	绩 效 指 标	绩 效 标 准
销售产品	年销售额； 税前利润百分比； 销售费用	年销售额达到 500 万～700 万元； 税前利润百分比达 30%以上； 实际费用与预算费用之差在 8%以内
新产品设计	创新性； 性价比； 独特性； 耐用性	近 3 年新产品的销售额占总销售额的 30%以上； 产品的价值超过了它的价格； 与其他同类竞争对手的产品不同； 产品使用时间足够长
竞争对手信息	全面性； 数据的价值； 时间差	覆盖了所有竞争对手的所有产品； 提供的数据包括对产品的详细描述，能在指定的期限之前提供关于竞争对手的总结数据

二、绩效标准的类型

1. 根据标准的评估目的划分

根据绩效标准的评估目的，绩效标准可以划分为基本标准与卓越标准。

基本标准指对被考核者的基本期望，即在正常情况下多数员工通过努力就可以达到的水平。设置基本标准的目的主要是判断员工的工作是否符合基本要求和基本的绩效考核结果。因此，基本绩效的评估结果主要用于决定一些非激励性的人事待遇，如基本的岗位工资。卓越标准指对被考核者没有做强制要求而达到的超过基本标准的绩效业绩，是一小部分人通过努力能够达到的水平。此外，卓越标准不能和基本标准一样有限度地描述出来，它的描述没有限度。卓越标准主要是为了识别角色榜样，依据它的评价结果，企业可以用来决定激励性的报酬策略——额外的奖金、分红、职位的晋升等。例如，基本绩效与卓越绩效对比如表 3-13 所示。

表 3-13　基本绩效与卓越绩效对比

员 工 职 位	基 本 标 准	卓 越 标 准
打字员	速度不低于 90 字/分钟； 版式、字体等符合要求； 无文字及标点符号的错误	提供美观、节省纸张的版面设置； 主动纠正原文中的错别字

续表

员 工 职 位	基 本 标 准	卓 越 标 准
司机	按时、准确、安全地将乘客送到目的地； 保持车辆良好的性能与卫生； 遵守交通规则	在多种行车路线中选择最有效率的路线； 紧急情况下能采取有效措施； 旅途中采取各种措施消除旅客的疲劳，如适当播放音乐等
销售代表	正确介绍产品或服务； 达成承诺的销售目标； 及时收回货款； 不收取礼品或礼金	对每位客户的偏好和个性等做详细记录和分析； 为市场部门提供有效的客户需求信息； 维持长期稳定的客户群

2. 根据标准是否定量划分

根据绩效标准是否定量，绩效标准可以划分为定性标准和定量标准。

1）定性标准

绩效标准的衡量是对绩效指标达成程度、状态的描述，一般采用量化和非量化两种方式。所谓的定性标准是针对定性指标设计的，也就是非量化的标准方式，是用比较详细的文字来描述期望达到的状态，是非数量化的标准。定性标准事例如表 3-14 所示。

表 3-14 定性标准事例

项 目	评价等级定义
计划与组织管理	定义：有效地利用人、财，有计划地安排和组织工作。 1 级：缺乏预先制订的工作计划，解决问题准备不足； 2 级：有计划，但缺乏系统性，导致工作执行不利； 3 级：能有效地制订计划、组织下属工作； 4 级：对工作的执行和可能遇到的问题有计划性的解决方案，并能够组织实施； 5 级：具有系统、准确、迅速解决问题的工作行为特征，并进行有效的工作分解，以较佳的工作方式达成工作目标
目标管理	定义：建设工作目标，制定合理的行为规范与行为标准。 1 级：目标设置模糊、不现实，实现标准不明，没有明确的时间要求； 2 级：仅设置总体目标，细化分解不足，制定标准不恰当，时间要求不合理； 3 级：多数情况下，目标设置合理、现实，但会出现目标设置标准忽略现实要求的情况； 4 级：总是设置具有现实性的目标，但有时目标设置过高； 5 级：设置目标合理、有效，计划性、时间性强
管理控制	定义：组织协调各种工作关系，领导群体实现目标。 1 级：回避群体控制，批评多但不提建议； 2 级：面临困难易放弃原则，管理思想和工作风格不易为他人接受； 3 级：保持必要的指示、控制，获得他人的协作，对他人表现出信心； 4 级：善于激励，能对下属及同事的行为产生影响，以管理者的身份体现其影响力； 5 级：善于控制、协调、干预，使群体行为有利于目标的实现

2）定量指标

定量标准一般是用具体的数字来描述期望达到的状态，是数量化的标准。确定定量指标的标准主要有以下两种方法。

（1）加减分法。采用加减分的方式确定指标标准，一般比较适合任务清楚明确，任务比较稳定，同时鼓励员工在一定范围内做出更多贡献的情况。定量标准加减分法例表如表 3-15 所示。

表 3-15　定量标准加减分法例表

考评指标	权　重	标　准	考评尺度
产量	25分	单位每人每小时生产产量20	每小时每人产量20为基数，得分为30，每增（减）5单位加（减）2

（2）规定范围法。经过数据分析和预测后，评价双方根据标准达成的范围约定来进行评价。定量标准规定范围法例表如表 3-16 所示。

表 3-16　定量标准规定范围法例表

绩效指标	权　重	标　准	评价尺度			
			A	B	C	D
销售预测	30分	预测准确率100%及以上	90%<销售预测准确率<100%	80%<销售预测准确率<90%	60%<销售预测准确率<80%	销售预测准确率<60%
			29～30	25～28	20～24	10～19

定量标准最能够精确地描述考核指标的状态，目前被广泛使用在生产、营销、成本、质量等管理领域。定量标准的设计需要考虑两方面的问题：一是指标标准的基准点；二是等级间的差距。这些都是非常重要的内容。

基准点的位置其实就是预期的业绩标准，它处于衡量尺度的中间，可上下浮动。但基准点不等同于终点，如百分制的考试中，60 分及格就是一个基准点。

指标标准的等级存在两方面差距：一是尺度本身的差距；二是每一尺度差所对应的绩效差的差距。当然，这两个差距是集合在一起来描述绩效状态水平的。尺度差距是标尺的差距，但通常情况下，我们习惯把标尺差距做成是等距的，而使绩效标准做成不等距的。指标标准超过基准点的差距越来越小，而低于基准点的差距越来越大。因为从绩效基准点提高绩效的难度越来越大，边际效益下降。而在基准点以下，人们努力所获得的边际收益会比较大。

3. 根据标准的评价尺度划分

根据绩效标准的评价尺度，绩效标准可以划分为类别标准、等级标准、等距标准、比值标准与隶属度标准。

（1）类别标准是用类别尺度作为标度的标准，它实质上与定性标准中的数字符号为标度的标准相同。

（2）等级标准是用等级尺度作为标度的标准。

（3）等距标准是用等距尺度作为标度的标准。与等级标准不同的是，用等距标准测得的分数可以相加，而等级标准测得的分数不能相加。

（4）比值标准是用比值作为标度的标准。这类标准所指的对象通常是工作的数量与质量、出勤率等。

（5）隶属度标准是用模糊数学中的隶属系数作为标度的标准。这类标准基本上适用于所有评价内容，能回答经典标度无法解决的问题，因而被广泛使用。

4. 根据标准的形态划分

根据绩效标准的形态，绩效标准可以划分为静态标准与动态标准。

1）静态标准

静态标准主要包括分段式标准、评语式标准、量表式标准、对比式标准和隶属度标准五种形式。

（1）分段式标准是将每个要素分为若干个等级，然后将指派给各个要素的分数（已赋予权重）分为相应的等级，再将每个等级的分值分成若干个幅度。

（2）评语式标准是运用文字描述每个要素的不同等级，这是运用最广泛的一种。

（3）量表式标准是利用刻度量表的形式，直观地划分等级，在评价了每个要素之后，就可以在量表上形成一条曲线。

（4）对比式标准是将各个要素最好的一端与最差的一端作为两级，中间分为若干个等级。

（5）隶属度标准是以隶属函数为标度的标准，它一般通过相当于某一等级的"多大程度"来评定。

2）动态标准

动态标准主要包括行为特征标准、目标管理标准、情景评价标准和工作模拟标准四种形式。

（1）行为特征标准是通过观察分析，选择一例关键行为作为评价的标准。

（2）目标管理标准是以目标管理为基础的评价标准，目标管理是一种以绩效为目标、以开发能力为重点的评价方法，目标管理评价准则的作用是把它们具体化和规范化。

（3）情景评价标准是对领导人员进行评价的标准。它是从领导者与被领导者和环境的相互关系出发来设计问卷调查表，由下级对上级进行评价，然后按一定的标准转化为分数。

（4）工作模拟标准是通过操作表演、文字处理和角色扮演等工作模拟，将测试行为同标准行为进行比较，从中做出评定。

5. 根据标准的属性划分

根据绩效标准的属性，绩效标准可以划分为绝对标准、相对标准和客观标准。

（1）绝对标准是建立员工工作的行为特质标准，然后将达到该项的标准列入评估范围内，而不是员工相互间做比较。绝对标准的评估重点在于以固定标准衡量员工，而不是与其他员工的表现做比较。

（2）相对标准是将员工间的绩效表现相互比较，也就是以相互比较来评定个人工作的好坏，将被评估者按某种向度做顺序排名，或将被评估者归入先前决定的等级内再加以排名。

（3）客观标准是评估者在判断员工所具有的特质以及其执行工作的绩效时，对每项特质或绩效表现，在评定量表上每一点的相对基准上予以定位，以帮助评估者做评价。

三、绩效标准的特点

一般而言，一项有效的绩效标准具有下列八个特点。

1. 绩效标准针对工作，不针对员工

绩效标准应该根据工作本身来建立，而不应强调做这项工作的员工是谁。每项工作的绩效标准应该是确定的，针对所有参与此项工作的员工。不能对特殊员工制定特殊的绩效标准，否则绩效考核就失去了其公平性。

绩效标准和绩效目标存在一定的差异。目标应该是为了个人而不是为了工作而制订的，目标的典型特点是必须具有挑战性。例如，一位主管领导指挥很多人从事相同的某项工作，他虽然只定出一套工作标准，但对每位下属员工却可能设定不同的目标，这些目标则依员工个人的经验、工作技能和过去的表现而有所不同。

2. 绩效标准具有现实性

绩效考核的项目是在部门或员工个人的控制范围内通过部门或个人的努力可以达成的。如果绩效考核的标准没有现实性，部门和员工再怎么努力也没有办法完成绩效标准所要求的任务，那么绩效标准的制定就失去了意义。

3. 绩效标准具有熟知性

绩效标准对主管和员工而言，应该都是清楚明了的。如果员工对绩效标准概念理解不清楚，则其在工作之前不能确定自己应该努力的方向；如果主管对绩效标准概念理解不清楚，则没有办法衡量员工工作表现的优与劣。

4. 绩效标准具有协商性

主管与员工都应同意该绩效标准确属公平合理，这一点在激励员工的过程中有非常重要的意义。一方面，员工认为这是自己参与制定的绩效标准，自己有责任遵循该标准来进行工作，那么其在达不到标准而受相应的惩戒时也不会有诸多抱怨；另一方面，主管在考核员工绩效的过程中，由于绩效标准是自己认可的，所以更有动力和执行力。

5. 绩效标准具有可衡量性

绩效考核的项目最好能用数据表示，因为数据更加清晰与明确，而且在绩效考核的过程中更公平、公开，更有说服力。

6. 绩效标准具有时效性

绩效考核的资料必须定期、迅速且方便取得，否则某些绩效评估将失去时效性，从而关于此问题的绩效考核结果就没有多大价值了。

7. 绩效标准具有意义

绩效考核项目是配合企业的目标来确定的，所采用的资料也应该是日常例行工作中可以取得的，而不应该是特别准备的。

8. 绩效标准具有改变性

绩效标准须经同意并且可行，有必要时就应定期评估并予以改变。也就是说，绩效标准可以因新方法的引进，或因新设备的添置以及其他工作要素的变化而及时变动。

四、绩效标准设计的基本要求

绩效标准设计在绩效考核过程中有重要的作用，其基本设计过程也要符合绩效考核特有的一些要求。

1. 绩效标准的设置压力要适度

绩效标准的设置压力要适度，既不能太简单也不能标准太高。基本标准的水平要促使能够胜任本职工作的员工有一定的压力，因为有一定的压力比没有压力更有助于提高员工的努力程度和信心。但是，标准过高、遥不可及的情况会导致员工压力过大、工作效率低下。因此，绩效标准的设置压力适度就显得尤为重要。

2. 绩效标准的相对稳定性

绩效标准是公司考核工作绩效的一个权威性文件，因此，它应当具有相对稳定性。绩效标准一旦确定，就不应当随意变更，否则会丧失其权威性。当然随着公司所面临的环境的变化，一些绩效标准可能不再适合公司进行绩效考核，此时需要对绩效标准进行修正，但也仅仅是一些条款的修正，不能做很大的改动。在这种情况下，公司可以参考同行业其他公司的经验，参考一些国际、国内的先进标准，从而建立一套有效的、适合自己公司发展的绩效标准体系。

3. 绩效指标的选择要合适

能够作为公司员工绩效标准设计的指标很多，在选择指标的过程中一定要注意指标作为考核标准是否适合本公司的现实情况。其中，数量和时间指标不易在非量化指标中使用。因为非量化指标的制定是为了提高公司整体的产品质量，而不是单纯地追求数量的提高。员工的工作效率远比员工的工作速度重要。同样，其他各种标准在选择指标的过程中也要注意是否合适。

五、绩效标准设计的流程

绩效标准设计通常有以下几个方面。

1. 制订绩效标准计划

决定将哪些指标作为进行绩效比较的绩效标准。一个工作类别的绩效标准不能将所有指标都列入，应该把精力集中于领域内的某些有代表性的指标，列好要作为绩效标准的指标。

2. 进行标准的数据收集工作

确定数据来源，通过确定组织的目标，找出需要取得联系的适当人群，精准确定所要询问的问题，通过专家和人力资源从业人员评价获取的信息，确定所获材料的真实性。

3. 绩效指标的制定

在绩效标准的设计过程中，应该尽可能详细描述每项指标各个等级的不同标准。对考核标准进行描述的过程中，量化和详尽描述是必不可少的。这样可以帮助员工更加清楚地认识到每项指标的要求，以便督促员工尽最大努力去实现各项考核指标。可以通过具体数量、质量合格率、成本控制率、完成时限、满意度数值等去表现。

4. 考核依据的确认

除了绩效指标的制定，还要注意考核依据的确认，即确认员工在工作过程中确实努力的成效证明。如在指标标准中要求"在考核期间打 30 个业务联系电话"，那么到考核期结束时上级主管可以通过员工的电话记录确定是否打了 30 个电话，电话记录即考核依据。考核依据的确认可以加强绩效标准制定的信服度，以更好地开展绩效考核工作。

5. 分析结果并做出改进

比较由不同指标所制定的绩效标准在实际考核员工工作情况的过程中发挥的效果是否相同。适合度有偏差的绩效标准的制定，可以在员工绩效考核结果上获得反馈。通过比较分析，找到此工作领域中最适合的绩效标准。

案 例 分 析

TH 公司的绩效考核指标设计

TH 公司隶属于北京市地铁运营有限公司，负责地铁各条线路通信、信号，各系统设备的维护、检修、管理与更新、改造、科研技术开发等任务，是科技含量较高、专业性较强的单位。随着地下交通的快速发展，TH 公司的业务规模和人员规模都在快速增长，计划经济时代下传统的管理方式已经不能适应当前形势。公司管理层感觉到要向现代企业的方向发展，还有许多方面需要进行改进。目前，员工感觉最明显的是绩效考核管理办法不合理。员工认为最主要的问题包括奖少罚多、考核指标及标准不合理、设备故障责任界定不清晰。具体来讲，绩效考核管理办法的不合理有以下表现。

（1）直接沿用运营公司的考核指标，没有根据 TH 公司自身发展战略和工作重点制定考核指标，不能满足 TH 公司内部运营和管理的需要。此外，运营公司对 TH 公司的考核本身就存在不合理之处，TH 公司更应该根据自身实际情况制定考核指标，而不是将不合理的考核指标直接往下分解。

另外，TH 公司实行机关和项目部联锁考核。机关部门的月度联锁考核虽然体现了机关与项目部/车间的连带责任，但是并没有完全反映机关部门实际工作情况，导致机关部门工作缺乏主动性，工作效率不高。

（2）绩效考核过程不合理。在对项目部进行考核时，设备责任界定不清，让员工承担额外责任。设备责任界定不清，一方面是由于客观条件的限制，确实无法分清是设备原因还是人为责任。另一方面是主观上绩效考核设计不合理，员工害怕承担责任，往往出现事故隐瞒不报。在访谈中有员工反应："只要我不在事故现场，就不会扣我的钱。所以出了问题大家都是能躲就躲。"但访谈中我们也了解到，80%的设备责任是可以界定清楚的，而且每个项目部也有能够界定出责任的专业人员。此外，多数员工认为现在缺乏权威机构对设备故障责任进行鉴定，导致鉴定不公平。

（3）绩效考核结果及应用不合理。目前，奖少罚多的考核办法让很多员工认为考核就是扣钱，包括机关负责绩效考核的管理人员也把考核等同于罚钱。

TH公司的问题是比较常见的。通常情况下，总公司和下属分公司的利益和目标不能完全一致，一味照搬总公司的考核指标不能适应下属公司自身的发展需求。而且，下属公司经营层承担来自总公司的业绩压力，需要相当独立地应对不断变化的内外环境带来的挑战，因此需要相应的调配资源的权力以便及时应变。另外，公司除了进行考核，还必须有相应的激励措施，只有考核没有激励，只会打击员工的积极性，可能使公司面临业绩下滑，甚至人才流失等严重问题。

针对下属公司绩效考核主要面临的这些问题，在对其进行绩效管理方案的设计过程中，首先要改变绩效考核观念：① 变绩效考核为绩效管理；② 变只扣不奖为奖罚分明；③ 变压力下移为压力传递。

在设计绩效考核方案时，应遵循以下原则。

（1）战略目标引导原则——在确定考核指标时，从公司的整体发展战略出发。

（2）部门间差异性原则——由于各部门在公司中职责与管理的不同，有针对性地设计与之相符的考核指标与方式。

（3）综合平衡原则——指标体系能全面考核企业的经营情况，考核指标应在企业长期和短期、内部和外部、因和果、定量和定性之间进行平衡。

（4）可控相关原则——部门绩效指标是各部门的管理者能够控制的；部门考核指标的导向与公司整体绩效改善是相关的。

针对TH公司的实际情况，要设计出适合公司自身管理需要的考核指标，将总公司考核指标分解转化为更切合本公司实际的指标；对机关部门独立考核，设计可以考核机关工作的指标，不完全连锁考核；成立项目鉴定专家小组，作为独立第三方，鉴定事故责任。公司成立故障鉴定小组，主要负责界定故障原因，明确责任主体。如何对经营业绩实施有效的考核并能真正落实，是每个公司都要面临的重大问题。公司与项目部的利益和目标不会完全自然地一致。要使项目部的行为符合公司的整体利益规划，不但要推行有效的激励制度，而且要通过有效的绩效管控系统来对其行为过程进行必要的监督和约束。需要注意的是，激励与约束是一体的两面，激励不足的约束会打击执行层的进取心，而约束不足的激励将会损害公司利益。

在公司对下级部门进行绩效管控的体系中，可以有以下思路。

（1）分级考核，而且着重于组织绩效而非个人绩效。公司与下级部门签订业绩合同并根据其业绩结果行使整体的奖惩；部门负责人的个人业绩评估由两部分加权构成，一部分是公司的业绩，通常占70%以上的权重，另一部分是个人胜任力的考量。对于部门的考核，由公司管理层按制度自行组织，并将考核结果由人力资源部备案；各部门内部的员工考核，由部门按制度组织进行，并将考核结果报公司人力资源部。

（2）公司通过与下级部门有效的沟通，订立合理的业绩合同。业绩合同中关键的部分是指标的选取和对应于指标的绩效标准值的确定。公司根据上级公司的战略目标，选取关键业绩指标（KPI），并设定KPI的绩效标准值，然后与执行层沟通直到一致。在业绩指标方面，不能单纯是财务指标，还要通过其他指标来关注公司的长期持续发展。

绩效考核的结果，最终还要与薪酬结合才能真正落实。针对TH公司的情况，员工绩效考核结果用于绩效工资、季度奖金发放，在年终根据个人年度综合考核结果调整岗位工资级别，并调整员工岗位。

资料来源：TH公司绩效考核方案的设计[EB/OL]. （2012-05-01）. https://wenku.baidu.com/view/b5b1f9b9f121dd36a32d829e.html.

分析：

绩效考核存在的问题：① 主观偏差；② 绩效指标难定；③ 绩效的影响因素难以消除；④ 考核的公平是相对的；⑤ 结果流于形式；⑥ 对人不对事。

考核指标的选定：以目标考核为主辅以过程考核的相对公平的考核。

科学合理的指标体系要遵循以下原则：① 目标考核为主；② 量化指标为主；③ 全面考核；④ 开放式标准（业绩考核类指标、技能类指标、态度类指标、工作强度类指标）。

一个能够反映企业需要达到目标的绩效指标系统应该量化正确的事情，并且是有限的精力能够做好的事情，需要考虑的内容有：① 考核指标：分层原则、定量与定性结合。② 考核者：考核委员会、直接上级、自我考核等。③ 考核周期。④ 绩效沟通与改进。⑤ 绩效结果应用：适度的物质激励+多样化的选择。这五个方面的具体操作如下。

1. 考核指标：分层原则、定量与定性结合

分层考核指的是，对知识型员工的考核经常会分成整体绩效考核、团队绩效考核和个人绩效考核。各个企业再根据各自情况，选择合适的考核层次。若没有特殊情况，对个人绩效的考核是任何一个企业都不可缺失的。针对每个层次，考核指标设计的角度、考核周期的设定、考核者的选择和考核结果的应用等均有很大差异。① 整体绩效考核的指标是塑造高绩效的环境、提供人财物等资源、提升知识型员工及整个企业的能力、实现社会价值等几个方面。② 团队绩效的考核主要包括三个方面：团队达成组织既定目标的情况；团队成员的满意感；团队成员继续协作的能力。③ 个人绩效考核指标主要体现知识型员工"把握方向和坚持"的能力；方向一般指企业的年度的工作计划或者企业在未来几年内的工作的战略目标；方向把握能力由知识型员工的知识和技能决定，因此可以考核知识型员工的专业知识、技能，在特定领域内的影响力，等等。

2. 考核者：考核委员会、直接上级、自我考核等

考核者包括：① 考核委员会。考核委员会一般由企业内的领导和企业外的行业专家

构成，专家可以包括领域内的国内外专家和业界的知名学者。② 直接上级。③ 自我考核。

3．考核周期

绩效考核周期一般而言可以分为月度考核、季度考核、半年度考核和年度考核。另外，根据企业行业的不同，某些特殊的情况下还会出现按旬考核、按周考核和按项目结点考核。

4．绩效沟通与改进

（1）要充分认识绩效沟通在绩效管理中的作用。持续的绩效沟通对于知识型员工具有非常重要的意义。

（2）掌握和运用好绩效沟通的方法、方式：定期的书面报告、一对一正式面谈、定期的会议沟通等。

（3）把握绩效沟通的关键点，提高沟通的质量。绩效沟通中需要把握的关键点有：阶段工作目标、任务完成情况；完成工作过程中的优良表现；指出需要改进的地方；描述公司领导或他人对员工工作的看法和意见，协助员工制订改进工作的计划；下一阶段绩效工作目标、计划的制订和确认。要把握不同绩效管理阶段沟通的目的和侧重点，创造有利于绩效沟通的环境：确定最恰当的时间，选择最佳的场所，布置好面谈的场所。

5．绩效结果应用：适度的物质激励+多样化的选择

基于知识型员工的需求有个性化、对激励措施的敏感性高的特点，绩效薪酬策略应该采取多元化的方式进行，绩效结果要与薪酬挂钩。基于考核结果，加强员工培训，包括专业知识与技术培训、管理培训、轮岗等。考核结果要与员工的职业发展、职务晋升相结合，与员工的淘汰机制相结合。

第二篇

绩效考核工具

第四章　KPI 考核法

基于 KPI 的部门绩效考核体系——以 G 公司为例

G 公司是我国某能源总公司下属的一家在山西省内的子公司，成立于 20 世纪 90 年代中期，主要经营洗煤和发电业务。企业在总公司的领导下，依靠自身的技术优势获得了快速发展。目前公司已经在山西省内的洗煤和发电行业占据 60% 的市场份额。为了在行业内继续保持领先地位，G 公司管理层于 2004 年开始着手建立一套现代人力资源管理制度，并且制定了一整套员工绩效考核制度，对员工进行定期绩效考核。但在实际绩效考核过程中，管理层发现在主管给员工打分时出现了问题。员工认为管理者打分不公平，而管理者则抱怨自己工作量过大，没有时间填写大量的表格。两年多过去了，公司新制定的绩效考核制度并没有给公司和员工带来预期的效果，绩效考核也没有发挥应有的作用。

G 公司管理者在对当时的绩效管理制度进行考察与分析后，发现其中存在部门层次的绩效考核指标设定不当、不同部门之间的绩效指标缺乏差异性、绩效指标量化程度较低等问题，严重影响了绩效管理的效果。

为了解决这一系列的问题，G 公司经过对业务特点和部门实际情况进行调研后，决定引入关键绩效指标体系，用于公司的绩效评估与管理。

在构建关键绩效指标体系时，G 公司的管理者首先对公司内部的 10 个部门进行分类，把 10 个部门分别归入生产作业类、综合管理类、财务类、采购库存类和销售类五大类别。然后又根据这五大类别的特点，选择了财务、管理、技术和市场这四个维度。在确定了不同部门的绩效评估指标维度后，管理者根据 G 公司内部 5 个类别 10 个部门，分别选择关键绩效指标。结合 G 公司现行的绩效考核体系指标设定，采用德尔菲法和头脑风暴法，最终确定了各类部门的关键绩效指标。

在对各部门设定了关键绩效指标后，采用德尔菲法来确定各类指标在每个部门类别中所占的比重。

从这个案例可以看出，关键绩效指标体系是绩效管理中一个非常有用的工具，能帮助管理者对组织的战略进行层层分解，得出一些具体的关键绩效指标，用于绩效评估和管理，有效改善企业的绩效管理现状。那么，究竟什么是关键绩效指标，如何把关键绩效指标体系应用于企业的绩效评估与管理中呢？本章探讨的就是这样一些问题。

资料来源：程延园. 绩效管理经典案例解析与操作实务全书（上）[M]. 北京：中国经济出版社，2016：345.

第一节　KPI 的概念

一、KPI 的内涵

　　KPI（key performance indicator），即关键绩效指标，指通过对组织内部某一流程的输入端、输出端的关键参数进行设置、取样、计算、分析，衡量流程绩效的一种目标式量化管理指标，是把企业的战略目标分解为可运作的远景目标的工具，是企业绩效管理系统的基础。简单地说，KPI 考核法就是通过对工作绩效特征的分析，提炼出最能代表绩效的若干绩效指标，并以此为基础进行绩效考核的模式。KPI 法符合一个重要的管理原理——"二八原理"。在一个企业的价值创造过程中，存在着"20/80"的规律，即 20% 的骨干人员创造企业 80% 的价值；而且在每一位员工身上"二八原理"同样适用，即 80% 的工作任务是由 20% 的关键行为完成的。因此，必须抓住 20% 的关键行为，对之进行分析和衡量，这样就能抓住业绩评价的重心，这也是 KPI 的设计思想。对 KPI 的定义可以做以下三个层次的解读。

　　（1）它是一个标准化的体系，必须是可衡量的，即使难以量化，那也必须是可行为化的，如果不符合这两项特征，那它就是不符合要求的关键绩效指标。

　　（2）它体现对组织战略目标有增值作用的指标；也就是说，它是连接个人绩效和组织绩效的一个桥梁；所以它是针对组织战略目标起到增值作用的工作而设定的指标，那么基于关键绩效指标对绩效进行管理，就可以保证真正对组织有贡献的业绩产出结果的行为受到奖励。

　　（3）通过在关键绩效指标上达成的承诺，员工与管理人员就工作达成的期望和工作表现等方面有了一个较为一致的共识。

二、KPI 的特点

1. 对公司战略目标的分解

　　作为衡量各职位工作绩效的指标，KPI 所体现的衡量内容最终取决于公司的战略目标。当 KPI 构成公司战略目标的有效组成部分或支持体系时，它所衡量的职位便以实现公司战略目标的相关部分作为自身的主要职责；如果 KPI 与公司战略目标脱离，则它所衡量的职位的努力方向也将与公司战略目标的实现产生分歧。

　　KPI 来自于对公司战略目标的分解的第二层含义在于，KPI 是对公司战略目标的进一步细化和发展。公司战略目标是长期的、指导性的、概括性的，而各职位的关键绩效指标内容丰富，针对职位而设置，着眼于考核当年的工作绩效，具有可衡量性。因此，KPI 是对真正驱动公司战略目标实现的具体因素的发掘，是公司战略对每个职位工作绩效要求的具体体现。

最后一层含义在于，关键绩效指标随公司战略目标的发展演变而调整。当公司战略侧重点转移时，关键绩效指标必须予以修正以反映公司战略的新内容。

2. 关键绩效指标是对绩效构成中可控部分的衡量

企业经营活动的效果是内因外因综合作用的结果，这其中内因是各职位员工可控制和影响的部分，也是关键绩效指标所衡量的部分。关键绩效指标应尽量反映员工工作的直接可控效果，剔除他人或环境造成的其他方面影响。例如，销售量与市场份额都是衡量销售部门市场开发能力的标准，而销售量是市场总规模与市场份额相乘的结果，其中市场总规模是不可控变量。在这种情况下，两者相比，市场份额更体现了职位绩效的核心内容，更适合作为关键绩效指标。

3. KPI 是对重点经营活动的衡量，而不是对所有操作过程的反映

每个职位的工作内容都涉及不同的方面，高层管理人员的工作任务更复杂，但 KPI 只对其中对公司整体战略目标影响较大、对战略目标实现起到不可或缺作用的工作进行衡量。

4. KPI 是组织上下认同的

KPI 不是由上级强行确定下发的，也不是由本职职位自行制定的，它由上级与员工共同参与完成，是双方所达成的一致意见的体现。它不是以上压下的工具，而是组织中相关人员对职位工作绩效要求的共同认识。

三、KPI 的绩效考核体系与一般绩效评估体系的区别

基于 KPI 绩效考核的特点，导致它和一般绩效评估体系有着显著的区别，具体表现在假设前提、考核目的、指标产生等方面，表 4-1 列出了这两者之间的主要区别。

表 4-1　KPI 的绩效考核体系与一般绩效评估体系的区别

	基于 KPI 的绩效评估体系	一般绩效评估体系
假设前提	假定人们会采取一切积极的行动努力达到事先确定的目标	假定人们不会主动采取行动以实现目标；假定人们不清楚应采取什么行动来实现目标；假定制定和实施战略与一般员工无关
考核目的	以战略为中心，指标体系的设计与运用都为组织战略目标的达成服务	以控制为中心，指标体系的设计与运用来源于控制的意图，也是为更有效地控制个人的行为服务
指标产生	在组织内部通过自上而下对战略目标进行层层分解产生	通常通过自下而上根据个人以往的绩效与目标产生
指标来源	基于组织战略目标与竞争要求的各项增值性工作产出	来源于特定的程序，即对过去行为与绩效的修改
指标构成及作用	通过财务与非财务指标相结合，体现关注短期效益、兼顾长期发展的原则；指标本身不仅传达了结果，也传递了产生结果的过程	以财务指标为主，非财务指标为辅；注重对过去绩效的评价；指导绩效改进的出发点是过去的绩效存在的问题，绩效改进行动与战略需要脱钩

第二节　KPI 的筛选及类型

一、KPI 的筛选标准

1. KPI 筛选标准

KPI 筛选标准可以总结为六个方面：① 指标是重要的，能代表业绩的显著驱动因素，对目标的完成起重要作用；② 指标是可衡量、可定量分析的，可以及时地进行衡量并得到确切的结果；③ 指标是确切的，对负责的人员、部门而言明确而具体，与考核意图统一；④ 指标是可控制、可影响的，在合理的时间内，可以受到负责人员、部门的影响，得到可衡量的改善；⑤ 指标是有重点的，数量有限，集中在负责人员、部门最主要的职责；⑥ 指标有很大的改善潜力，波动性较大，与最佳做法之间的差距较大。

2. KPI 赋权的方法

（1）KPI 权重设置方法。根据指标的重要程度，利用两两比对法进行排序和权重分配。

（2）KPI 权重设置原则。对公司战略重要性高的指标权重高，责任人影响直接指标的权重显著高，综合性强的指标（利润指标、成本指标等）权重高，权重分配在同级别、同类型岗位之间应具有一致性，又兼顾每个岗位的独特性。

（3）KPI 权重设计的成功经验。① 指标数控制在 5～10 个，原因在于过多的指标会使责任人分散注意力，且容易重复；② 每个指标的权重一般不超过 30%，原因在于过高的权重容易导致责任人"抓大头放小头"，对其他影响工作质量的指标不加关注，且过高的权重会使考核风险过于集中；③ 每个指标的权重一般不低于 5%，原因在于过低的权重对考核影响力不足，也容易导致责任人"抓大头放小头"现象。

二、KPI 指标的选取

对于 KPI 关键指标的选取，常见的关键业绩指标主要有三种：效益类指标，如资产盈利效率、盈利水平等；营运类指标，如部门管理费用控制、市场份额等；组织类指标，如满意度水平、服务效率等。对于不同类型的岗位 KPI 指标选取的重点有所不同，下面主要以上山型岗位、平路型岗位和下山型岗位来划分。

1. 上山型岗位

上山型岗位注重业务、业绩，即最终的结果产出，考核以业绩为中心，对技能水平和任职资格要求相对不高，最典型的代表就是所有的业务类、营销类人员。总经理等对企业利润有决定性作用的高层管理人员一般均属于上山型。此类型岗位绩效工资往往比固定工资所占比例要高。上山型岗位一般考核指标较少，且存在主流业绩指标，如业务员的销售指标、生产工人的生产件数指标，这些主流业绩指标允许占权重达到40%以上。上山型岗位KPI指标选取顺序为：① 业绩生产类指标；② 能力指标；③ 职能类指标，如表4-2所示。

表4-2　市场部经理×月份关键业绩指标考核表

关键业绩指标	要求目标				绩效	远超目标	超过目标	达到目标	未达目标	权重	得分
	月度	季度	半年	年度							
销售额完成率	100	100	100	100						15	
销量完成率	100	100	100	100						15	
产品组合完成率		100	100	100						5	
回款率		85	85	85						30	
利润率	1.78	1.78	1.78	1.78						8	
新客户拓展率	≥50	≥50	≥50	≥50						4	
销售预测准确率	≥70	≥70	≥70	≥70						5	
费用率	0.35	0.35	0.35	0.35						8	
客户投诉次数	0次	0次	1次	2次						3	
客户投诉处理满意度	100	100	100	100						3	
报表上交及时准确率	100	100	100	100						4	

说明：远超目标（90～100分）；超过目标（70～90分）；达到目标（60～70分）；未达目标（0～60分）。表中单位为百分位。

2. 平路型岗位

平路型岗位既注重岗位承担的责任，又要求具备承担责任的技能水平和能力。一般而言，职能类人员（如行政、人事、办公室、普通文职人员、一般管理人员）均属于该类型。

此类型岗位的固定工资与绩效工资相比略高一些，但绩效工资仍占一定的比例。平路型岗位工作内容较多，权重较为平均，所以考核指标也较多，单个指标权重较少超过30%。

平路型岗位KPI指标选取顺序为：① 职责、职能类指标；② 胜任力指标；③ 工作业绩指标。表4-3为招聘专员的关键绩效考核表。

表4-3　招聘专员的关键绩效考核表

职位	项目	很好 81～100	较好 61～80	一般 41～60	较差 21～40	很差 0～20	权重/%
招聘专员	1. 岗位说明书、招聘书及招聘信息发布及时率						15
	2. 招聘计划达成率						10
	3. 招聘空缺职位的平均时间						15

继续

职　位	项　　目	很好	较好	一般	较差	很差	权重/%
		81～100	61～80	41～60	21～40	0～20	
招聘专员	4. 招聘人员适岗率						15
	5. 面试人员数量						10
	6. 建立面试统计表的准确性						5
	7. 试用期人员离职率						5
	8. 招聘成本预算控制率						5
	9. 录用人员到岗率						5
	10. 部门经理满意度						15
总分							

3. 下山型岗位

此类型岗位最典型的特征是注重任职资格、技能水平，注重能力素质而不是以结果为导向，以技术类人员为代表，如研发人员、设计人员、工程师、专业的财务人员等。此类型岗位往往以固定工资为主，绩效工资所占比例较低。

下山型岗位指标往往存在大指标和小指标，大指标内又包含若干个小指标，分类较细。如会计报税指标又可细化为报税及时性、报税完整性、报税差错率等要求。研发类下山型岗位指标还具备一个特色，即存在流程性指标，工作存在先后顺序，每月工作重点不同，指标及目标值变动较大。

下山型岗位 KPI 指标选取顺序为：① 胜任力指标；② 业绩产出指标；③ 职能职责类指标。此类顺序更多针对研发型下山型岗位。表 4-4 为研发岗位的关键绩效考核表。

表 4-4　研发岗位的关键绩效考核表

序号	KPI 指标	权重/%	绩效目标值	考核得分
1	研发项目阶段成果达成率	15	研发项目阶段成果达成率在____%以上	
2	项目开发完成准时率	15	项目开发完成准时率在____%以上	
3	部门规章制度建设	10	部门规章制度建设完善并得到 100%执行	
4	研发成本控制率	10	项目研发成本控制率达____%	
5	新产品投资利润率	10	新产品投资利润率在____%以上	
6	新产品利润贡献率	10	新产品利润贡献率在____%以上	
7	科研成果转化效果	10	本年度实现科研成果转化在____项以上	
8	开发成果验收合格率	5	开发成果验收合格率达到 100%	
9	科研项目申请成功率	5	科研项目申请成功率达到____%以上	
10	试验事故发生次数	5	试验事故发生次数在____次以下	
11	部门员工管理	5	部门员工绩效考核平均得分在____分以上	
12	产品技术重大创新	加分项	每次酌情加____分	
本次考核总得分：				

三、关键绩效指标的分类

关键绩效指标在某种程度上与企业的管理以及整体的战略有非常紧密的联系，在设计 KPI 指标时，可以将指标的设计与企业的管理和战略联系起来。关键业绩指标通常又可以分成如下三类。

（1）发展性指标：基于企业战略发展的关键绩效指标。根据企业的战略规划，分析支撑企业战略的关键成功因素或结果领域，据此设计发展性的关键绩效指标。发展性指标的作用在于，以更为清晰和量化的标准，阐述企业的战略意图，指明企业经营的方向与重点。发展性指标与企业战略密切相关，而企业战略是一个动态发展和不断诠释的过程；因此，发展性指标的评价标准在于，指标是否紧跟企业战略的变化，是否能有效支撑企业战略的实现。严谨的战略分析、及时的合理调整是确保发展性指标效度的关键。

（2）改善性指标：基于企业经营改善的关键绩效指标。中国的很多企业，在运营管理中存在一些"短板"，有很大的改善空间。这些短板虽与企业战略无直接关系，但如不及时抬升，会制约企业战略的实现。例如，某企业奉行"产品领先战略"，产品推向市场的速度很快，但由于技术支持和服务跟不上，导致客户抱怨和流失。因此，企业必须针对自身短板，阶段性地重点加以改善。具体选取改善性指标时，可以从指标的波动性程度切入，通过与外部标杆企业数据进行对照分析，发现那些波动性大、差距也大的指标。

（3）监控性指标：基于企业经营保障的关键绩效指标。该类指标有安全指数、质量指数等，其最大的特点是，此类指标是一种"保健因素"，即只能保持，不能恶化。若加以"改善"，对企业运营起不到重要的推动作用；若发生"恶化"，则必定严重损害企业的运营。从本质上说，这类指标对现实工作牵引性不强，更像是一种"高压线"。通常采用扣分的方式，即维持现状属合格，出现"恶化"事件则扣分。

四、KPI 的有效性测试

对于关键绩效指标的设计是否合理，主要可以从以下八个方面进行测试：① 该指标是否被考核人所理解；② 该指标是否可控制；③ 该指标是否可实施；④ 该指标是否有可靠的数据来源来支持；⑤ 该指标是否可以衡量；⑥ 该指标是否可以低成本获得；⑦ 该指标是否与公司战略目标相一致；⑧ 该指标是否与整体指标相一致。

第三节　KPI 的设计

一、设计的思路

1. 依据组织结构设计 KPI 体系

以部门组织结构而设计的 KPI 体系，主要强调把组织目标落实到部门，如表 4-5 所示。事实上，这一体系更适合于没有组织目标和战略的公司使用。因为虽然形式上这种指标体系是对组织目标的分解，但实质上，最后的指标设计所体现的往往是部门本身原有的职责体系。

表 4-5　按组织结构分解的 KPI 体系

部　　门	关键绩效领域（KPA）	关键指标名称
	年度组织目标：在目标市场上取得第一	
市场部	市场份额指标	销售增长率、市场占有率、销售目标完成率、新客户开发率……
	客户服务指标	投诉处理及时率、客户回访率……
	经营安全指标	货款回收率、成品周转率……
生产部	成本指标	生产效率、原料损耗率、设备利用率
	质量指标	成品一次合格率……
	经营安全指标	原料周转率、备品周转率、在制品周转率……
技术部	成本指标	设计损失率……
	质量指标	设计错误再发生率、项目及时完成率、第一次设计完成到投产前修改次数……
	竞争指标	在竞争对手前推出新产品的数量、在竞争对手前推出新产品的销量……
采购部	成本指标	采购价格指数、原材料库存周转率……
	质量指标	采购达成率、供应商交货一次合格率……
人力资源部	执行力指标	为公司目标实现所需要的人才合格率、员工自然流动率……
……	……	……

2. 依据内部流程设计 KPI 体系

依据流程设计的 KPI 体系，其思路是把组织目标落实到了流程，也就是说，其指标来源不是各部门的先天职责，而是内部输入和输出的流程。流程上下衔接的满意度，即流程的下一个环节对流程的上一个环节的满意，最终导致组织目标的实现，这里体现的是"流程的下一个环节就是客户"这样的思想。因此它的原则是客户至上，而方向则是从投入到产出。其指标特点在于强调"一切为了流程的下一个环节"这一原则的效果和效率。图 4-1 为某公司的内部流程图。

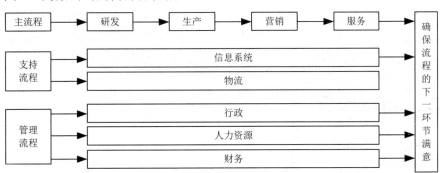

图 4-1　内部流程图

依据流程设计的 KPI 体系的思想，可以对其主流程进行业绩指标设计，如表 4-6 所示。

表 4-6　主流程中各职种相应关键绩效领域

目标原则	主流程	分解出的绩效指标
确保流程的下一环节满意	研发	指标一
		指标二
		……
	生产	指标一
		指标二
		……
	营销	指标一
		……
	服务	指标一
		……

3. 依据组织结构和内部流程相结合设计 KPI 体系

实际操作中，我们发现单纯依据组织结构设计 KPI 体系，往往会出现各组织部门只对上级和组织目标负责，而不对结果负责的情况。这会导致流程衔接的效率较低和效果不佳的结果。而单纯的依据内部流程来设计 KPI 体系时在某些流程上很难实现，所以根据这些问题，设计 KPI 的思路就是将组织结构和内部流程相结合。主流程部分的 KPI 设计就依据内部流程来进行，支持流程和管理流程就依据组织结构来设计，当然设计不能偏离组织的目标，一旦偏离，再好的设计都是无用的。

4. 依据鱼骨图分析法设计 KPI 体系

鱼骨图分析法是根据鱼骨图案来确定原因和结果之间的关系，从而找出影响结果的关键因素的一种分析方法。鱼骨图也称为因果分析图或石川图，用最先提出这一工具的石川馨的名字命名。它将结果标在"鱼头"外，在鱼骨上长出鱼刺，上面根据相应标准列出产生结果的各种可能原因。鱼骨图是一种发现问题"根本原因"的方法，原本主要用于质量管理，现在应用在关键绩效指标设计的分析上，主要步骤如下。

（1）确定个人和部门业务重点以及哪些因素对组织业务有影响。

（2）确定业务标准，定义成功的关键要素、满足业务重点所需的策略手段。

（3）确定关键绩效指标，判断某一项业绩标准是否符合企业实际情况。将组织级的 KPI 逐步分解到部门，再由部门分解到各个岗位，依次采用层层分解、互为支持的方法，确定各部门、各岗位的关键绩效指标，并且用定量或定性的指标确定下来。

二、设计的步骤

1. 确定关键工作产出

战略目标是总的产出，包括有形的产出（如产品、服务等）和无形的产出（如品牌知名度、企业信誉等）。而总的产出由企业、部门、个人三个层次的产出组成。所以，我们由下至上，先将三个层次（甚至更多）的工作产出确定下来，这其实就是一个目标分解的过程。但是三个层次的工作产出之间一定要形成层层支撑的因果关系，否则就会出现个人产出目标都达到了，而企业产出变化却不大的情况。这种情况在应用 KPI 的企业中屡见不鲜，在年底考核时，90%以上的员工都获得了优秀的考核结果，但企业绩效却不见好转。在确定工作产出时通常有以下四个原则。

（1）关键性原则。关键性原则是 KPI 的核心思想，在这里要贯彻始终。产出目标太多，会使得由此而确立的评估指标增多，从而会分散员工的注意力，最终影响各个目标实现的质量。一般来说，每个员工的产出目标不超过 6 个。

（2）增值产出原则。增值产出原则也称目标导向性原则，它要求每个层次的产出都必须对上一次产出有增值的作用。比如员工级别的工作产出，必须对照部门级的工作产出要求，只有对部门级产出有增值贡献才确定为该层次的工作产出。

（3）客户导向原则。客户导向原则是指在确定工作产出时要以客户的需求为导向，这里的客户不仅指企业外的客户，还指企业内部各流程之间存在因果承接关系的部门或员工。一些 KPI 的设计者们却通常缺少这个意识，他们只知道为分解而分解，却没有想到有些产出并不是客户所需要的。那么结果很明显，浪费了时间与各种成本，得到的却是使用价值不高的产出，这是最糟糕不过的了。

（4）确定权重的原则。在确定产出的同时，不能忘记的很重要的一点是确定各产出的权重。要对各层次的产出进行比较，每个层次都各自给出一个权重，最后再相乘得出各个产出在整个体系中的权重。

2．建立评估指标

在确定了工作产出以后，就要将之转化为评估指标，这个过程主要是将企业想要得到的结果转化为员工容易接受的目标和行动指南。建立指标要遵循 SMART 原则，避免其认识误区。建立评估指标的 SMART 原则是指：① S（specific，具体），具体原则指的是在进行 KPI 指标设计时要针对特定的工作指标，要尽量做到具体，不能笼统模糊；② M（measurable，可衡量），可衡量原则指的是 KPI 指标必须可以被衡量，验证这些指标的数据或信息是可以获得的；③ A（attainable，可实现），可实现原则指的是 KPI 指标必须是员工经过努力在适当的时间内可以实现的，而不是遥不可及的；④ R（realistic，现实），现实原则指的是 KPI 指标必须切合实际，是能被观察和证明的。如果有些指标很难观察到或得到的成本很大，那就不符合现实原则；⑤ T（time-bouded，有时限），有时限原则指的是 KPI 指标的实现必须有明确的时间表。要正确把握 SMART 原则，且明白什么是正确的做法，什么是错误的做法，如表 4-7 所示。

表 4-7　设定关键绩效指标的原则

原　　则	正　确　做　法	错　误　做　法
具体的	切中目标	抽象的
	适度细化	未经细化
	随情景变化	复制其他情境中的指标

续表

原　　则	正　确　做　法	错　误　做　法
可衡量的	数量化的	主观判断
	行为化的	非行为化描述
	数据或信息具有可得性	数据或信息无从获得
可实现的	在付出努力的情况下可以实现	过高或过低的目标
	在适度的时限内实现	时限过长
现实的	可证明的	假设的
	可观察的	不可观察或证明的
有时限的	使用时间单位	不考虑时效性
	关注效率	模糊的时间概念

以上错误的做法较为极端，只要认真注意、谨记这些原则的定义是可以避免的。但在实际设计中，还存在着其他对 SMART 原则的认识误区，非常值得 KPI 的设计者们注意的有以下几点。

（1）具体原则要具体适度。很多设计者认为具体就是要尽量细化，越具体、越细化越好，但事实上过分细化会影响指标对战略目标的影响程度，违背了关键绩效指标"关键"的含义。比如为了开拓某饮料市场，实行市场开发战略，使用各种方法增加销售额，提高每个员工的销售额增长率。于是在进行 KPI 设计时，他们根据"具体"原则，设计出"老年人市场销售额增长率""中年人市场销售额增长率"等一系列指标，但这样的具体化做法，显然削弱了指标对战略的关键性作用。具体原则里要求的是要"切中目标"，所以具体的程度只要达到切中目标即可。在这里选择"销售额增长率"作为关键绩效指标即可。

（2）可衡量原则不等于可量化。绩效指标的定量化是非常重要的，因为这可以给评价者提供一个客观的尺度来评价员工，同时也便于员工间绩效的比较。但是可衡量不等于可量化，而是指"验证这些指标的数据或信息可获得"。企业的很多工作是不可能定量化的，如管理指标里的"规章制度的设计"，如果用规章制度的设计量那肯定不行，因为规章制度不是用数量来衡量的。或者用其他，定量化的成本可能会很高，或者会向员工给出错误引导的信息。例如，用规章制度的满意率来做 KPI，可能会使得制度设计者为增加满意率而降低制度的约束性，那样只会有害无益。

在绩效指标的设计中，有这样一个原则，那就是"能量化的就量化，不能量化的就细化"，其中所谓细化就是指行为化、具体化。如"工作热情高"较难量化，那就将其细化为相应的行为。这里可以细化为以下几个行为：上班时早于规定时间；在空闲时能不计报酬地接受额外的任务；对于公司一些紧急任务能牺牲个人时间来完成。过分追求量化，会使一些关键性指标被设计者所遗弃，对战略目标的实现有不利的影响。

（3）可实现原则要求指标适度。要求低的绩效指标自然可以实现，但用之作为指标自然不可取。然而要求过高则不可实现，违背此原则，这些指标也不可取。那么是不是选择中间性指标就"万事大吉"？显然不是。在制作关键绩效指标时应当先了解行业的其他公司达到的程度。如果没有其他公司可供参考，可以参考本公司以往达到的水平，再结合自身公司的员工素质、公司资金状况、发展阶段等，设计一个员工经过巨大努力可以达到的目标。

（4）现实原则要求现实和实际情况相结合。现实性原则要求 KPI 设计者在设计 KPI 时要考虑指标是否可以被证明和观察。只有可以较为容易地被验证的指标才能成为 KPI，但这里"容易"是一个相对的词。很多 KPI 设计者常常"依据"现实原则对一些获取信息成本过高的指标不予采纳，这会对战略造成一定的影响。所以在应用现实原则时要进行战略重要性和现实性的权衡。如果对战略目标的实现是非常重要的，那么获取成本即使较高也要采纳为 KPI。如果 KPI 设计者未能权衡两者轻重，这时就要请示上级，看是否要进行调查或是听取专家意见。

（5）限制时间的合理性。绩效指标要加上时间限制，因为时间也是一种成本或是资本，绩效目标如果花费过多时间去做，那样只会得不偿失，对企业战略的实现显然是不利的；另一方面时间长了，从控制的角度来讲控制力就大大减弱了。那是否应该缩短时间限制呢？很多 KPI 设计者就是将绩效的考核周期缩短以避免上面两个缺点，并认为越短越好，这显然是不可行的。在现实中，虽然考核周期因具体指标而异，但是一般不要求缩短至一个月或更短。因为每次进行考核会耗费较多的时间和精力，对员工心理会造成一定的负面影响，干扰他们的正常工作。

三、确定指标标准

1. 指标与标准的区别

指标是体现员工的工作产出程度的行为特征根据，如"在空闲时能不计报酬地接受额外的任务"，指的是工作的内容特征或是进行工作绩效评估时的内容。而标准是指标所描述的工作产出要达到的具体程度要求，如对应上面这个指标，其相应的标准可为"接受额外工作而没有要报酬的工时"。

2. 确定指标标准时不能脱离员工

指标确定以后，企业与员工努力的方向就确定了。接下来的关键一步就是要确定指标要达到的标准。如果单纯看"利益"这一点，指标标准涉及企业与员工双方的利益，是两方利益博弈的结果。所以这个阶段不应当缺少员工的参与，单纯由管理者定出来的指标很多时候都是脱离实际的。但要注意员工的参与方式。如果管理者先制定一个指标的标准再拿去征求员工的意见，多半是要失败的，因为员工多半会对那些管理者确定的指标摇头反对，并且他们很容易组成联盟来抵抗这些指标。最终要么造成关系紧张，员工消极对待；要么管理者一再妥协，绩效标准降低到企业要求水平之下。这种参与是不可取的。我们且看"管理之父"泰勒是如何处理这个问题的。

首先泰勒认为企业与员工的利益是一致的。因为员工尽自己最大的努力工作，那么员工也会得到最大的回报。对于指标标准的设定，泰勒为避免采取全部人参与方式的低效率，他采取了"以点带面"的策略。1881年，他第一次拿出跑表，找来一个生产效率较高的名叫施米特的铲装工人，泰勒要求他尽其所能去装运货物，货装得越多奖金越多，而且奖金额相当诱人。那施米特当然尽力去做，泰勒就在旁边将其动作记录下来，然后再以此为参照作为一个高标准，结合各动作记录，再和其他工人交谈时就非常有说服力，其他员工就很难联合起来进行抵制，反而争先恐后地去追求高标准。

所以这里"参与"的意思是在指标的标准确定中一定要参考员工真实的能力标准，而要得到真实的能力标准，就要注意避免员工的隐瞒性的群体行为。采用暗中调查结合"以点带面"是一种非常好的方法，其实这属于工作分析的内容，所以良好的工作分析是 KPI 设计与其他绩效考核方法设计的基础。

3. 标准的两种类型

前面所讲述的 SMART 原则中提到过可衡量原则（M），说到当绩效指标"可量化时就量化""不可量化时就细化"，所以当指标可以量化成一种结果的形式时就使用结果化标准；如果指标只能细化成行为，那么就使用行为化标准。结果化标准，如对于销售员的"销售额每个季度环比增长5%"、对于技术员的"产品质量标准要达到 ISO 14000标准"等，都直接表现为一个非常清晰的数量性目标。行为化标准，如对于销售代表的"正确地介绍产品和服务""不收取礼品或礼金"等，很难用数量将其要求表达出来，而只能以典型的行为描述作为替代。

4. 标准是否固定不变

指标的标准往往是评价员工的工作表现的标尺，与薪酬福利紧密相连，所以指标的高低直接关系到员工的利益，从而影响员工的积极性与流动率。所以标准在确定下来之后如何变化非常重要。

四、审核绩效指标

因为绩效指标涉及全体员工的利益，所以对绩效指标的确定一定要非常慎重。审核绩效指标主要是对绩效指标是否全面、客观地反映员工的工作绩效，绩效指标是否具有可操作性这几个方面进行反馈、检查。

审核可从以下几个方面来进行。

（1）是否符合 SMART 原则。KPI 设计者在设计时由于原则过多，有时不能兼顾所有原则，所以在审核时要一一对之进行检查。

（2）是否有其他更好的表达方式。KPI 指标非常重视指标表述的明确易接受性，所以在审核时要检查绩效指标的表达方式是否易于理解和是否接近通常通俗的表述，是否有其他更好的表达方式。

（3）对跟踪反馈信息进行处理。绩效指标设定出来后，在试运行或初运行中，要不断对绩效指标的使用情况进行反馈，以使得绩效指标更具有可操作性。

（4）利益分析。绩效指标设计出来后，它所形成的新的利益格局如何？改变了哪些既有的利益？又使哪些人可能获得新的利益？利益格局的变化会不会、多大程度上会带来员工行为的变化？如何对员工可能的疑问进行解释和应对员工的抵抗心理？这些都是必须考虑的。

五、KPI 考核的优缺点

任何一种考核方法都既有优点又有缺点，KPI 考核也不例外。

1. KPI 考核方法的优点

（1）目标明确，有利于公司战略目标的实现。KPI 是企业战略目标的层层分解，通过 KPI 指标的整合和控制，使员工绩效行为与企业目标要求的行为相吻合，不至于出现偏差，有力地保证了公司战略目标的实现。

（2）提出了客户价值理念。KPI 提倡更好地为企业内外部客户实现价值，这对于企业形成以市场为导向的经营思想是有一定的提升的。

（3）有利于组织利益与个人利益达成一致。KPI 考核方法对指标进行了策略性的分解，使公司战略目标成了个人绩效目标，员工个人在实现个人绩效目标的同时，也是在实现公司整体的战略目标，达到两者和谐、公司与员工共赢的局面。

2. KPI 考核方法的缺点

（1）KPI 指标比较难界定。KPI 更多倾向于定量化的指标，这些定量化的指标是否真正对企业绩效产生关键性的影响，如果没有运用专业化的工具和手段，是很难界定的。

（2）KPI 会使考核者进入机械考核的误区，过分地依赖考核指标，而没有考虑人为因素和弹性因素，会产生一些考核上的争端和异议。

（3）KPI 并不是针对所有岗位都适用。

3. KPI 考核方法的难点

绩效管理最重要的作用是让员工明白：企业对自己的要求是什么？自己将如何开展工作和改进工作？自己的工作报酬是什么样的？主管回答这些问题的前提是他清楚地了解企业对自己的要求是什么，对所在部门的要求是什么，说到底，也就是了解部门的 KPI 是什么。同时，主管也要了解员工的素质，以便有针对性地分配工作与制订目标。

绩效考核是绩效管理循环中的一个环节，绩效考核主要实现两个目的：一是绩效改进，二是价值评价。面向绩效改进的考核是遵循 PDCA 循环模式的，它的重点是问题的解决及方法的改进，从而实现绩效的改进。它往往不和薪酬直接挂钩，但可以为价值评价提供依据。这种考核中主管对员工的评价不仅反馈员工的工作表现，还可以充分体现主管的管理艺术。因为主管的目标和员工的目标是一致的，而且员工的成绩也是主管的成绩，这样，主管和员工的关系就比较融洽。主管在工作过程中与下属不断沟通，不断辅导与帮助下属，不断记录员工的工作数据或事实依据，这比考核本身更重要。

我们从 KPI 中如果能分析出每个职位的正确定位，那么这些职位上员工的待遇跟他所在的职位是没有关系的。面向价值评价的绩效考核，强调的重点是公正与公平，因为它和员工的利益直接挂钩。这种考核要求主管的评价要比较准确，而且对同类人员的考核要严格把握同一尺度，这对于行政服务人员、一线生产人员比较好操作。因为这种职位的价值创造周期比较短，很快就可以体现出他们的行动结果，而且，标准也比较明确，工作的重复性也较强。但对于职位内容变动较大，或价值创造周期较长的职位来说，这种评价就比较难操作。

有一种方法可以将二者统一起来，就是在日常的考核中强调绩效的持续改进，而在需要进行价值评价时，由人力资源部门制定全企业统一的评价标准尺度。这样，一方面，评价的结果会比较公平；另一方面，员工的绩效改进也已达到较高水平，员工可以凭借自己出色的工作表现获得较高的报酬与认可。评价员工的绩效改进情况及绩效结果，KPI是基础性依据，它提供评价的方向、数据及事实依据。

根据采购部岗位职责设计关键绩效指标

（一）采购部岗位设置

采购部门的主要工作是通过对供应资源的整合及供应商的管理，优化企业供应链，降低采购成本，确保物资供应的及时性与准确性。为了更好地完成采购任务，需要在采购部门内部设置若干岗位，其具体岗位包括采购部经理、供应商主管、采购主管、供应商关系专员和采购员。

（二）采购部岗位职责

采购部的主要职责包括两方面：首先，对外选择并管理供应商，控制与保证采购物资的价格优势；其次，对内控制采购流程，保证采购质量和交货周期，以满足企业生产和市场的需要。采购部各岗位职责如下。

1. 采购部经理

采购部经理全面负责企业物资采购，以确保所需物资的正常供应，保证企业生产经营的顺利进行。

职责一：制定采购方针、策略、制度及采购工作的程序与标准。

职责二：审核年度各部呈报的采购计划，统筹规划和确定采购内容。

职责三：根据企业年度经营目标和客户的需求，制订企业年度采购计划。

职责四：组织市场调查研究，及时向企业高层提供市场信息以降低采购成本。

职责五：发展、选择和处理与各地供应商的关系，建立供应商数据库。

职责六：对本部门员工的工作技能、工作态度及工作行为等方面进行管理。

2. 供应商主管

供应商主管的主要职责是根据企业发展需要开发、维护供应商，并参与制定供应商管理的相关制度，对供应商进行分析、评价、筛选与考核。其岗位具体职责如下。

职责一：负责供应商及供应渠道的开发，并根据企业发展需要制订供应商开发计划。

职责二：维护和发展与重要供应商的关系，掌握供应商的变化情况。

职责三：创建符合企业发展需求的供应链条，建立全国的供应商开发、考核机制。

职责四：对供应商进行评价、分级，并对其进行月度、季度、年终考核评审。

职责五：负责组织相关人员定期对供应商数据库进行管理。

职责六：参与采购合同的签订及采购过程的成本分析与审核。

3. 采购主管

采购主管的主要职责是根据采购经理的要求，及时组织完成各类物资的采购工作。

职责一：根据企业采购计划，组织人员具体执行采购工作。

职责二：编制各项采购计划，并监督实施。

职责三：在部门经理的指导下，参与编制采购预算，并控制采购费用。

职责四：签订和送审小额采购合同。

职责五：协助采购部经理规范采购政策和行为，确保企业利益。

职责六：编制各项采购活动的分析总结报告。

职责七：完成采购经理临时交办的其他工作。

4. 供应商关系专员

供应商关系专员的主要职责是定期进行市场调查和跟踪供应商情况，建立并维护供应商数据库，协助供应商主管进行供应商的开发和维护，及时完成上级安排的工作任务。

职责一：负责协助供应商主管进行供应商的维护和拓展工作。

职责二：定期对市场进行调查，及时汇报供应商情况并编制分析报告。

职责三：供应商数据库的建立和维护，保证数据及时更新和正常使用。

职责四：协助供应商主管处理供应商关系，以及其他日常行政事务。

职责五：协助部门主管约访供应商及不定期回访合作供应商。

职责六：配合供应商主管利用各种方式及渠道掌握供应商及市场动态。

5. 采购员

采购员的主要职责是按照采购经理和采购主管的要求，具体执行采购工作。

职责一：负责根据批准的采购计划，具体执行一般物资的采购工作。

职责二：负责协助采购主管、采购经理办理特殊物资的采购工作。

职责三：具体负责采购过程中各种报表、单据的处理工作。

职责四：负责采购合同、资料的日常管理工作。

职责五：负责领导交办的其他临时采购工作。

资料来源：单海洋. 绩效不是管出来的[M]. 广州：广东经济出版社，2010：207.

讨论题：

请根据采购部的岗位职责设计恰当的考核指标。

第五章　平衡计分卡

平衡计分卡在可口可乐（瑞典）饮料公司的应用

　　可口可乐瑞典饮料公司（CCBS）采纳了卡普兰和诺顿的建议，在公司中推广平衡计分卡的概念。从财务层面、客户和消费者层面、内部经营流程层面及组织学习与成长层面四个方面来测量其战略行动。

　　作为推广平衡计分卡概念的第一步，CCBS 的高层管理人员开了 3 天会议，把公司的综合业务计划作为讨论的基础。在此期间每一位管理人员都要履行下面的步骤。

　　（1）定义远景。

　　（2）设定长期目标（大致的时间范围是 3 年）。

　　（3）描述当前的形势。

　　（4）描述将要采取的战略计划。

　　（5）为不同的体系和测量程序定义参数。

　　由于 CCBS 刚刚成立，讨论的结果是它需要大量的措施。由于公司处于发展时期，管理层决定形成一种文化和一种连续的体系，在此范围内所有主要的参数都要进行测量。在不同的水平上，把关注的焦点放在与战略行动有关的关键测量上。

　　在构造公司的平衡计分卡时，高层管理人员已经设法强调了保持各方面平衡的重要性。为了达到该目的，CCBS 使用的是一种循序渐进的过程。

　　第一步，阐明与战略计划相关的财务措施，然后以这些措施为基础设定财务目标并且确定为实现这些目标应当采取的适当行动。

　　第二步，在客户和消费者方面也重复该过程。在此阶段，初步的问题是"如果我们打算完成我们的财务目标，我们的客户必须怎样看待我们？"

　　第三步，明确了向客户和消费者转移价值所必需的内部过程。CCBS 管理层问自己的问题是：自己是否具备足够的创新精神、自己是否愿意为了让公司以一种合适的方式发展而变革。经过这些过程，CCBS 能够确保各个方面达到平衡，并且所有的参数和行动都会向同一个方向变化。但是，CCBS 认为在各方达到完全平衡之前有必要把不同的步骤再重复几次。

　　CCBS 已经把平衡计分卡的概念分解到个人层面上。在 CCBS，很重要的一点就是，只依靠那些个人能够影响到的计量因素来评估个人业绩。这样做的目的是通过测量与他的具体职责相关联的一系列确定目标来考察他的业绩，根据员工在几个指标上的得分建立奖金制度，这样公司就聚焦于各种战略计划上了。

在 CCBS，强调的既不是商业计划，也不是预算安排，并且也不把平衡计分卡看成是一成不变的；相反，对所有问题的考虑都是动态的，并且每年都要不断地进行检查和修正。按照 CCBS 的说法，在推广平衡计分卡概念过程中最大的挑战是：既要寻找各层面的不同测量方法之间的适当平衡，又要确保能够获得所有将该概念推广下去所需要的信息系统。此外，要获得成功，重要的一点是每个人都要确保及时提交所有的信息。信息的提交也要考虑在业绩表现里。

资料来源：隋静. 管理会计学[M]. 2 版. 北京：北京交通大学出版社，2018：249.

第一节 平衡计分卡概述

一、平衡计分卡的定义

平衡计分卡是美国哈佛商学院教授罗伯特·S.卡普兰（Robert S. Kaplan）和复兴全球战略集团的创始人兼总裁大卫·P.诺顿（David P. Norton）于 1992 年发明并推广的。该方法不但完全改变了企业传统的绩效考核思想，还推动了企业自觉去建立实现战略的目标体系，在产品、流程、客户和开发市场等关键领域使企业获得突破性进展。

所谓平衡计分卡，是指从财务、客户、内部流程、学习与成长四个角度，将组织的战略落实为可操作的衡量指标和目标值的一种新型绩效管理体系（见图 5-1）。与以往的绩效考核工具不同，它不再以单纯的财务指标为衡量标准，而是相对应地加入了未来驱动因素（即客户因素、内部运营因素、学习成长因素），即在保证短期效益的同时，更保证了组织未来发展的驱动力，包括良好的财务现状、良好的客户关系、简单和高效的内部流程、优秀的人才和梯队建设。

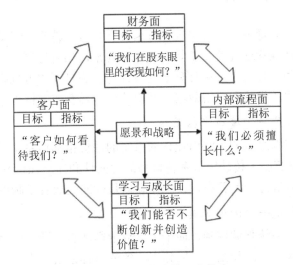

图 5-1 平衡计分卡的四个维度

平衡计分卡的核心思想就是通过财务、客户、内部流程、学习与成长四个方面指标之间相互驱动的因果关系展现组织的战略轨迹，实现绩效考核、绩效改进、战略实施以及战略修正的目标。平衡计分卡中每一项指标都是一系列因果关系中的一环，通过它们把相关部门的目标同组织的战略联系在一起；而"驱动关系"一方面是指计分卡的各方面指标必须代表业绩结果与业绩驱动因素双重含义，另一方面计分卡本身必须是包含业绩结果与业绩驱动因素双重指标的绩效考核系统（见图 5-2）。之所以称此方法为"平衡（balanced）"计分卡，是因为这种方法通过财务与非财务考核手段之间的相互补充"平衡"，不仅使绩效考核的地位上升到组织的战略层面，使之成为组织战略的实施工具，同时也是在定量评价与定性评价之间、客观评价与主观评价之间、指标的前馈指导与后馈控制之间、组织的短期利润增长与长期发展之间、组织的各个利益相关者的期望之间寻求"平衡"的基础上完成的绩效考核与战略实施过程。

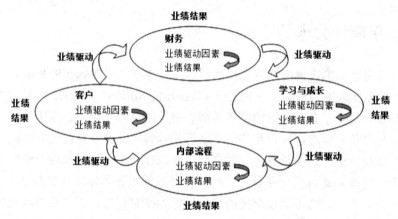

图 5-2　平衡计分卡的指标驱动关系

二、平衡计分卡的特点

作为一个新的战略管理体系，平衡计分卡具有自身的特点，了解这些特点，不但可以将平衡计分卡与其他管理理论和工具有效区分开来，如目标管理、关键绩效指标和标杆管理等，而且有助于我们在平衡计分卡的设计与实施过程中准确把握其内在本质，发挥这一管理工具的比较优势和应用效用。平衡计分卡具有如下特点。

1. 平衡计分卡是一种绩效考核系统

平衡计分卡是根据组织的战略而设计的系统的评价指标体系，是一套完整的企业绩效考核系统。它不仅克服了传统绩效考核体系的片面性和滞后性，还强化了对目标制订、行为引导、绩效提升等方面的管理，使企业绩效目标的达成有了制度上的保证。

2. 平衡计分卡是一种沟通工具

传统的绩效考核系统强调控制，而平衡计分卡则注重沟通。平衡计分卡用来阐述企业战略，并帮助个人、部门和企业之间建立一致的目标系统，将企业的全部资源加以整合，为实现一个共同的战略目标而努力。为了实现这个目的，平衡计分卡通过宣讲和传播，使管理者和员工真正了解企业战略和愿景。管理者和员工共同开发各个层次的平衡计分卡，明确自己的奋斗目标并努力达成既定目标。这样，平衡计分卡的开发过程本身就是一个沟通的过程，平衡计分卡也就是管理者和员工沟通的工具。

3. 平衡计分卡强调因果关系的重要性

平衡计分卡不是指标的简单混合，而是根据组织战略和愿景，由一系列因果链条贯穿起来的有效整体。四个层面的目标通过因果关系联系在一起，从顶部开始的假设是：只有目标客户满意了，财务成果才能实现。客户价值主张描述了如何创造来自目标客户的销售额和忠诚度，内部流程创造并传达了客户价值主张。然后，支持内部流程的无形资产为战略提供了基础，这四个层面目标的协调一致是价值创造的关键。

4. 平衡计分卡强调有效平衡

与其他绩效管理工具不同的是，平衡计分卡强调"平衡"。平衡计分卡所强调的平衡，不是平均主义，不是为平衡而平衡，而是一种有效平衡。平衡计分卡反映了财务与非财务衡量方法之间的平衡、长期目标与短期目标之间的平衡、结果与动因的平衡等多个方面。

1）财务指标与非财务指标的平衡

基于企业目标的思考是平衡计分卡思想的来源，这也就是平衡计分卡之所以"平衡"的原因。因为在过去的企业目标设置及其完成情况的考察中，都只注重了其中一两个方面，特别是只注重财务方面目标的实现，而忽略了客户、内部流程、学习与成长等方面的建设。在工业生产时期，财务指标足可以作为公司的目标而运作得非常好，但是到了如今这个时代，企业要不断地增强自身的各种技能并面对激烈的竞争环境，单纯采用财务目标可能会使企业的技能降低，产品技术加快落伍和核心人员流失加快，等等，所以这时要注重财务指标与非财务指标的平衡。

2）长期目标与短期目标的平衡

企业的主要目标是创造持续增长的股东价值，它意味着一种长期承诺，但是同时，企业必须展示改善的短期绩效。当市场竞争加剧而组织可利用的资源相对短缺时，管理上的短视行为时有发生，也就是说，短期结果总是以牺牲长期投资为代价实现的。在平衡计分卡中，企业的内部流程分为四类，每一类内部流程在不同的时点带来益处，而战略包括并存的、相互互补的战略主题（少数关键流程）。企业通过内部流程方面不同的战略主题组合，确保企业的长短期利益能够得以兼顾，从而实现可持续发展。

3）结果与动因的平衡

企业的所有者要求的当然是企业财务业绩的最大化，但这只是一个结果，单纯设立这个最终目标会导致难以控制，会使得最终目标是否能实现变得难以确定。因此要寻找实现最终目标的动因，从而设立分目标。对动因进行追索从而确定分目标是平衡计分卡最大的特色。平衡计分卡对动因和结果都进行了探讨，平衡了两方面的关系。

所以平衡计分卡考虑到了企业内部各利益主体与价值创造主体的利益，兼顾财务指标与非财务指标，平衡了短期利益与长远利益的关系，明晰了结果与动因之间的逻辑关系，使企业能更加稳健地发展。

三、运用平衡计分卡的前提

通过理论探索与实践检验，要运用平衡计分卡，一般应具备以下四个前提条件。

（1）运用平衡计分卡的前提之一是组织的战略目标能够层层分解，并能够与组织内部的部门、工作组、个人的目标达成一致，其中个人利益能够服从组织的整体利益，这是平衡计分卡研究的一个重要前提。

（2）运用平衡计分卡的前提之二是计分卡所揭示的四个指标——财务、客户、内部流程、学习与成长之间存在明确的因果驱动关系。但是这种严密的因果关系链在一个战略业务单位内部针对不同类别的职位系列却不易找到，或者说针对不同职位类别的个人，计分卡所涵盖的四个方面指标并不是必需的。

（3）运用平衡计分卡的前提之三是组织内部与实施平衡计分卡相配套的其他制度是健全的，包括财务核算体系的运作、内部信息平台的建设、岗位权责划分、业务流程管理以及与绩效考核相配套的人力资源管理的其他环节等。

（4）运用平衡计分卡的前提之四是组织内部每个岗位的员工都是胜任各自工作的，在此基础上研究一个战略业务单位的组织绩效才有意义。

第二节　平衡计分卡系统

平衡计分卡系统主要由财务维度、客户维度、内部流程维度、学习与成长维度四个相互联系、相互影响的子系统构成，而这四个子系统又都受制于组织愿景和战略。

一、平衡计分卡系统的内容

平衡计分卡系统主要由财务维度、客户维度、内部流程维度、学习与成长维度四个方面构成。

1. 财务维度

财务维度是股东最关心的部分，是企业各种目标的最终落脚点。企业的财务业绩通过两种基本方式来得到改善：收入增长和生产率改进。收入增长可通过两种途径实现：一是增加收入机会；二是提高客户价值。生产率改进主要通过改善成本结构和提高资产利润率两个途径来实现。

企业盈利是生存和发展的基础，财务指标主要用来考察企业的盈利情况与能力。企业的管理者在设计财务维度的指标时必须考虑："我们如何满足我们的股东？"

财务指标作为企业目标的最终落脚点，必然要反映企业的战略目标。因为企业战略是在分析了企业内外部的形势并结合企业自身的能力制定出来的，所以企业的财务指标只有严格按照战略目标进行设定才有可能顺利得以实现。财务指标一般可以分为四类：收入与成本类指标、资本运营效率类指标、债务偿还类指标和生产效率类指标。一个企业要达到既定的财务目标，最直接的指标就是收入与成本类指标，即增加收入和降低成本；其次还可以从侧面对企业的财务表现进行衡量。资本的运营效率高低、债务的偿还程度高低与生产效率的高低都会影响到企业收入与成本的增加和降低。由此也可以看到财务指标内部存在的"支撑"关系，所以说寻找"支撑"、寻找原因是平衡计分卡中始终贯穿的思想，如图 5-3 所示。

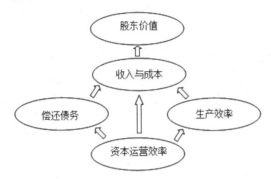

图 5-3　财务指标内部逻辑关系

常见的主要财务指标如表 5-1 所示。

表 5-1　BSC 中常见的财务指标

指 标 类 别	具 体 指 标
收入与成本类	净资产收益率（权益收益率）、总资产收益率、销售利润率、销售额增长率、人均销售额增长率、人均利润增长率、成本费用利润率（成本费用包括销售成本、销售费用、管理费用和财务费用）、费用降低率
资本运营效率类	投资回报率、资本保值增值率、资产回报率、总资产周转率、流动资产周转率、存货周转率、应收账款周转率
债务偿还类	资产负债率、流动比率、速动比率、现金流动负债率
生产效率类	单位时间收入率、单位时间利润率

2. 客户维度

什么是企业利润实现的关键？利润无论大小，实现的关键就在于客户。所以千百年来，中外的商业思想都有那么一条，那就是"顾客至上"。谁要是不能满足客户的需求，谁就终将被淘汰，无论是对于竞争激烈的行业还是垄断的行业。对于竞争性行业，若不尊重客户需求，那就会被市场淘汰；对于垄断性的行业，若不能较好地满足客户的需求，那样也会被市场外的力量（如政府、民间团体等）所淘汰或是限制。

平衡计分卡重新强调了"顾客至上"这个思想，指出其在实现企业利润过程中的关键地位。随着客户数量的不断增长和竞争企业的不断增加，企业除了在吸引新增客户上不断加大力度，还将越来越关注已有客户的满意度和忠诚度。企业的工作除了不断地吸引新的用户，还要积极维护老顾客。因为在营销实践中发现，开发一个新顾客的成本要比保留一个老顾客的成本高得多。随着我国市场经济的日渐成熟，企业定期考察客户满意度和忠诚度显得尤为必要。

如何提高顾客的满意度与忠诚度呢？首先就要弄清楚顾客满意与顾客忠诚的来源，如图 5-4 所示。

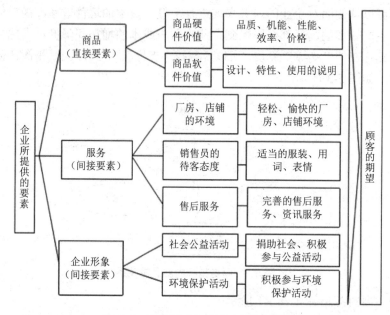

图 5-4　顾客满意与顾客忠诚的来源

企业所提供的三类要素若是与顾客的期望不同，那就不可能做到使顾客满意，没有持续的满意，就不会有顾客的忠诚。如何去衡量以上三类要素的表现呢？我们从两个方面进行衡量：一是前瞻性指标；二是滞后性指标。这就好比我们考察一个人的患病情况，前瞻性指标是在平时没病的时候通过观察其行为，如其饮食状况、休息时间等来推测其患病的可能性及程度。如果其在某段时间饮食较差、休息得又比较少等，就可推断他患病的概率较高及患病时间会比较长等；而滞后性指标是指在其患病后对其体温、体内病毒数等进行测量，从而直接了解其患病的程度。衡量客户维度的指标也一样，常见的前瞻性指标和滞后性指标如表 5-2 所示。

表 5-2　前瞻性指标与滞后性指标

指 标 类 别		具 体 指 标
前瞻性指标	客户开发	新客户开发环比增长率、现实客户与潜在客户的比例、单位新客户开发成本
	客户维持	旧客户的人数增减率
	客户满意度	旧客户续约率、新顾客成长率、客户称赞率、客户投诉率、投诉处理周期
滞后性指标	市场占有率	市场份额、关键客户占有率
	收入利润	单位客户营业额、单位客户利润率、新客户的利润比例

我们再来厘清一下客户维度与财务维度之间以及客户维度内部的逻辑关系。由图 5-5 可以看到，获得客户的满意后，就有利于客户认可度与客户忠诚度的建立与提高。

客户忠诚度的提高有利于客户销售份额的提高，从而有利于企业市场份额的扩大与客户营利性的增强。同时客户的认可度也有利于市场份额的扩大。而市场份额的扩大和客户营利性的增强直接使财务表现趋优。

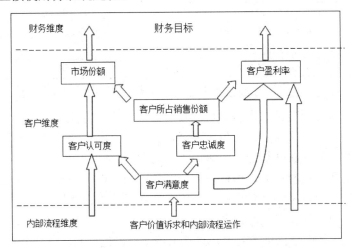

图 5-5　三个维度间及客户维度内部的逻辑关系

另外我们在图 5-5 中还注意到内部流程与客户的价值诉求与客户维度有"支撑"的因果关系，下面来分析一下内部流程维度。

3．内部流程维度

如何满足顾客需求？或者说如何使企业向顾客提供的要素能符合客户的需求？特别是在竞争如此激烈的环境中，消费者对于各类产品往往应接不暇，企业如何争取使自己的产品在消费者心中占有一定的地位呢？这就要求本企业比其他企业在某一或某几个方面更优秀。平衡计分卡在这个维度中向我们提出的问题是"我们必须擅长什么？"即，企业如何通过自身有效率的生产与管理流程，向客户提供差异化的产品和完善的服务并使之符合客户的需求与期望，打造企业的核心竞争力。

但是要建立一个高效的流程体系并不容易。内部流程最关键也最难的地方是在哪里呢？那就是降低流程的成本。之所以难度大，不是因为我们没有降低成本的方法，而是我们没有发现流程存在的问题。很多企业的员工总是抱着这样一个不好的想法——"我想无论怎么变，也跟现在这个流程差不到哪里去"。所以旧流程依然是旧流程，没有发生大的改变。另外很多员工眼睛只是看到了前面，看到了离他最近的流程环节的情况，但就整个流程没有提出有效的改进意见。综合以上两点，企业在推行业务流程重组时要非常慎重，流程的改造只能成功不能失败，否则在失败后再想进行业务流程的改造，员工就很难再相信，而且也不配合了。

那么我们如何知道流程需要变革？换句话说，如何测量我们的流程呢？首先要弄清楚高效的内部流程源自哪里，它一般源自两个方面：一是流程中的每个环节；二是企业内各个流程间的效率。而测量也主要从这两个方面进行。

一般企业里有如下流程环节：产品设计流程、供应流程、生产流程、销售流程、客户服务流程，如表 5-3 所示。

表5-3 企业流程环节及其衡量指标

流程环节	衡量指标
产品设计流程	新产品的开发周期、新产品开始销售后一年内的销售额
供应流程	材料供应速度、材料合格率、库存的费用、库存材料的完好率
生产流程	单位产品成本、单位产品的生产时间、产品合格率、质检的准确率（客户的质量投诉次数）
销售流程	单位产品的销售费用、产品的知名度、销售渠道的广度、分销商利润率
客户服务流程	客户服务成本、客户投诉处理速度、客户服务的质量（客户投诉次数）

产品设计流程主要包括识别消费者的真正需求，确定企业的目标细分市场、产品的创新设计方案，决定购买还是自己生产材料，制订新产品上市计划。其衡量指标主要包括新产品的开发周期和新产品开始销售后一年内的销售额。

供应流程主要包括材料需求估计、供应商的确定、财务协助、库存管理，其衡量指标主要包括材料供应速度、材料合格率、库存的费用、库存材料的完好率。

生产流程主要包括建立生产模型（包括成本、出厂价格和生产日程）、产品的生产、产品的质量检验。其衡量指标主要有单位产品成本、单位产品的生产时间、产品合格率、质检的准确率（客户的质量投诉次数）。

销售流程主要包括产品价格的确定、产品推广方式的确定、产品销售渠道的确定、分销商的管理。在设计衡量指标时，值得注意的是，这个角度的指标与客户维度的指标的层次是不同的。客户维度的指标在这方面主要是结果性指标，如单位客户利润率；而在这里的指标是为"支撑"客户维度指标。所以正确的思考模式是"为了达到客户维度的指标，我们在流程方面应当如何做，而这些行为如何去衡量"。所以其主要衡量指标应该是单位产品的销售费用、产品的知名度、销售渠道的广度、分销商利润率。

客户服务流程主要包括客户资料库建设、服务信息制作与发放、客户诉求的处理、客户满意度反馈。其主要的衡量指标包括客户服务成本、客户投诉处理速度、客户服务的质量（客户投诉次数）。

企业内各个流程间的效率是指各个流程间的衔接方式的效率。企业的任何一个任务可能要从新产品设计到客户服务各个流程及流程内部的各个环节都要经历过，但也可能只是经过几个简单的步骤就完成了。所以业务流程重组是为了使得流程间的效率更高，降低流程成本。如何衡量流程间的效率呢？既然考察的是完成任务的效率，而且是"支撑"客户维度的，所以可以考虑订单完成速度和订单完成质量两个指标。

IBM 利用信息技术和专家系统改造流程

IBM 公司在进行流程重组前，一个顾客若要大批量采购，想从地方销售代表那里获得价格信息，在原来的流程下，一般需要 6 天，若遇特殊情况（办事拖拉），就需要 2 周左右的时间。在此期间，有的顾客耐不住性子，就转向其他电脑公司，这使 IBM 蒙受了较大损失，原来的流程如图 5-6 所示。于是 IBM 公司对原来的流程重新进行了评估，经过大胆的摸索和试验，最后采用如下改革措施：将原来流程中的专业人才（如信用审核员、文书组成员、估价员等）代之以通才（称为交易员）。原来那些专业人才的工作交由计算机处理，如在计算机中装上顾客信用系统、标准化的申请表、具有基本条款的合同样本和利率测算程序等。这样，由一名交易员就可以包办所有的工作了。交易员还可以借助专家系统来处理一些复杂的交易，在遇到非常特殊的情况时，他才向公司里的专家请教。新流程如图5-7所示。

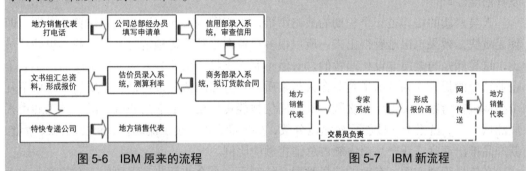

图 5-6　IBM 原来的流程　　　　图 5-7　IBM 新流程

流程经过改造以后，原来需要1周时间的公文旅行减至4个小时，大大降低了人力和财力支出，也使公司的业务获得了成倍的增长。

4. 学习与成长维度

高效内部流程的创造与实施、优秀的客户服务质量、良好的财务表现归根到底都是企业所有素质的支撑。这些素质不仅包括员工的素质，还包括企业的信息管理技能和良好的素质提升环境。

员工素质的研究起源于20世纪70年代，管理学家们致力于寻找的是一个企业竞争力的关键来源，现今企业之间乃至国家之间最激烈的莫过于人才的竞争。事实上，企业除了要努力招聘到好员工，在平常的管理中还有很多工作应该做。当员工招聘进来后就要根据每个岗位的素质模型进行人员的素质培养与跟踪。素质模型里有一个非常著名的模型，叫作"冰山模型"。这个模型指出，人的素质就像一个浮在海面上的冰山一样，露出水面的那一小部分是知识和技能，这些是可以直接观察到的，但对绩效有更重要影响的是冰山在水面下难以观察到的那部分素质，如图5-8所示。

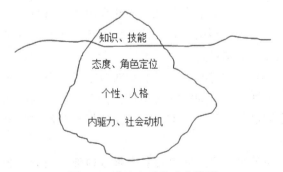

图 5-8　员工素质的冰山模型

大部分企业可能在很多时候只注重员工的知识和技能，但事实上即使对员工的知识与技能的培训很多，但对企业绩效的提升还是不明显。作为管理者更应当将精力投放到冰山下面的素质提升的工作中。但这些素质的特点是越靠近底层，越难以被影响。所以一方面管理者应当根据公司的企业文化与战略，在招聘时除了对员工的知识与技能进行甄别，还应注意其态度、性格、内驱力与社会动机是否与企业文化相适应；另一方面在日常的管理中应当加强沟通，把握员工的性情，因人而异地引导其工作，以使其更好地发挥潜能。

人员素质的培养是一个长期的战略举措，也正因为如此，这方面工作见效较慢，即使见效快，效果也很难看得出来。所以很多企业在平常营运稳定时不愿多花心思栽培员工，这显然是与素质建设相违背的，必然不利于支撑平衡计分卡的前三个层面，不利于企业绩效的提升。为了衡量企业在人员素质培养方面的情况，可根据素质模型对以下几个指标进行考察：员工培训次数、员工岗位技能资格相关证书的获取情况、员工通用素质测试分数、员工专业技能素质测试分数、员工满意度、员工流动性、新产品开发数量、新产品推出速度、新产品销售额占总销售额的比例。

在信息管理方面，有效的信息管理系统对于一个企业是非常重要的。有关竞争对手的信息、市场的信息、企业内部上传下达的信息、员工表现的信息等的收集系统、分配系统、查询系统和知识共享系统，其效率的高低直接影响员工的工作效率和素质的提升。所以信息管理是员工素质发挥与提升的重要基础。这方面的衡量指标有信息覆盖率、信息系统的反应时间、信息的有用程度（利用率）、信息系统的更新速度。

在素质提升环境方面，良好的环境（包括硬件环境和软件环境）对员工素质的提升是不可缺少的。硬件环境包括工作场所环境及配套设施、薪资福利等，这要求企业要有适当的投入，而要使员工满意，更重要的是在软件环境方面的努力。这里的软件环境主要指的就是企业文化，现今很多企业都认识到企业文化在企业绩效提升、员工保留中的重要性。但很多企业在这方面的工作却适得其反，不仅使原有的文化变得模糊了，而且新的文化观念又没能在员工心中建立起来。企业文化的建设首先强调榜样作用，管理者要率先做出表率，深刻理解企业的价值观与各种默认原则，在日常行为中做到言传身教。第一，要让企业文化深入人心，就要做好规划，积极引导。企业文化是一个系统的工程，在进行企业文化的建设时，要首先挖掘企业领导人及企业优秀员工的精神内涵，从中提炼出企业的价值观；第二，要了解企业文化的建设现状，目前员工当中存在的基本思想是什么；第三，要注重沟通，利用领导谈话、日常指导和各种宣传形式进行企业文化的宣传，注意增强企业文化的感染力，使员工感受企业文化的力量；第四，将企业文化体现到企业的奖惩体系上来。通过奖惩（当然形式有很多，不一定只与薪资有关）来更明确地向员工传递公司重视什么样的行为而不重视什么样的行为，从而产生约束和引导作用，并将员工行为变为员工的日常习惯。这方面的指标有员工犯错次数、员工冲突解决时间、员工的流失率。

由上可以看出，在各个维度之间以及各个维度内部之间都存在着因果承接的关系，也正是根据这因果承接关系，使得原来松散无序的指标变成一个逻辑清晰的指标系统。图 5-9 是某个公司的战略因果图，其思路非常清晰，只有以此种类型的战略图为指导，才保证了平衡计分卡的正确设计。

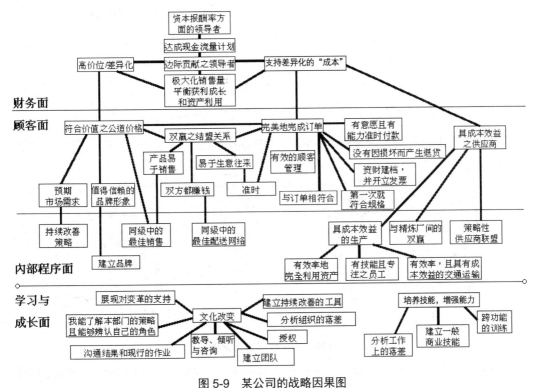

图 5-9 某公司的战略因果图

二、战略地图

战略地图（strategy maps）是对组织战略要素之间因果关系的可视化表示方法，它以平衡计分卡的财务、客户、内部流程、学习与成长四个层面的目标为核心，通过分析这四个层面目标的相互关系而绘制的组织战略因果关系图。战略地图是平衡计分卡的发展和升华，是一种用以对战略进行描述和沟通的有效管理工具。

战略地图的核心内容是：企业只有运用人力资本、信息资本和组织资本等无形资产（学习与成长），才能建立战略优势，提高效率，并进行创新（内部流程），进而使公司把特定价值带给市场（客户），从而实现股东价值（财务）。

平衡计分卡四个层面之间的目标关系，再加上每个层面内部的因果关系，就构成了战略地图的基本框架。如果把战略地图比作一座四层楼房，则房顶部分由使命、核心价值观、愿景和战略构成，房子的主体部分从最高层到最底层依次是财务层面、客户层面、内部流程层面、学习与成长层面。其中，财务层面包括收入增长战略和生产率提升战略；客户层面包括总成本最低战略、产品领先战略、全面客户解决方案和系统锁定战略；内部流程层面包括运营管理流程、客户管理流程、创新流程以及法规与社会流程；学习与成长层面包括三种无形资产，即人力资本、信息资本和组织资本。由此，战略地图的主体部分就形成了"2-4-4-3"结构，如图 5-10 所示。

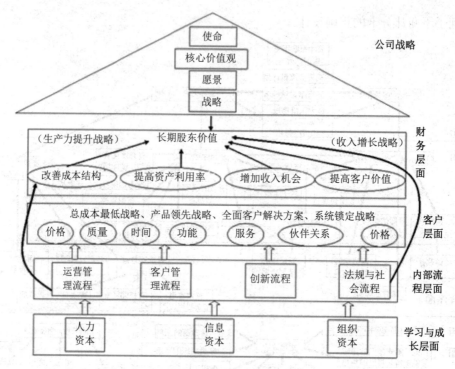

图5-10 战略地图模板

把使命、核心价值观、愿景、战略四个层面及其构成要素通过逻辑关系整合起来所形成的框架，就是卡普兰和诺顿提出的战略地图的模板，它主要适合以营利为目的的企业组织，对于政府、军事机构等各公共组织的战略地图，则需要根据组织属性及其相应的运用实际进行必要的调整。

第三节 平衡计分卡的实施流程

总结成功实施平衡计分卡企业的经验，可以将平衡计分卡的实施概括为以下七个步骤。

一、战略分析

中国公司面临多种内外环境的挑战，尤其是外部瞬息万变的商业形势、日益激烈的竞争抗衡，以及与日俱增的客户期望。因此公司高层面临的关键问题是：如何在充满挑战的动态环境中立于不败之地。管理委员会和项目组需要全面分析所有的内外部因素，制定清晰的公司战略，要对以下领域进行分析、讨论，并取得共识。

（1）企业生命周期。

（2）SWOT分析，即优势、劣势、机会和威胁的分析。

（3）目标市场的价值定位。

平衡计分卡是一个统观企业多个层面的战略实施系统，要使平衡计分卡顺利导入，第一步就要先了解企业内部及外部的相关情况，主要了解企业的文化状况和相关资料。

1. 企业文化状况

判断一个企业的文化对导入平衡计分卡的影响可以从以下两个维度进行考察：一是变革性，二是服从性。所谓变革性，是指企业员工对待企业变革的看法，是习惯变革，对变革适应较快还是不适应变革；所谓服从性，是指员工对上级命令或企业制度的服从性，或者说是员工个性的强与弱。

如图 5-11 所示，当企业文化处于第 I 区域时，我们称之为"活泼型"企业，表示企业较难接受变革和员工服从性较低，有较强的个性，这时不宜实施平衡计分卡，因为企业难以接受变革。如果员工有较强个性而对企业的命令较少理睬，那么实施平衡计分卡阻力会非常大，这时应重视沟通，使员工明白平衡计分卡的真实好处，只有这样才能消除他们的戒心，并听从变革。

图 5-11　企业文化类型矩阵图

当企业处于第 II 区域时，我们称之为"保守型"企业，表示企业较难接受变革但员工服从性较高。在这个区域里，员工对于任何指示都会认真去执行，很少会提出自己的想法，他们默认上级是不可对抗的。但他们往往会认为尽管当前的制度不够完善，但总比进行改革来得要好，因为他们担心改革可能会带来既有利益格局的变化，企业内人际关系重新调整会带来麻烦，自己的利益损害存在增大的可能性。总体而言，他们会带着巨大不确定性所带来的焦虑来执行上级下达的命令，在此种情况下，平衡计分卡尽管得以实施，但如果不配合其他措施，收效将会很不明显。所以关键是在实施前要着重做好宣传工作，而且应集中精力通过各种渠道使员工们消除对平衡计分卡的疑虑，其途径主要有以下几个。

1）利用示范效应

员工有疑虑无非是没有见到真实的情况而胡乱猜测所致。所以利用示范效应，可以有效地说服员工。首先可以在企业内部供应、生产与营销部门等直接绩效型部门进行抽签（为了使结果更明显，所以选取直接绩效部门，而为了使员工对结果更加信服所以进行抽签），选出企业内其中一个部门里的小分部，约为 4～10 人，按完整的流程实行平衡计分卡。在试验期间每个月要将试验人员的工作情况、培训情况、绩效情况等向其他员工公布，实施期间不必过长，一般为 6～8 个月。

2）制订完善的沟通方案

要使员工消除疑虑，没有持续的沟通是不行的，所以要制订完善的沟通方案。一方面要通过网络、公司内刊、宣传栏等途径宣传其他企业（非竞争对手）成功实施平衡计分卡的效果与经验；另一方面在平时的绩效沟通中向员工宣传平衡计分卡在提升员工能力、全面评价员工方面的重要作用。

3）平衡计分卡的导入

广泛收集员工在平时工作以及绩效考核中对财务、客户、流程、学习与成长四个方面的看法，了解目前员工的潜在需求、存在的问题以及可能的解决方案，并及时给予解答，事实上这就是在潜移默化地进行平衡计分卡的导入。这样既可避免直接撤销原来绩效管理制度时的唐突性，又可以在原来的绩效管理制度中植入平衡计分卡的思想，取长补短，便于建立起适合企业自身情况的平衡计分卡绩效管理体系。

当企业处在第 III 区域时，称之为"创新型"企业，表示企业员工能较容易适应企业的变革，乐意接受变革；另一方面员工讲求个性，服从性较弱。对于这样的企业文化，自上而下的改革很难成功，必须采用自下而上的方式。如何实行自下而上的变革呢？是不是管理者"无为而治"呢？一般来说可以采用如下方法：管理者要进行引导而不是发布命令，自下而上的改革不会无缘无故地产生，必须是员工感到了需要才会向管理者提出改革。所以作为管理者应当采取措施使员工感到改革的需要并使他们知道满足这些需要的最好方法。

所以当企业处在第 III 区域时，可以在企业内展开相关讨论，如"进行绩效考核还是绩效管理""为什么我做了这么多，最后绩效评价不高""如何改进流程"等，通过这些讨论，一方面使管理者更加清晰地了解到员工的想法，另一方面也可使员工更加深刻地了解存在问题及其解决方法。

当企业处在第 IV 区域时，称之为"规矩型"企业，表示企业员工对变革的接受度较高，对上级的命令也容易服从，这种企业文化非常有利于平衡计分卡的导入。但是也正是由于导入容易而使得所导入的系统没有经过较为严格的检验，系统是否适用于企业还待日后进一步验证。所以为了减少差错，必须在导入前进行充分的调查了解，确立员工的需求，过滤系统的弊端；同时还要注意进行持续的沟通。尽管员工都无条件地服从上级的布置，但是不理解的服从就是盲从，那样员工就没有丝毫的变通性，事必问主管，增加主管管理负担，对平衡计分卡的实施非常不利。

2. 相关资料的储备

相关资料对于平衡计分卡的实施就如厨师烹饪用的各种基本材料，没有这些基本材料，即使有多好的香料、多好的厨艺也不可能做出好菜，这就是所谓的"巧妇难为无米之炊"。相关的资料一定要准备齐全，归类存放，用时才可得心应手。

平衡计分卡除了是一个战略管理系统，还是一个绩效管理系统，所以战略与绩效两方面以及其他相关的资料都要找出来，并做好分类与分析。这些资料包括企业的战略描述、本企业与竞争对手在四个维度的做法及存在的问题、员工过去的绩效状况、员工的满意度情况等。

在我国，过去许多民营和国有企业都缺少这种系统、全面的企业战略分析过程。有些公司的成功靠的是直觉和创业的冲劲儿，有些则凭借过去市场垄断的先天优势。然而，随着我国市场的变化和竞争不断加剧，单靠直觉已不可能取得长期成功。这一步骤的分析过程对这类公司的长期发展十分有益，对有些经理人而言，这可能还是第一次体验系统性的战略分析方法，这样的学习对他们今后的职业生涯将影响深远。

二、确定战略、愿景和使命

高级管理层应该基于以上的分析结果，确定公司的战略、愿景和使命，这项活动可用研讨会的形式进行。企业成功的关键环节之一在于：对关键客户和目标市场制定一个制胜的价值定位。战略意味着选择，一个公司想包罗万象，什么生意都做，什么顾客都拉，到头来只能是一场空，什么都满足不了。大部分公司会选择一个或几个细分市场，让自己的价值定位在特定市场上脱颖而出。高级管理层必须能够回答客户的这个问题：我为什么要从你的竞争对手那里购买？他们需要考虑的是应该在哪个领域胜人一筹：是产品领先、运作优异，还是客户亲密度高。依据企业性质的不同和企业所处的生命周期阶段（成长期、成熟期、衰退期），这三种价值定位往往决定了不同的战略目标。

优秀的企业经常在其中的两个领域基本达到客户要求，而在一个领域占有绝对优势，管理层需要根据公司的价值定位确定几年后的战略重点。

平衡计分卡是为战略的执行服务的，所以在员工中建立对战略愿景的共识是导入平衡计分卡必不可少的工作。所谓"共识"就必然不是单方面的，而是多方经过充分沟通和相互妥协而形成的。所以想要企业的战略愿景使全体成员达成共识，就要"自上而下"与"自下而上"相结合，一方面员工将从平时的日常具体工作中形成的看法向上传递；另一方面管理者也可以通过对企业整体问题的思考形成管理者的看法与政策并向下传递。通过双方的不断沟通，从而达成一致的共识。这个过程如图 5-12 所示。

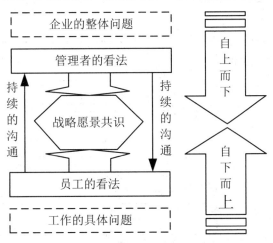

图 5-12 达成战略愿景共识

所谓"自上而下"与"自下而上"相结合，就是说企业通过各种途径在员工中进行信息的收集，得到员工的看法，结合这个办法来制定战略；同时，企业也通过引导的方式来让员工认识到相关战略或其子战略的重要性。

三、公司目标的设定

在定义或明确了公司的战略、愿景和使命后，高级管理层开始制定公司的战略绩效目标，通常从财务、客户、内部流程、学习和成长这四个角度展开。高级管理层应该把公司战略和平衡计分卡用两个方式联系起来：财务和非财务目标、领先绩效指标和滞后绩效指标。

我们鼓励高级管理层在开发平衡计分卡时运用战略图（见图5-13和图5-14）。战略图可以反映出高层对公司战略要素中因果关系的假设。管理层要制定具体的指标、目标值和行动方案，以实现关键目标，最后应该定出每个行动方案的任务，并对每一项任务进行跟踪，确保其落实和执行，这是战略实施的关键环节之一。

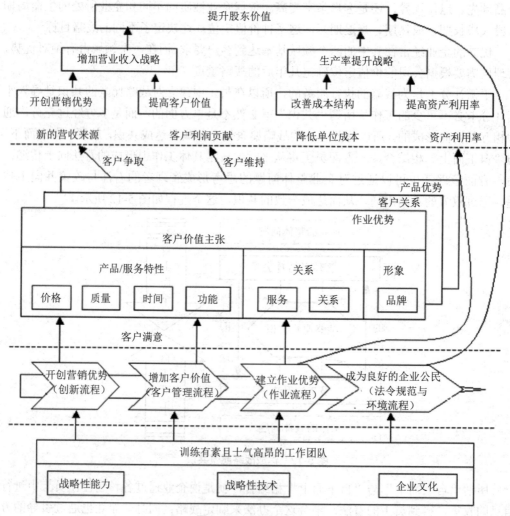

图 5-13　通用战略地图

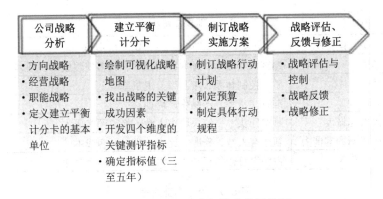

图 5-14 平衡计分卡与战略分析修订

四、目标分解

管理层负责把战略传达到整个组织，并把绩效目标逐层分解到下级单位，直至个人。在分解公司平衡计分卡的过程中，要注重组织内部的协调统一。如前所述，必须精心设计公司的结构、系统和流程，使它们相互之间协作有方，并适用于公司的战略，这对成功实施战略至关重要。

各分支或部门首先应该考虑公司的战略、目标、指标和目标值，然后把公司目标分解到分支或部门的平衡计分卡，并把内部客户的需求包括在内，以建立横向的联系。

五、建立平衡计分卡的部门评价指标体系

评价指标体系的选择应该根据不同行业和企业的实际情况，按照企业的战略目标和远景来制定。表 5-4～表 5-7 详细而具体地列出了四个层面的常用评价指标。由于指标体系较多，可以把四个部分的指标进一步细分，这样便于对不同层面进行更为细致的考察。如表 5-6 所示，把内部运作过程的指标根据价值链的不同环节再细分为第二层指标：创新过程、运作过程、售后服务过程，而每一过程中又有不同的具体指标，列为第三层指标。这样，在计算过程中，可以得到创新过程、运作过程和售后服务过程的值，在对这些值进行横向和纵向的比较之后，可以更细致地发现问题产生于哪个环节。

表 5-4 财务指标构成

	第二层指标	第三层指标
财务指标	盈利指标	净资产收益率、总资产报酬率、资本保值增值率、销售利润率、成本费用利润率
	资产营运	总资产周转率、流动资产周转率、存货周转率、应收账款周转率、不良资产比率
	偿债能力	资产负债率、流动比率、速动比率、现金流动负债比率
	增长能力	销售增长率、资本积累率、总资产增长率、三年利润平均增长率、三年资本平均增长率、固定资产更新率

表 5-5　顾客指标构成

	第二层指标	第三层指标
顾客指标	成本	顾客购买成本、顾客销售成本、顾客安装成本、顾客售后服务成本
	质量	质量控制体系、废品率、退货率
	及时性	准时交货率、产品生产周期
	顾客忠诚度	顾客回头率、流失顾客人数、挽留顾客成本
	吸引新顾客能力	新顾客人数、新顾客比率、吸引顾客成本
	市场份额	占销售总额的百分比、占该类总产品百分比

表 5-6　企业内部流程

	第二层指标	第三层指标
内部流程指标	创新过程	R&D 占总销售额的比例、R&D 投入回报率、新产品销售收入百分比、研发设计周期
	运作过程	单位成本水平、管理组织成本水平、生产线成本、顾客服务差错率、业务流程顺畅程度
	售后服务过程	服务成本、技术更新成本、顾客投诉响应时间、订货交货时间、上门服务速度

表 5-7　学习与成长指标

	第二层指标	第三层指标
学习与成长指标	员工素质	员工的知识结构、人均脱产培训费用、人均在岗培训费用、年培训时数、员工平均年龄
	员工生产力	人均产出、人均专利、顾客对员工的认可度
	员工忠诚度	员工流动率、高级管理、技术人才流失率
	员工满意度	员工满意度、员工获提升比率、管理者的内部提升比率
	组织结构能力	评价和建立沟通机制费用、协调各部门行动目标费用、有效沟通评估、团队工作有效性评估、传达信息或接受反馈的平均时间
	信息系统	软硬件系统的投入成本、拥有计算机的员工比例、软硬件系统更新周期

评价指标及其标准的建立是最为核心的一步。在建立指标时，为了使指标更加具有针对性和关键性，将平衡计分卡结合 KPI 是一种非常有效的做法。首先由战略目标沿财务方向进行分解，挑选出财务维度的 KPI。在挑选财务 KPI 时要沿着财务维度的内在逻辑进行分解，即先找出直接原因的 KPI 再去找间接原因的 KPI，最后形成一个前后具有逻辑性的一套 KPI 体系。当财务维度的 KPI 建立起来后，再从客户维度进行原因的寻找，与财务维度相同的是，在客户维度内部的指标之间也要形成因果关系的 KPI，在流程维度和学习与成长维度同样如此（见图 5-15）。

实际操作时，一般分两个层面进行：一是平衡计分卡设计部门按照以上方法对指标进行设计与定义；二是平衡计分卡维护部门对指标进行阶段性的修改。在这两个层面中，一般都是在人力资源部的引导下在设计部门与维护部门内利用“头脑风暴法”进行讨论。“头脑风暴法”之所以在企业的决策活动中非常盛行，是因为其利用了人们智力之间的互补性与相互启发性，但其中操作的要点可能很多管理者并不十分清楚。除了鼓励各参与者大声说出可能的方案，还要注意派专人将全部的方案记录下来，在别人发表意见时任何人不能提出批评意见，以防止发言者思路受到干扰。当全部发言完毕后，再就所有方案进行表决，最后根据需要取出其中票数最多的一个或多个方案。一般来说"头脑风暴法"就到此为止。但现在又有学者提出设置专门"唱反调的人"这个环节，在讨论结束后，将所有的方案展示出来，让唱反调的人对各个指标质疑，然后再进行表决。一般来说，由于"唱反调的人"旁观者清，所以能指出前面的人所看不到的问题，从而使最后的决策更加有效。

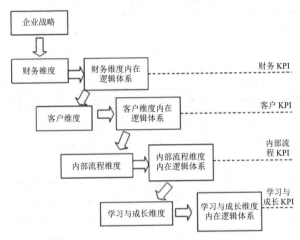

图 5-15　平衡计分卡 KPI 指标设计流程

指标建立之后就要对每个指标建立标准，标准一般分为基本标准和卓越标准两种。基本标准是企业要达到的基本目标，而卓越标准是不经过特别的努力就达不到的标准。制定标准要参考过去的绩效水平和竞争对手的绩效水平，同时利用"头脑风暴法"来进行确定。

这里尤其要强调的是，不同的企业可以根据自己的具体情况，选取关键性指标。如美国 Metro Bank 根据银行的具体情况所选取的评价指标如表 5-8 所示。

表 5-8　美国 Metro Bank 的平衡计分卡评价指标

财 务 指 标	顾 客 指 标
（1）投资报酬率； （2）收入成长率； （3）储蓄服务成本降低额； （4）各项服务收入百分比	（1）市场占有率； （2）与顾客关系； （3）现有顾客保留率； （4）顾客满意度调查
内部流程指标	**学习与成长指标**
（1）各产品或地区的利润与市场占有率； （2）新产品收入占总收入比例； （3）各种营销渠道的交易比率； （4）顾客满意度； （5）每位推销员潜在顾客接触次数； （6）每位推销员的新客户收入额	（1）员工满意度； （2）每位员工的平均销售额； （3）策略性技术的训练成果； （4）策略性资讯提供率； （5）银行激励制度与员工个人目标相容的比率

六、将公司与部门平衡计分卡向个人延伸并确定权重

按照与设计部门平衡计分卡同样的原理与程序设计个人的平衡计分卡，如表 5-9 所示，个人平衡计分卡包含三个不同层级的衡量信息，从而使得所有员工在日常工作中都能轻易看到这些战略目标、测评指标和行动计划。

表 5-9　个人平衡计分卡

公司									
战略									
目标									
维度	公司具体目标			部门具体目标			团队或个人具体目标		
	2014	2015	2016	2014	2015	2016	2014	2015	2016
财务									
客户									
内部流程									
学习与成长									
团队或个人为实现公司和部门目标，计划采取的措施：									
1									
2									
3									
4									
5									
团队					成员姓名				
填表说明	（1）个人平衡计分卡的目标与测评指标最多不能超过 5 个； （2）个人平衡计分卡必须在平衡计分卡四个层面的每一个层面中至少有一项； （3）个人平衡计分卡的内容必须支撑起主管平衡计分卡的完成； （4）每位主管的平衡计分卡必须有一项与发展、指导、培训员工有关的目标的测评指标								

指标的权重一般以 100% 为最高值，要对相同层次指标内的各项指标的重要性程度进行分配。通过专家打分确定权重是一个较为简便和合理的方法，专家的组成结构要合理，要有本企业的中高层管理人员、技术人员，也要有基层的技术和管理人员，还要有企业外的对本企业或本行业熟悉的专家，如行业协会的成员、大学或研究机构的成员。同时，对不同的企业权重选择应根据不同行业、不同企业的特点进行打分。如高科技企业，技术更新快，因而学习创新成长性指标所占的权重就较大；对大型企业而言，如美国通用公司，运作流程的顺畅就显得很重要，因而该指标所占权重也相对较大；对银行等金融企业而言，财务指标至关重要，该指标的权重自然也较大。

表 5-9 最左栏为公司整体的战略目标、测评指标与行动计划，中间一栏是为业务部门设置的，是各业务部门依据公司整体目标来设定支撑战略目标的部门目标。最右栏才是个人部分，其由团队或个人根据前两个层级的目标发展出个人的绩效目标以及近期行动计划。

表 5-10 为美国 PIONEER 石油公司的年度奖励制度中平衡计分卡各类指标的权重。

表 5-10　美国 PIONEER 石油公司年度奖励制度中平衡计分卡各类指标的权重

指 标 构 成	第一层指标权重/%	具体指标内容	第二层指标权重/%
财务	60	利润与竞争者比较	18.0
		投资者报酬率与竞争者比较	18.0
		成本降低与计划比较	18.0
		新市场销售成长	3.0
		现有市场销售成长	3.0
顾客	10	市场占有率	2.5
		顾客满意度调查	2.5
		经销商满意度调查	2.5
		经销商利润	2.5
内部运营	10	社区/环保指数	10.0
学习与成长	20	员工工作环境与满意度调查	10.0
		员工策略性技能水准	7.0
		策略性资讯供应情况	3.0
总计	100		100

七、战略监测、反馈与修正

战略监测是任何一个绩效管理工具都能做到的，平衡计分卡也不例外。平衡计分卡不同于关键绩效指标、目标管理等绩效管理工具的地方就在于，它能够提供战略反馈与实施战略的修正。

平衡计分卡各指标与各指标之间存在一定的因果关系，我们可以分析以下内容：改善公司绩效的计划是否已经达到？这些新产品和服务是否已经提供给客户？员工们是否接受了相应培训？如果这些都未达到，可能是执行力不够。但是如果这些改善业绩的计划都得到了实施，目标都达成了，那么问题可能就严重了。因为未能实现预期的结果可能说明公司的战略的理论基础有问题。那么这个时候可能就要重新审定当初做战略分析与选择时所做的调查与一些假设，最后会得出两种结果：要么肯定当前战略而修改或调整关键成功因素（CSF）与测评指标，要么重新制定战略或者对战略进行调整。大部分公司每年更新一次平衡计分卡，但随着商业环境的变化和对平衡计分卡学习的深入，公司会根据每月的跟踪情况调整一些目标、指标和目标值。平衡计分卡的一个基本要点：根据环境变化及时做出调整，以确保战略的成功执行。

第四节　平衡计分卡实施过程中容易出现的问题

在实施平衡计分卡时，经常会出现以下问题。

1. 高层不够重视

平衡计分卡是一套战略管理工具，体现的是一个战略思想，它的构建模式是由上而下，再由下而上，首先由高层主导制定战略，然后将制定好的战略转化成一系列环环相扣的业绩评价指标体系。而在实际实施中，高层往往不重视，而是让一到两个部门，如人力资源部或财务部去负责，导致实施的号召力不强，最终流于形式。

2. 盲目实施平衡计分卡

企业需要注意的第二个问题是不要盲目地实施平衡计分卡。平衡计分卡的实施需要许多条件，如明确的组织愿景和战略、完善的数据采集基础等，没有这些条件作为前提，实施平衡计分卡的后果就是到处救火，最后导致失败。所以，在实施平衡计分卡之前必须把平衡计分卡的相应准备工作做好。

3. 没有为平衡计分卡制订目标

平衡计分卡成为一种有效的管理工具以后，得到了广泛的支持，这个时候有些企业实施平衡计分卡仅仅因为这么做似乎是对的，却忽视了去思考一个问题：平衡计分卡在企业中可以解决什么问题？这就是平衡计分卡的目标问题，如果这个问题没有答案，那么平衡计分卡就难逃惨淡收场的命运。因为没有设定目标，这个时候平衡计分卡就变成了某些大型变革项目的附加物，很容易被误解，继而被遗忘以致完全消失。

4. 没有足够的培训

所有的绩效管理工具在运用之前都要经过培训，为什么要在这里突出培训的重要性呢，这是因为平衡计分卡是绩效管理工具中最复杂的，相比于其他工具，它更注重企业的战略视角。企业一旦决定了要试用平衡计分卡，那么就要做好充分的准备，一旦准备不足，将会产生很多问题，如设计不佳、使用频率不高、内部协调性差等。所以在开发初期，一定要给予足够的时间设计一个综合的平衡计分卡课题，课题的内容包括平衡计分卡的背景、实施目标、典型问题、成功范例和项目细节等，对课题内容进行充分的培训后才开始实施。

5. 指标权重分配失衡

在我国企业实施平衡计分卡的过程中，存在指标权重分配失衡的问题。表现为过于重视财务指标，而忽视学习与成长等其他非财务指标，这会导致平衡计分卡只对短期的企业利润起作用，而对企业长期的影响很小，这和平衡计分卡的战略思想不符合。也就是说，平衡计分卡和一般的业绩考核没有什么区别了。

━━━━━━ 案 例 分 析 ━━━━━━

平衡计分卡在万科公司的应用

作为我国房地产业的领军企业，万科在制度和流程管理上拥有健全和成熟的企业系统，并善于不断创新，在企业内部形成了"忠实于制度""忠实于流程"的价值观和企业文化。在众多房地产开发商中，万科以品牌、服务和规模获取高价值。万科之所以能够取得如此成就，与其重视企业战略管理、积累管理能力有着重要的关系，特别是万科采用平衡计分卡的方式，以完善的企业管理制度为基础，契合企业自身价值与理念，平稳持续地提升万科的管理能力。万科从企业财务、客户、内部运营、学习与成长四个层面全面制定企业战略规划，实现目标客户的管理，以达到企业价值最大化的目的。

万科通过成功地运用平衡计分卡，使得公司明晰了战略发展模式、准确地定位了战略路线、量化了企业的绩效考核方式、增强了企业核心竞争力，并提高了企业的管理能力。万科之所以能够借助平衡计分卡全面改善公司的业绩，取得管理能力的持续提升，是因为万科在全球化竞争过程中，始终秉承"以人为本"的公司管理理念，重视企业文化建设，不断完善各项管理制度，使得平衡计分卡能够契合公司的发展理念，为平衡计分卡进入和应用到万科提供了基础和条件。同时，万科在引入平衡计分卡的过程中，并没有完全照搬，而是把平衡计分卡与企业战略、业绩评价系统联系起来，采取循序渐进、逐步引入、逐层改进的模式，逐渐使得万科能够整体地与平衡计分卡融合在一起。

资料来源：刘琴琴，戴剑. 新常态下的人力资源管理战略、体系和实践[M]. 上海：上海财经大学出版社，2017：240.

讨论题：

从万科成功地运用平衡计分卡的案例中能够得到哪些启示？

第六章　360度绩效考核

一个失败的360度全面考核的案例

  F公司的刘总在一次朋友聚会中听同行说360度考核方法好处很多，回公司后，他第一时间让人力资源部经理刘莹推行这套考核系统。刘莹凭着扎实的理论和实践经验，编出了一份360度考核制度及《360度考核总体实施方案》。刘莹计划组织所有部门经理级别以上人员开会，说明新考核方法的目的和指标设定等问题，但很多经理因忙于业务而心不在焉地听了这个考核。公司老总也没有出席这个关键的会议。

  按照360度考核安排，第一次考核时，刘莹向各部门收取了其对相关部门的评价，发现每个部门给其相关部门的评价都是100分，评分上基本没有差距。

  刘莹迷茫了，不是都说好按照360度考核吗？怎么下面的经理都在应付，都在互相做老好人呢？这种考核有什么价值和意义吗？

资料来源：贺清君. 绩效考核与薪酬激励整体解决方案[M]. 3版. 北京：中国法制出版社，2018：271.

第一节　360度考核法概述

一、360度考核法的基本内涵

  360度考核法从不同层面的群体中采集信息，并从多个方面对员工进行综合反馈考核。其最突出的特点在于：它利用合适的方式将考核结果反馈给被考核者，使被考核者知晓各方面的意见，清楚自己的所长所短，并有针对性地改进以达到提高自身能力的目的。360度考核产生的背景主要有三个方面：单源考核（上级对下级）不够全面，有失公正；指标考核无法对职能部门（业绩难量化）进行有效评价；中高层管理者长期能力发展和员工价值观塑造的需要。

  360度考核法的出现克服了传统意义上的单个渠道考核中存在的主观化、简单化和形式化的缺陷，强调目标的人本化、主体的多元化、视角的综合化和方法的科学化，具有误差较小、针对性强、可靠度高和利于收集意见等优点，不再是单纯的考核工具，更是促进情感交流、提高工作能力和改进工作的综合体系。这一体系将从员工本人那里收集上来的自我评价信息与来自其他评价主体的绩效评价信息加以比较，进行差距分析，从而发现员工对本人绩效的看法与其他人对其绩效看法之间的差异。这种反馈体系还可以用来确定被评价者在哪些绩效维度上可以改进，在哪些绩效维度上难以改进。

1. 360 度考核法的五大评估主体及其特点

360 度考核法的五大评估主体是其实施成功的关键，如图 6-1 所示，这五个评估体系构成了一个全方位的评估体系。

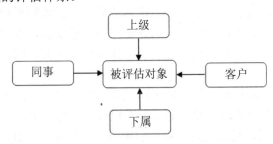

图 6-1　360 度考核法的五大评估主体

下面对这五个评估主体及特点进行详细的阐述。

1）上级主管评估

上级主管评估是绩效评估中最常用的方式，是指由被评估对象的主管领导执行绩效评估工作。上级主管评估具有以下特点。

（1）主管对特定部门负有管理责任。对主管而言，评价作为管理手段，为他们提供了一种引导和监督员工行为，对员工进行奖惩以激励员工提高绩效的方法，增强了对其下属的职权或控制，在某种程度上提高了主管的威信。

（2）主管对下属负有评价和开发的职责。通过评估，有助于主管跟员工之间的沟通，使主管了解员工的培训和发展需求，有利于改进员工的工作态度和绩效。同时，也排除了同级人员互相评价的一些弊端，具有一定的公正性。

（3）主管通常处于观察员工绩效的最佳位置。员工的直接主管对于员工每天的工作表现、缺点和潜力会有比较全面的了解，能客观地提供相关的信息，并能从组织目标的角度来评价员工个人的工作绩效。上级主管评估表如表 6-1 所示。项目内容包括员工工作中的业绩表现、工作态度、工作能力、学习能力等。

表 6-1　××公司经理绩效评估表

基本信息	被评估者姓名			工作部门				
	评估者姓名			评估者职位				
评估项目	项目内容			5	4	3	2	1
综合评分								
其他说明								

注：表中分数分别代表：5—完全同意；4—基本同意；3—中立；2—基本不同意；1—完全不同意。

2）同级评估

同级评估一般由与被评估者工作联系较为密切的人员进行，他们对被考核者掌握的工作技能、方法和成果较为熟悉。同级人员与主管的评价角度不同，他们经常以一种更现实的眼光来看待各自的工作绩效，因为人们在上级面前的表现与在别人面前常有差异。另外，同级人员不仅关注员工与他们之间的相互关系，还关注他与下属之间的关系，对员工的绩效有一个综合的看法，也就比其他的评价者拥有更多的信息。但是另一方面，同事之间的私人关系比较普遍，这些因素常常会对被评价者的正确评估造成不良影响，如在一个竞争环境中，如果以同级人员的评价作为奖励依据，很容易引起分党分派的情况，引发同级人员之间的利益冲突，不利于工作效率的提高。同级人员评估有以下三种常见方式。

（1）同级提名。让每位员工指出在工作绩效的某个特定方面表现的最好或最差的特定数量的同级人员。在提名时，通常要求员工把自己考虑进去。

（2）同级评价。要求员工根据一系列给定的评价标准，对团队中所有的其他成员进行评价。

（3）同级排名。让每位员工根据一个或几个评价标准将团队内的所有员工由最好到最差进行排名，这种方式的区分功能最强。评价项目内容有被考核者具有的专业知识水平、业务操作水平、与同事之间的关系、沟通协调能力等。

在进行同级评估的过程中应该注意一个问题，就是在评估时一定要在一个相对封闭的环境中，很多公司在实施360度考核时，往往为了提高效率，把需要进行评估的员工都召集到一起，在专门的会议室进行评估。大部分员工平时都关系密切或者接触频繁，在评估时相互又坐得很近，这会导致大部分人对于同级的评分高于实际的水平，这时360度考核就失去了其客观公正性，使整个评估过程流于形式。同级间的绩效评估表如表6-2所示。

表6-2　绩效评估表（同级）

考核指标		评价内容	评　定
团队协作	全局意识	系统地思考，主次分明，能以集体利益为重，不计个人得失	
		多数情况下，能够系统地思考和处理问题，绝大多数情况下能够以集体利益为重	
		能够较好地思考和处理问题，但在分清主次轻重、系统化思考上还需加强	
		多数情况下，不能站在集体利益上考虑问题，无法分清主次轻重	
		完全从个人利益角度出发来计算或衡量得失，不顾及集体利益	
	协作意识	能够牺牲个人利益与他人通力合作，积极达成目标	
		充分理解团队目标，乐意为团队目标做贡献	
		理解领导意图，主动为领导分担责任，乐于协助团队其他成员，共同努力	
		只关心本职工作，对其他工作不闻不问	
		只关心个人利益，难与其他团队成员合作，甚至影响团队工作氛围	

续表

考核指标		评价内容	评 定
团队协作	服务意识	在工作中彻底贯注服务意识，主动为其他团队、岗位的工作服务	
		有较强的服务意识，大多数情况下能够为他人服务	
		服务意识一般，在遇到的工作难度不大等一般情形下，能够为他人服务	
		服务意识较差，不主动服务他人	
		服务意识非常差，完全根据个人情绪决定	
工作能力	基本业务能力	积极进取，不断自我提升，具备高质量完成本职工作的能力，还能一专多长	
		能够不断地自我完善，业务能力强，对本职工作的各项工作内容得心应手	
		具备完成本职工作的一般技能和技巧，基本能够完成分内的各项工作	
		具备较好的基础或潜力，但在技能、技巧上仍有不足，还需一定的指导和培养	
		技能未达到要求，不主动提升，虽经指导仍不能完成基本工作内容	
	计划能力	能及时准确地发现问题并把握问题发展趋势和关键，制订细致周密的计划	
		能正确地发现问题并较周密地思考问题，制订出较为有效的计划	
		能及时发现问题，思考欠周密，对于难度较大的问题把握不大	
		能及时发现问题，但把握不住问题的关键，制订的计划思路重点模糊，较难奏效	
		不能及时发现问题，更谈不上制订计划	
	创新能力	积极创新，不断自我剖析和改进，推动创新工作，完成多项有开拓性的工作	
		富有创新意识，能够积极参与开拓创新工作	
		有创新意识，能够不断改进和提高自己的工作	
		少有创新，偶尔能够提出初步建议，但较少有实质性工作创新和改进	
		极少创新，安于现状，完全按章办事，不能打破现有的思路和陈规	
	沟通表达能力	说服力强，具备较强的沟通技巧，富有亲和力，文字表达结构严谨，简练流畅	
		说服力较强，善于疏导，文章结构合理，文字简洁	
		有一定的疏导技巧，尚能被他人接受，文章通顺，较简洁，很少语病	
		说服力较差，勉强被他人接受，书面表达能力较差	
		说服力差，态度生硬，缺乏技巧，文章结构零乱不规范，书面表达能力差	

续表

考 核 指 标		评 价 内 容	评 定
工作态度	原则性	坚持原则，敢于碰硬，依制度办事，能够同违规行为做斗争	
		原则性较强，是非分明，积极进行批评与自我批评	
		一般情形下，能够做到坚持原则	
		原则性较差，碍于人情关系，默许或纵容违规行为	
		原则性极差，不能坚持基本的工作原则，甚至自身出现违规行为	
	责任心	勇于接受挑战并承担责任，为实现目标尽全力，能彻底达成任务，可放心交办工作	
		能不断自我改进和提高，顺利完成交办的任务，可以交付工作	
		工作上不断改善，尚有责任心，能够如期完成任务	
		责任心不强，遇到问题不能主动解决，经常需要他人督促去完成工作	
		工作避难就易，挑挑拣拣，虽经他人时时督促，仍无法如期完成工作	
	品德诚信	品行廉洁，言行诚信，以身作则	
		品行廉洁，绝大多数情况下能够把握分寸、以身作则，诚恳待人	
		无违纪违规行为发生，能够遵照公司要求与社会道德标准处事	
		偶尔有违规行为出现，但影响不大，很难得到他人的信任	
		品行不佳，言行有损公司形象，虚与委蛇，城府较深，令人无法信任	
评语及建议			

评价人签名：

3）下级评估

　　对一个企业中的管理人员来说，他的很多工作是对下属人员进行管理，他的上级领导很难观察到他对下属人员的管理情况，作为被考核者的下属员工则与其直接接触，是被评估者管理能力、执行能力、领导能力的重要评判者。在整个组织中实行下级评估有助于管理者重新审视他们的管理风格，发现管理中存在的问题，并按照对管理者的要求采取一些正确的行为，提升企业员工的凝聚力。另外，下级的评价信息也容易受上下级关系的影响，以及下级本身能力和道德水平的限制。因此，在采用下级评估方式时，不要求评估人注明个人身份，并对评估信息保密。评价的项目内容有"领导帮助我设立的目标清晰明确""注重提高我的工作能力""有充分的工作自主权""经常与我进行工作上的沟通"等。

4）客户评估

客户作为与被评估者有着密切交往的人，能够经常观察员工的行为，也因此成为绩效考核信息的重要来源。随着现代企业制度的不断完善，越来越多的公司将客户纳入绩效考核系统中。在实际评估过程中，管理部门应慎重挑选具体的客户作为评估人员。客户应当对员工的工作有充分的了解和认识。在这个过程中，管理部门要注意评估人员对被评估者是否存在个人偏见，评估人员是否具有进行评估的充分信息。具体的评估项目内容有被评估者工作的积极主动性、责任心、解答客户疑难问题的耐心、承诺的可信度、对产品或业务的熟悉程度等。

5）员工自我评估

自我评估是被考核者本人对自己工作表现进行评估的一种活动，它一方面有助于员工提高自我意识，使员工更好地认识到自己的优缺点；另一方面可以获取员工对绩效考核工作的支持。由于信息不对称，许多员工并不理解自我评估的目的是什么，会出现自我评估比其他评估宽松以及忽略对自己不利的结果的情况。因此，在实施自我评估时，要让员工按照一个标准来进行评估，如平均水平等。评估内容需要综合以上各方面选取重点。员工自我评估表如表6-3所示。

表6-3 员工自我评估

姓 名			
项 目	定 义	着 重 点	打 分
纪律性	遵守各种规章制度，维持良好的工作秩序	（1）迟到、早退和无故缺勤	
		（2）是否服从命令、听从指挥	
		（3）上班时有无怠工、聊天、串岗等非工作行为	
		（4）有无违法乱纪行为	
协作性	作为团队中的一员，积极为组织内的合作做贡献	（5）能否听从安排、与同事合作完成工作	
		（6）能否与上级、同事避免冲突，保持和谐的人际关系	
		（7）能否消除工作中的盲点	
积极性	无须监督与催促，自觉而热情地完成任务	（8）是否乐于接受有挑战性的工作	
		（9）是否能够充满热情地完成本职工作	
		（10）必要时加班加点能否接受	
责任感	忠于职守，认真负责地完成工作	（11）能否做到不推卸责任	
		（12）能否忠于岗位职能，认真负责地完成任务	
		（13）工作是否经得起检查，准确无误	
		（14）是否经常保持兢兢业业、持之以恒的实干精神	
		（15）能否任劳任怨，埋头苦干	
		（16）工作过程是否正确	
		（17）工作结果是否有效	
		（18）工作完成得出色程度	
		（19）是否具有创新精神	
		（20）能否采用独到的合理方式改进工作	

总分合计	
部门意见	
总经理意见	

说明：最高分5分；其次：4、3、2、1分。

2. 360度反馈体系

任何一种考核体系如果没有了反馈，那它本身也就没有了意义。目前360度考核法的广泛应用也使它渐渐形成一种体系——360度反馈体系，这个体系已经成为一种帮助员工通过从各个不同方面收集意见来改进自己工作绩效的首选工具。该体系从员工的上级主管人员、同级人员、下级以及客户收集信息，以此了解员工在哪些绩效维度上可以有所改进。为了避免当事人人为抬高评估等级，在收集这些信息时通常都采取匿名的方式。同时，员工本人也会根据各个不同绩效维度进行自评，并将自己对自己的看法与其他人所提供的评估信息加以比较。这个反馈体系不仅用于绩效评估，还可以用于员工的自我开发，从这个角度来说，这些信息会被用来提高个人工作绩效，对于个人是有利的。因此，对于360度反馈体系来说，它的主要作用并不仅仅在于是一种考核的手段以及作为绩效加薪的工具，更是为员工个人提供了一个全面并且客观的认识自己的机会。同时，在此基础上，员工会对自己的职业生涯有一个更加清晰、更加合理的认识，会在公司提供的职业生涯辅导下，开拓自己的职业发展通道，不断地进行自我提升。

但是360度反馈体系对所有组织都有好处吗？不一定。如果一个组织中存在一种支持公开沟通的文化，这种体系的作用就能够得到最大限度的发挥。此外，在那些形成了参与式而非集权式的领导风格，提供反馈和获得反馈已经成为一种组织常规活动，并且在非常看重反馈的价值的组织中，这种体系的作用也能够得到最大限度的发挥。

二、360度考核法的优劣及适用条件

1. 360度考核法的优点

360度考核法较之传统的上级直接评估具有以下优点。

1）公平公正，减少偏见的出现

被评估者可以获得来自多层面的评估，这些评估与传统的单一评估相比更全面、客观，弥补了主观臆断的不足，有助于减少个人偏见或者滥用职权对个人评估的影响。从程序上来看，员工之间具有公平的相互评估的机会，评估积极性也因此提升，避免了不负责任的态度的出现。

2）促进绩效的改进，利于组织成员之间的沟通

员工会更加了解他人对自己绩效的看法与期望，包括自身管理者、同事以及客户。在获得这些信息后，员工会获得对自身的正确评估，这更有利于自身今后工作的改进，

从而提高绩效。在这个过程中，组织成员获得了一个相互沟通了解的机会，相互促进与改善，共同进步，团队凝聚力也由此得到加强，有助于组织的和谐发展。

3）提高考核结果的准确性

360度绩效评估的评估者来自不同层面，而且每个层面往往是取多个评估者的平均值；每个层面的评估结果还要经过统计学的计算，取加权平均值，使结果更接近客观情况，有利于减少误差。同时评估者评估不同的内容，在自己最熟悉的方面对被评估者进行评估，可以较好地解决评估过程中由于信息不对称造成的偏差。反馈给被评估者的信息更容易得到认可，与被评估者的自评结果比较，可以让其认识到存在的差距，进而做出改进。

4）帮助被评估者进行全面的自我分析

通过360度考核，被评估者个人会综合来自评估主题各方面不同的评估，对自己有一个全面客观的认识。特别是对于企业的中高层管理人员来说，多数情况是他们对下属进行评估，很少有机会让周围的人特别是下属对自己进行评估，因此，通过360度考核体系，可以让企业的中高层管理人员对自己有一个客观完整的评估，进而进行自省，给自己的晋升提供更大的可能性。

5）利于创造良好的组织环境

360度绩效考核法可以尊重员工的意见，增加员工对企业的归属感和认同感，有利于增强企业的凝聚力，强化企业的核心价值观，为组织创造更好的工作氛围。与此同时，员工参与评估过程也在某种程度上增进了员工之间的沟通和相互了解，也有利于组织良好环境的塑造。正因为以上多个优点对于企业发展的推动作用，360度评估技术被广泛应用于管理者和员工的自我评估、绩效评估以及高管选调的评估中。

2. 360度考核法的不足

1）依赖于员工个人属性，评估的主观性较强

360度考核以员工个人特质、人际促进、组织奉献为主要考核内容，对于整体绩效中最重要的任务绩效较难或深入涉及，或者容易使客观性最强的任务绩效指标主观化，这是360度绩效考核最致命的缺陷。同时，人的思维本来就很复杂，在评估的过程中，很难不掺杂个人的主观看法，这也会对评估的客观性造成一定的影响。

2）考核成本过高

一个人需要由多个对象对其进行考核，时间的耗费是成本的主要来源，这很可能导致考核成本过高，失去价值上的意义。而考核还需要进行考核制度的培训，每个人都会牵涉其中，因为很多员工具有考核者和被考核者的双重身份。另一方面，在反馈问题的过程中，信息量庞大，对单一个体就需要处理来自多个方面的信息，然后再综合反映其评估结果，从这一角度考虑也会导致考核成本过高。

3）竞争可能引发冲突

员工之间的竞争环境决定了其不可能在评估对方的行为中绝对客观，他们之间的不同利益关系导致的不同意见很可能引起分帮结派的情况，这就会引发冲突，这将对企业

的发展极其不利。在这种情况下，利益合作的员工之间则可能合起伙来集体作弊，以抵抗与其有利益冲突的另一方，这使360度的考核结果变成虚假信息和竞争的另一个反映，评估系统也就变得消极不利，失去其原有的价值意义。

4）定性的评价多于定量的评估

虽然360度考核方法最终是以数字打分的形式出现的，但是在评估的过程中，大多是评估主体的主观评估，偏向定性，因此定量的评估就相对较少。

3．360度考核法的适用条件

360度考核法虽然效果显著，但是由于其存在必然的不足，因而并非所有组织都适合应用这个方法，它的适用是有条件的，具体包括以下几点。

1）针对中高层管理人员

360度考核法是主要针对中高层管理人员的绩效考核，对于低层人员众多的组织并不适用，因为360度绩效考核法的操作流程相对比较复杂，在这种情况下，一方面会造成企业的成本过高，另一方面会在管理上造成一定的困难。

2）考核重点在发展因素

360度考核法考核的重心在发展，目的是通过考核使被考核者正确认识自身工作成效，进而获得改善的方法，而非纯粹实施奖惩措施；对于组织来说，可用于指导对员工的培训、调配、晋升及任免，获得组织人员管理上的成功。所以在设置考核内容时，项目多为与被考核者自身素质以及组织发展相关的内容。

3）必须以稳定的组织环境为前提

组织必须在战略上、架构上以及人员流动上具有相对稳定性。360度考核法基于被考核者周围人员对其有一定程度的认识上，一个动荡不安的组织环境无法有效实施360度考核法，其考核结果也没有参考意义。例如，快速成长的企业、战略转型中的企业、组织结构和人员变动频繁的企业，360度考核法都是不适用的。

4）必须以优秀的企业文化为依托

在360度考核中，在评估的过程中，五个主要的评估主体的主观因素占了很大一部分。虽然考核主体的多元化在一定程度上使评估更趋于全面化，更贴近事实，保证考核结果的公平性，但在另一方面，如果企业没有优秀的文化作为依托，就很容易滋生诸如私自泄愤以及拉帮结派等不良的风气。因此，一个企业如果没有信任、开放的企业文化，360度考核法是不适用的。

第二节　360度考核法的操作流程

360度考核法的操作流程主要分为三个步骤，总体流程框架如图6-2所示。

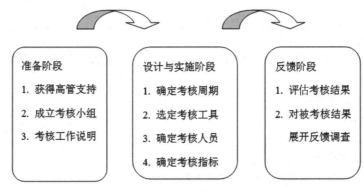

图 6-2 360 度考核流程框架

一、准备阶段

1. 获得高管支持

企业的高层管理者是考核的重要主体之一，他们通过制定考核政策，在宏观上控制着考核的方向，是考核工作的主要发起者和引导者；绩效考核是企业一项十分重要的活动，在具体实施过程中，必须首先获得高层管理者的支持。如果高层管理者不支持，360度考核法也就不可能顺利实施。

2. 成立考核小组

绩效考核小组一般由企业领导、人力资源部工作人员、外聘专家等组成，负责对整个企业绩效考核工作进行统筹领导。

3. 考核工作说明

考核评估前需要对企业与考核工作相关人员进行有关考核工作的说明。包括考核的周期、考核者与被考核者、考核指标、考核反馈程序等，最重要的是要向员工说明考核的目的是什么，使考核过程向着预先设计的方向前进。另外，还需要向员工说明绩效考核对其有哪些方面的指导作用及有利的方面，尽量调动员工在考核工作中的积极性，提高评估效果。表 6-4 是某公司 360 度考核说明书。

表 6-4 某公司 360 度考核说明书

一、目的 （1）提高工作效率，增强团队沟通与合作意识； （2）作为员工晋升、选调及加薪的依据之一； （3）给员工提供一个全面认识自我、提升自我的机会。 二、原则 （1）为使考核结果更具真实性、客观性，所有考核数据来源保密，只对当事人公布结果； （2）对考核人的基本要求有正直、公正、责任心强，高度认同公司理念及文化。 三、适用范围 公司的中高层管理人员。

四、评价主体选择方式
评委团成员的确定本着"谁了解谁考核"的原则，一般从上级、同级、下级、内部客户四个来源产生评委团8人。
1. 总经理的评委团来源
上级：1人（董事长）；
同级：在5个副总之间抽取2人；
下级：在部门经理中抽取2人；
相关部门（员工代表）：市场片2人，行政片1人。
2. 副总经理级的评委团来源
上级：2人（董事长、总经理）；
同级：在5个副总之间抽取2人；
下级：在部门经理中抽取2人；
相关部门（员工代表）：内部客户中抽取2人。
3. 经理级的评委团来源
上级：2人（在经营班子中抽取）；
同级：在部门经理中抽取2人；
下级：在其本部门下属中随机抽取2人；
相关部门（员工代表）：内部客户中抽取2人。
五、考核指标
1. 制定考核表格
根据部门内部被考核者的KPI指标来确定考核指标，并且根据不同的评估主体制定不同的考核表格。
2. 计分方式
对不同考核主体的分数汇总后取加权平均分（除去最高分和最低分），为最终360度考核得分。
3. 评分（填表）要求
（1）考核人对被考核人了解程度不够，可选择弃权，考核维度则自动减少一个；
（2）没有特殊理由（如外出），应按规定及时提交考核表，对于不按时、不负责任的评分人取消本次评选资格。

二、设计与实施阶段

此阶段的主要工作是360度考核法流程的主干部分，包括确定考核周期、考核工具、考核人员以及设定考核指标。360度考核法的考核工具一般为调查问卷，以下不再赘述。

1. 确定考核周期

绩效考核的周期应视其组织的特点，根据具体情况设定，一般有月度、季度、半年度以及年度考核周期，在特殊情况下还有在具体任务完成后的针对此任务的考核。在确定考核周期时特别需要注意，并非考核得越频繁，效果就越好；相反，频繁考核可能带来成本太高或引起员工对考核工作的反感等副作用。总而言之，一定要根据企业的需要，设置适合企业工作情况的考核周期。

2. 确定考核人员

360度考核法的考核人员的首要条件就是对被考核者的工作有所了解，主要包括上级主管、同级人员、下级人员以及客户，在第一节已有所叙述。在选择考核者时必须要依据考核者的特点来设定其特有的考核指标，即不同的考核者对于考核对象的重要性是不同的，必须考虑考核人员对被考核者的了解程度、对被考核岗位的性质和特点的了解程度，以及考核人员的评价与考核人员绩效的关联程度等对考核结果的影响，给予不同的权重比例。

另外，考核人员最好是由以上几个评估主体中的多方代表参与。他们以企业的工作流程为主线设计全方位的考核方案，然后由不同的考核人员从各自角度进行考核评估工作。这样可以避免不熟悉被考核者工作的某一方面的人员也进行这方面的考核，以致影响考核结果的正确性。这样不仅提高了考核工作的效率，也提高了考核结果的客观性和价值，节省了不必要的时间成本。

3. 设定考核指标

在这一步需要根据企业的具体情况，设定被考核者的考核指标，设计考核量表，编制基于职位胜任特征模型的调查问卷。

问卷的形式主要分为两种：一种是给考核者提供分值等级，让考核者选择相应分值；另一种是让考核者给出自己的评价意见。这两种形式常常被综合使用在同一个问卷里。

在设计问卷指标时一定要突出企业现阶段的发展特点，明确企业的目标，然后反映到被考核者的工作上。企业必须界定准备从绩效考核中获得哪些收获或者目的，然后在实施之后，设定一个具体的实施时间表，对应达成目标的实施情况再进行评估。绩效指标在设定时需要注意尽量减少个人的主观意向，只有从企业的大局出发，从企业的战略角度出发，才能真正让企业的考核工作有价值。

在设定考核指标时还需计划好量化指标的方式，以及统计考核结果的方法。在具体操作中应注意以下三个主要问题。

1）确定科学的绩效考核指标体系

考核体系应根据企业的组织目标、价值观、工作分析等各方面的因素确定。在制定指标时需尽量量化指标。另外，当职位对岗位任职者的某一项或几项素质有特殊的要求时，可以给每一个考核指标赋予一定的权重，以区分其重要性。

2）考核指标设计的差异化

不同的工作岗位具有不同的工作内容和职责，技能需求也不尽相同，这就要求在设定时针对不同的岗位、不同的被考核者，设定不同的考核指标。

3）对不同考核人员考核指标的侧重点不同

不同的考核人员从各种不同的角度考核他们的工作，各自的侧重点也不尽相同。上级主管侧重考核被考核者的领导能力、计划执行力、创新能力等；同级人员则侧重协作能力，包括部门之间的协作、同一团队的队内协作、良好的沟通能力等；下级人员主要关注被考核者的领导能力、决策力、协调团队的能力、资源调配能力以及对下级人员的培养能力等；客户方面的考核指标则偏重于服务的质量，主要包括服务态度、业务水平等。

值得注意的是，即使是来自同一层面的考核人员，对不同的下级人员其考核侧重点也不一定相同，这还要取决于考核人员与被考核者在工作上的具体联系，例如职能部门侧重于组织协调能力，而业务部门则看重业务能力和经营管理能力。

4. 实施阶段

在考核工作的实施阶段主要有四个方面的工作：组织考核人员参与考核工作；对考核人员给予正确的指导，确保考核过程顺利进行；对具体过程加强监督管理，确保考核信息的客观性；收集并统计考核信息。

由于360度考核法产生于西方文化背景中，在中国，其实施过程常常会出现一些难以避免的问题，说明如下。

1）上级对下级评估的排斥

360度考核法让下级对上级进行评价，这就给了下级挑战上级权威的机会，上级人员就会产生排斥的心态，这和我们中国的传统文化有一定的关系，上级一般会认为自己在下级面前是绝对的权威，如果下级对上级有不好的评价，会让上级从心理上产生一定的排斥反应，这在一定程度上妨碍了考核的实施。

2）下级惧怕上级的权威

下级员工在评价上级管理者时有可能由于上级权力的压力而不敢客观评价，使得上级管理者的考核结果偏高。另外还有可能出现的情况是，下级由于在某些方面受到上级的不良对待而采取消极的手段，通过考核来发泄不满。所以在选择考核人员时一定要注意避开这类有特殊关系的人员。

3）权利与责任不对等，员工可以对考核结果不负责任

在360度考核的过程中，为了保证考核结果的客观性和公正性，就需要对考核人员的信息进行保密，但是在这种情况下，评价主体就对评价的结果不负任何责任，在实践中这种不受监督的权利难免会被滥用。特别是很多员工就会敷衍了事，不认真对待评价的权利。

4）文化差异的影响和利益冲突

西方文化强调的是开放性、竞争性，他们往往敢于提出意见和自我批评，在帮助他人进步的同时，自己也得到改善。而中国文化偏向于保守、中庸，不太愿意去发掘不好的一面，宁愿相信承认其不存在就等于没有。所以，一般情况下，采取360度考核法，不论是上级管理者还是下级员工都会存在不同程度的抵触心理。另外，在同一利益集团里的人员和对立面的人员之间也会存在考核方面的合作和竞争关系，使得考核手段可能成为权力斗争的工具。

5）中国的等级观念比较严重

360度考核法一个很重要的特色就是让越来越多的员工参与企业的管理，但是在中国的传统文化中，等级观念还比较严重，员工一方面畏惧上级的权威，另一方面对于角

色的改变还是有一些不适应，好像对别人做评估只是上级的事，与自己无关。因此，360 度考核法在中国企业的实施还存在一定的障碍。

以上提出的问题是 360 度考核在中国的实施过程中普遍存在的，但这并不意味着这些问题无法解决。既然了解了这些问题的原因，我们可以针对这个问题进行改进和预防，主要从以下几个方面入手。

（1）得到中高层管理人员的认同和支持。上文在 360 度实施的流程中提到过，实施 360 度考核首先要得到高层管理部门人员的支持，360 度绩效考核主要的使用人群是企业的中高层管理人员，在这种情况下，要争取 360 度绩效考核能够顺利实施还是要征求这部分人的认同和支持，提高他们在心理上对于 360 度考核的接受程度，减少由于下级对自己的评价所带来的不满。

（2）对下级进行充分的引导和说明。在进行 360 度考核之前首先要对参与评价的员工进行充分的说明，360 度考核只是一种对上级进行评价的方式，员工可以针对具体情况给上级打分，并且在整个评价过程中评价者的信息都是保密的，员工对上级的评价也是匿名的，这样就消除了员工的心理障碍和顾虑。

（3）对评价主体进行制约。为了防止员工出现对自己的评价权利不负责任的情况，应该实行"问责制"，对于明显不符合实际或者存在恶意报复的现象，360 度考核的负责人员在反馈这一个环节可以对实际情况进行核实，如果确实存在恶意的评价或者不负责任的情况，可以与评估者谈话，责任落实到个人。

（4）增强员工对于 360 度考核的认知程度。关于 360 度在中西文化的差异中的问题，可以从普及员工对于 360 度考核的认知程度这个方面入手。在实行之前先增加员工的认可程度，说明 360 度考核的目的和原则，在公司内部倡导开明、公平、以学习为导向的企业文化，鼓励员工诚恳地接受批评，让所有员工认识到考核的重点不在奖惩，而是帮助大家认识自我，改善自我。

三、反馈阶段

考核实施阶段顺利完成后，考核工作还未真正完成，还需要收集考核的信息，并且及时进行考核结果的反馈，这才是成功的绩效考核。反馈阶段要对被考核者进行评估。

根据收集到的考核信息，采用科学的评估方法对被考核者的工作绩效予以评估，找出被考核者的优势和不足，以期今后进行改善，提高绩效。

1. 对被考核者展开反馈调查

在对被考核者的评估工作完成后，应及时将考核结果反馈给被考核者。一般可由被考核者的上级主管、人力资源部工作人员或者外部专家，根据考核结果，以适当的方式向被考核者提供反馈，帮助其分析工作中哪些地方做得好，哪些地方还可以加以改善，以及指导其如何改善。这样一来，企业的工作绩效得以衡量，而个人的能力也将得到提升，真正实现了 360 度考核法的实用价值。

2. 需要注意的问题

360 度考核法虽然已被广泛应用，但在反馈过程中还是要注意一些问题。在进行这个方法之前首先要考虑的就是成本和效用的关系。如果效果不好，应及时改变方法，不能在这个方法上一味地耗费资源，因为相比其他考核法，360 考核法涉及的信息量是相当巨大的，这是个优点，但成本高是个缺点，需要权衡一下利弊。

因评级方法的使用和考核准确性与客观性的原因，大多数专家认为用 360 度考核法的结果来决定升迁和加薪是个冒险的做法。如果采用了这种方法，可以将它作为一种提供绩效信息的方法，但不要据此做出相关决策。因为在大量信息中寻找有用信息是不易的，这些信息的来源不同，侧重点也不同，需要专业的人员进行分析，这也是 360 度反馈过程中的一个难点所在。

另外，利益关系的影响无所不在，冲突或者合作使得考核可能偏离原有轨道，因此在利用这个方法进行考核时，务必注意建立良好的 360 度反馈体系需要具备的一些特质，具体如下。

（1）反馈过程匿名。在运行良好的 360 度反馈体系中，反馈必须是匿名进行的，这样有利于评估者提供关于被评估者真实且可信的考核信息。

（2）反馈人员的选择。只有那些对被评估者非常了解并且掌握了第一手资料的人才能参与反馈过程，对于那些和被评估者绩效毫无关系的人提供绩效反馈显然是没有意义的。

（3）对反馈人员的培训。为了防止考核流于形式，往往需要对反馈者进行培训，无论是对考核的原则还是考核过程中的注意事项，都需要让反馈者达成共识。在这个过程中企业应该申明 360 度考核的重要性，确保大家慎重对待。

（4）对反馈进行解释。良好的 360 度反馈体系应该允许被评估者与对其开发问题感兴趣的人共同讨论所得到的反馈结果。在多数情况下，被评估者都是与其直接上级讨论反馈结果的。而在另外一些情况下，参与讨论的可能是一位来自人力资源部的代表或者是并非被评估者直接上级的另外一位管理人员。

（5）跟进反馈过程。如果仅仅是收集信息却没有采取跟进行动，这种反馈就不会有太大的价值。一旦被评估者得到了反馈，就必须制订相应的开发计划来改进绩效。

（6）目的在于改善。当 360 度考核法被应用于晋升及薪酬等管理目的时，评估者就很有可能会提供虚假的反馈信息。因此，要明确考核的目的，说明仅仅是应用于认识与改善目的，强调关注的仅仅是行为，而非结果，考核结果并不会应用于其他与晋升及薪酬相关的考核目的。

（7）避免反馈疲劳。如果一个人在一段时间内被分配过多的反馈任务，很容易会引起反馈疲劳，带来的负面影响不仅仅是人员工作效率的低下，还可能引发消极怠工、考核工作不仔细的情况出现。所以在同一时间进行的考核，在工作分配上要注意这一点。

（8）评估者提供评估以及建议。除了为各个考核指标打分，评估者还需要提供书面反馈信息，里面应当包括评估者的分析及建议，使被评估者能多方面获取改善方法。

最后要说明的是，绩效考核是一种人力资源管理的责任，而权力是基于责任的。如果所有人都具有评估他人的权利，而不承担考核的责任，那么考核也就只是权力竞争的又一项工具，也就失去了原有的意义。所以在明确各级各部门的考核权力时，必须要明确各自的责任所在，为考核结果的正确性和客观性负责。

　　3. 对考核主观性的弹性处理

　　（1）适当调整的 360 度考核。根据 360 度考核的概念，五大评估主体主要是上级、下级、同事、客户以及被评估者本人。很多时候考核人员应该多角度，但并非面面俱到，要考虑公司具体的情况，如公司的企业文化等。在世界 500 强企业中，摩托罗拉公司在使用 360 度考核时就根据自己公司的具体情况"因地制宜"地对 360 度考核体系进行了调整，去掉了同事评估这一项，因为在摩托罗拉的企业文化中，同事之间都比较客气，互相评估也没有很大的实际意义。但是可以选择几个与被评估者接触较多的同事进行评估，但这也是极个别的，同时参与的范围很小。因此，在实施 360 度考核时，并不是非常死板地按照五大评估主体进行评估，而是可以根据公司的具体情况适当进行调整，从而提高考核的客观性和准确性。

　　（2）对容易产生反常的被评估员工进行二次评估。按照统计的规律，公司中员工的表现大致呈正态分布，表现极好和极差的人仅占公司的很少数，大部分人的绩效都处在中间水平。如果评估的结果明显偏离实际，在组织的大环境保持不变的情况下，评估结果肯定存在一定问题。这时需要对评估反常的员工进行二次评估，因为很可能是考核中的主观成分起了一定的负面作用，此时可以矫正在评估过程中出现的不足。

　　（3）增加客观评估渠道。这个方法主要针对的是评估的反馈环节，公司可以专门组织一个监督的部门，对于 360 度考核的结果，如果员工认为有不合适的地方或者有任何的不满意，可以向这个部门提出自己的不满，该部门通过与该员工所在部门的联系，对评估结果进一步进行核实。同时，公司外部的客户如果对于公司员工有什么意见也可以提出来，作为客户评估的一个参考来源。

第三节　360 度考核法实战案例

　　本节将以厦门信达股份有限公司和甲公司为例，说明如何才能充分发挥 360 度考核法的优势，获取更高的成效，以及在实施过程应注意的问题和一些建议。

一、实战案例 1

　　厦门信达股份有限公司是一家 IT 企业，该公司致力于发展信息产业，以信息技术、信息服务和电子元器件制造为主营业务，同时经营国内外贸易、房地产，目前公司已经形成了以电子信息产业为主体，外贸、房地产开发为两翼的产业架构，成长为以信息产业为核心的大型高新技术企业集团。公司股票于 1997 年年初在深交所上市（股票代码：000701），总股本 24 025 万股，是全国有影响的 IT 产业股。公司目前投资设立厦门市信达光电科技有限公司，主要从事建立超高亮度 LED 封装、应用研发与产业化基地。本项目属国家重点支持的高新技术产业化项目，项目生产的半导体 LED 照明产品是新一代环保、节能照明替代产品，市场规模巨大，前景良好。

信达公司每年 10—11 月对公司中层干部、骨干人员进行考核，××年的考核方案是：考核对象为子公司副总以上人员，职能部门经理或实际一把手及部分骨干人员。具体办法是：首先个人述职，向考核小组提交一份个人述职报告，然后是民主测评，测评维度为 360 度，对被测评人进行上级、同级、下级全方位评议，直接上级、直接下级 100%参评，具体内容包括：工作业绩占总分的 50%，领导能力占 25%，品行操守占 13%，领导素质占 12%。其中，领导能力包括：计划、组织能力，业务开拓能力，正确识才用人能力，自我学习提高能力，对下属的绩效管理能力，沟通协调能力，事件处理能力。领导素质包括：法律政策水平，岗位相关知识（技能），岗位责任承担，岗位适应性。品行操守包括：敬业精神与工作作风，对公司的忠诚，廉洁自律，个人道德修养。考核工作小组由党办、总办、人事培训部相关人员组成。

据信达介绍，考核小组与测评人先面谈再填表，分数会打得更确切。没有面谈这个环节，效果可能会稍微差一点。测评结果张榜公布，对干部的任用也起到参考作用。一般来说，排名最后 5%的干部要写书面检查，甚至要岗位下调。在这种情况下，360 度考核法实行的效果最好。

测评操作之前的动员很重要，以便引起员工的重视。而且要把什么票算废票给大家说清楚，例如所打的分数全在一个档次，或者空白的栏目太多，都会造成废票。时间一般需要两天以上。与员工的谈话要两周时间，统计分析要两周时间，一共一个月时间才能把测评工作搞得比较圆满。信达公司实行 360 度考核以来，从上到下都比较满意，董事长、总经理认为其结果与平时的观察比较吻合，员工也认为人事部的考核是客观的。由于大家对这项工作比较满意，公司领导专门表扬了人事部，人事部被评为先进集体。

通过分析可以知道，360 度考核法可以有效弥补传统的直线型经理考核的不足，减少偏见，比较公平公正；可以加强部门之间的沟通，有助于团队建设；可以增强员工特别是管理者的自我发展意识；从 360 度考核结果反馈中得到的信息是全方位的，这比只有经理一个人的考核结果更有说服力，人事部门开展工作也就更加容易。

这是一个 360 度考核法正确运用、提高企业认知能力和绩效，并且融入企业文化中的成功案例。

案例思考：

（1）厦门信达股份有限公司实施的 360 度考核法成功的关键是什么？（答案提示：360 度考核实施过程中应注意的问题）

（2）厦门信达股份有限公司仅仅将中层干部和骨干人员列入了 360 度考核的范围，你觉得这样合适吗？为什么？（答案提示：360 度考核的适用对象）

二、实战案例 2

1. 案例背景

甲公司是一家大型国有企业。每年年末，甲公司对中层管理人员进行绩效考核，考核方案的主要内容如下。

（1）考核目的。根据考核结果，对公司管理人员进行奖罚、调整和聘免等。

（2）考核内容。主要涉及德、能、勤、绩和廉五个方面，考核结果分优秀、称职、基本称职和不称职四个档次。

（3）考核方法。从全公司范围内的上级、同级、下级三个角度进行匿名打分评价，具体的评价者及评价权重如表 6-5 所示。

表 6-5　甲公司中层管理人员评价者及权重

管理人员层次	上级管理者	同级人员		下级人员	
评价者	公司领导	其他部门负责人	区域或分公司负责人	本部门员工	其他部门员工
权重	40%	20%	15%	15%	10%

（4）考核实施。人力资源部召集、组织所有参加考核的人员，将考核表下发给大家。考核人员填写完考核表后，将其投入考核箱。

公司领导在面对考核结果时，却遇到了麻烦，因为有些员工反映这种考核很不公平，概括起来理由为以下两点。

① 打分评价的方式本身就具有很强的主观性，据此得出的统计结果只能主观反映被评价者的人际关系情况，不能全面、客观地反映工作能力、工作行为和工作绩效。

② 考核得分低的不一定全是工作能力、工作业绩低的员工，因为公司机关工作氛围比较差，人际关系较复杂，那些坚持原则工作的员工更容易得罪人，考核得分也可能比较低。考核得分比较高的不一定全是工作能力强、工作业绩高的员工，做事圆滑、工于"和稀泥"型的员工或者不做事的员工，考核得分也可能比较高。

2. 案例分析与建议

从绩效管理的角度来看，这是典型的 360 度考核法在绩效管理实践中的应用。360度考核被业界认为是最公正、最全面的考核方法，但是面对考核结果，为什么还是有员工认为不公平？经过分析，笔者发现案例中员工提出"不公平"问题的关键点是，受人的主观因素的影响，与不做事的"人际关系型"员工相比，考核结果对在工作过程中容易得罪人的"事业型"员工不公平。出现这种不公平现象的原因主要在以下三个方面。

（1）考核主体的选取缺乏针对性。案例中人人都是匿名考核主体，虽然用权重对他们进行了区分，但这种依照等级的"一刀切"区分没有多大实际意义。很多考核主体对被考核者的工作标准和工作效果等情况并不十分清楚，只能凭借个人的主观判断对被考核者做出评估，自然"人际关系型"员工会获得较高的评分。

（2）考核指标的设计过于笼统。案例中对所有的考核对象都从德、能、勤、绩、廉五个角度进行全面评价，这种看似全面实则平均的传统考核指标设计得显然不合适：一是评价标准难以客观量化，考核者不得不予以主观判断；二是不同的考核对象因工作的内容和性质不同，考核指标应有所侧重，如市场人员的"绩"更能体现工作成效，而行政人员的"能"可能更重要。

（3）考核实施的过程太随意。案例中的考核者被集中在一个会议室，由考核组织者宣读注意事项并发放考核表，开始考核后会有人陆续上交考核表。但当考核者的评价速度远远超过正常人的阅读速度时，考核过程就被很多考核者简化成为一种根据个人对考核标准的理解任意划勾的游戏。其结果不言而喻，考核组织者精心设计的考核标准几乎成了摆设，这种考核过程得到的结果根本代表不了一个人的真实绩效。

根据360度考核法的适用条件和优缺点，结合360度考核法在公司绩效考核中反映出来的问题，在应用360度考核法时我们提出了以下三点建议。

（1）明确直接考核者的权利和责任。360度考核法的本质是考核对象绩效信息的全方位反馈，其最大的优点是全面、公正。实践中，人们把信息的全方位反馈曲解成了考核得分的全方位反馈，人人都享有匿名考核权，而不用承担考核责任，这显然是不对的。因此，要明确考核权利和考核责任。

考核权利和考核责任由考核对象的直线领导承担，或者由直接领导及与考核对象工作相关性较高的间接领导共同组成，其他与考核对象工作相关的人员仅具有匿名提供绩效信息的权利和责任，与考核对象工作低相关或无关的人员不进入考核范围。直线领导的领导权中就含有对下属监督考核的权利及培养提升的责任，考核对象的直线领导可以对全方位反馈的绩效信息进行综合分析，尤其是对反馈回来截然相反或者高度一致的信息深入地做出甄别和判断，避免出现由于信息提供者的主观因素所导致的考核偏差。

这样责任明确的考核既可以避免以直线领导的偏好对考核对象进行考核，又可以充分发挥360度反馈信息的全面性和真实性，还可以促使和监督考核对象针对自己的绩效做出改进行动。

（2）科学、合理设计信息反馈指标。确保考核信息的真实性和有效性，关键在于对考核指标的设计和考核过程的控制。鉴于360度考核法反馈的是信息而不是对考核得分的全面反馈，在制订绩效考核方案时，要从以下方面着力。

首先，要设计信息反馈指标。从被考核者的岗位分析出发，与被考核者及其工作相关人员共同制定信息反馈指标项目及标准，以确保信息反馈者能够清晰、明确自己所承担的信息反馈责任。

其次，提取关键信息反馈指标。信息反馈指标不宜过多，太多和太复杂的指标只能增加管理的难度，降低员工的满意度，影响对员工行为的引导作用。要根据岗位关键绩效指标、公司文化导向等因素，确立关键信息反馈指标，同时将关键信息反馈给相关部门。

最后，要将结果定量与过程定性两种信息反馈相结合。对于工作业绩结果的信息反馈宜用定量衡量，如财务成果、考勤情况等；对于工作行为过程的信息反馈宜用定性描述，如沟通能力、工作态度等。

（3）建立考核反馈和申诉机制。绩效考核的目的是促进被考核者改进绩效，如果没有考核反馈或者反馈不到位，员工不知道自己在工作中存在的缺点和今后努力的方向，那么绩效考核工作将无法达到改进管理绩效的目的。绩效考核反馈应由被考核者的直线领导即考核责任人实施，考核者向被考核者反馈绩效考核结果，与员工探讨取得成绩的经验和存在的问题，制订改进和培训计划，并提供可能的帮助和建议。由于360度考核法的绩效考核过程中有许多信息反馈者，而他们的个人偏好、认知差异和工作特质等不同，难免会影响绩效评估的结果。为了减少这种偏差的产生，要允许员工对考核结果进行申诉。员工可以对反馈信息中存在的问题予以解释和澄清，经过考核责任人认定后，对信息偏差及时进行修正，提高绩效考核的可信度。

总之，360度考核法作为绩效考核的方法之一，既有优点，也有不足。因此，公司管理者在运用360度考核法进行绩效考核时要注意扬长避短，因地制宜，使之得到科学、有效的应用，从而达到公司绩效考核的目的。

案 例 分 析

某电子公司360度考核法在中高层考核中的应用

　　某企业是国内一家领先的高科技企业集团，它主要从事电子产品的分销业务，其总部位于深圳，分支机构遍及全国。公司的销售人员经过几年的摸爬滚打，很多被提升到经理岗位。然而正是这样，问题也随之而来。这些年轻的经理们缺少管理意识与沟通能力，虽然被提升为经理，却仍然沿用以往单打独斗的销售方式，要么对下属疏于管理，要么严格控制，不给下属喘息的自由。

　　这导致销售部门的员工流失率开始悄然增加，不满情绪开始滋生。而且，销售额的增长开始减缓，销售人员能力也出现了断层。针对这样的情况，公司高层越来越认识到不能仅仅以销售额或几个简单的财务指标对经理们进行考核，应该引入更多的管理办法，帮助这些销售经理提升管理能力和管理水平。于是公司决定在销售部引入360度绩效考核办法。为了保证本次360度考核能达到预期目的，使其真正成为一个有效的管理工具，公司管理层在问卷的设计、沟通及使用上紧密结合了本企业的具体情况，并参考了国内外企业在绩效管理方面（包括360度考核）的经验与教训，制订以下解决方案。

　　（一）明确考核目的

　　在设计考核方案之初，该公司对本次考核的目的给予了明确说明，即本次考核旨在为销售部经理的能力与发展提供个性化服务，通过向这些经理们提供来自上级、同事、下级及本人考核结果的个性化能力报告，不断帮助经理们了解自身的优势和劣势，在此基础上有针对性地发展自己（尤其是发展自己的管理能力）。

　　另外，通过考核盘点销售部经理人员的能力状况，也为销售部经理人员的选拔、任用、培养提供决策性的依据，还能缓解公司高层管理人员的管理监督压力。

同时需要说明的一点是：本次考核不与奖金挂钩。因为360度考核一旦与奖金挂钩，可能会导致考核结果产生较大偏差，就会偏离考核的本来目的。

（二）设计能力模型

有效的360度反馈与能力模型的有效性是分不开的。很多360度反馈仅仅考核员工的行为表现，但是这样的考核结果缺少系统性，说服力差，不容易被员工接受。公司高层参考了国际著名跨国公司的能力模型，总结了中国电子企业销售管理人员最需具备的能力，发现这些能力主要集中在三个领域。

（1）专业素养，指保证工作质量必须具备的能力，如客户导向、责任和沟通能力等，专业素养对公司管理人员的要求相对一致。

（2）业务能力，指创造高附加值产出必须具备的能力，如决策能力、逻辑能力等，管理业务不同则业务能力也不同。

（3）领导能力，指作为经理有效管理下属的能力，如对下属工作能力、影响力的支持等，领导能力视企业文化和管理所面临的主要问题不同而不同。

有了基本的能力模型框架之后，管理者还应该将能力要求以公司员工可以接受的语言形式表达出来。公司通过焦点小组访谈、工作行为观察、主要领导访谈、调查问卷分析等方式，为企业每个被考核岗位量身订做了4个维度的20项能力要求，这样，岗位与岗位之间既有重合的能力要求，又有不同层次、不同含义的能力具体要求。公司管理层力求做到尽量用企业自身的管理语言描述每一项能力，使能力具有可衡量性和可操作性。

（三）设计问卷

心理学家们曾经对360度考核打分系统的设计进行了多年的研究，发现好的打分系统对分数的可靠性和准确性至关重要。打分系统的设计应该具有以下特点。

（1）打分系统应该简单、易懂。最合适的打分系统是5级，如果超过7级，评估结果就会变得混乱并失去控制。

（2）打分的语言描述应该清楚明确，并且与打分内容相一致。

（3）分数递进的逻辑应该清晰，否则，打分者倾向于只选择一两个分值，这将使打分结果出现"趋中效应"。于是公司把每一项能力的评估确定为6个等级，每个等级都有一个清晰的定义，第1级为例外情况，其余5级分数依次从最低至最高，供考核者选择打分（分别从上级、同事、下级及本人4个角度进行）。

另外，为了使评估信息的获取更全面，在问卷中，公司设计了开放式问题，请考核者针对被考核者最主要的优势、劣势进行评估。

（四）与被考核者沟通

在考核名单确定后，公司管理层与考核名单上的经理们分别进行了一对一的访谈，以了解他们的工作情况、能力及对公司业务发展的看法。除此以外，公司还特地选择了一些被考核人员的下属进行一对一座谈，力求了解他们对公司业务及上级经理的看法。

在组织填写考核问卷前，公司管理层特地对考核方案及考核问卷的填写向参加考核的人员（包括被考核的经理人员，他们需要做自我评估并有可能评估他人）进行了详细说明，以保证他们正确理解考核目的及每一问题的具体含义，如实填写问卷。

（五）统计反馈结果

公司管理层通过对数据采取适当的处理，不但得出了被评估者各项能力的得分，还把分数进行横向比较和纵向排队，这样就能找出各角色（本人、上级、同事和下级）对同一能力的认知差异，从而分析出现问题的原因，为销售部门在管理上存在的问题找出解决方案。

（六）考核结果的准确性

由于问卷设计得当，操作过程合理，考核结果显示出高度的准确性，得到了业务部门及广大员工的高度认可，为公司的人员使用、培训及能力发展提供坚实的基础。在公司内讲究实效，因人员使用问题而感到困扰的销售部总经理对考核结果更是赞不绝口，因为考核结果让他全面、清楚地了解了手下每一位经理的岗位胜任情况，谁强谁弱及强在何处、弱在何处一目了然，这是他最希望获得的管理信息。

（七）针对考核结果的解决方案

准确地发现问题只是完成了工作的第一步，在提交考核报告后，公司管理层应该马上对考核结果进行沟通。沟通采取一对一的方式，亲自向每个经理解释考核结果。同时，还为每一个经理设计了各自的能力发展要求，帮助他们制定适合的管理课程。

为了保证真正有效地改进经理们的行为和能力，企业引入了管理人员能力辅导项目，即通过密切的、有针对性的辅导与跟踪，提升经理们的管理素质，帮助他们处理好发生在身边的各类管理问题。

资料来源：周晓飞. 薪酬设计与绩效考核案例实操指南[M]. 北京：中国铁道出版社，2017：162.

讨论题：

1. 本章的导入案例与此案例相比，360度考核的应用存在哪些不同？
2. 此案例为什么能够成功实行360度考核？

第七章　OKR 考核法

什么是 OKR

即便拥有一支全是高手的一流团队，也未必能让公司长久持续运行下去。那些顽强的初创公司员工们在一开始往往要面临一个很棘手的问题：如何把公司拧成一根绳，向着一致的目标进发？而如果这个"一致的目标"又在因为有竞争性的、变幻无常的市场环境一直改变呢？

想必这个问题每个有志于创业的人都想过，这个问题关乎 OKR。一般人看到 OKR 都会想起 Google 这个搜索巨头，Google 的确依靠 OKR 这个东西"咸鱼翻身"了，起初它只是想做好搜索引擎而已，谁知道后来多点开花，在人们生活的几乎每一个领域都秀了一把存在感（视频广告、新闻、社交、智能家居、手机、无人汽车、可穿戴设备……Google 早在 1999 年就开始在内部实行 OKR。究竟什么是 OKR？如何在公司应用好 OKR？本章将会展开讲解。

资料来源：一篇文章看懂 OKR[EB/OL].（2017-04-29）. http://www.360doc.com/content/17/0429/01/39069518_649492390. shtml.

第一节　OKR 考核法概述

硅谷的两个年轻人汉娜和杰克，像很多人一样，在萌生了一个创意后，就走上了创业之路。但是，他们很快发现仅有好的想法远远不够，还必须有一套合适的管理方法确保梦想能实现。为了让创业团队生存下来，汉娜和杰克的内心苦苦挣扎和煎熬着。他们患上了"新奇事物综合征"，什么都想做，导致无法聚焦，同时需要不停地沟通并处理问题。他们在不断试错的过程中阐述了 OKR 的实施方法与原理。

OKR 起源于英特尔，后来谷歌、领英、Zynga（社交游戏巨头）、General Assembly（硅谷知名创业教育公司）使用它实现了持续高速的增长。按照年度、季度设置 OKR 都可以，但一定要关联上公司的愿景使命。O 表示目标（objective），KR 表示关键结果（key results），目标指"你想做的事情"（如上线一款游戏），关键结果指"如何确认你做到了那件事"（如一天 2.5 万个下载量，5 万美元收入）。

有挑战的目标能激发团队的斗志，明确的关键结果又会让大家觉得这不是空谈。如果你发现一起床就有做事的激情，说明你设置了一个好目标；如果你看到关键结果时有点担心，那这个关键结果的设置就是恰当的。O 和 KR 的不同之处在：O 要是有挑战性的，如果是板上钉钉的事情就是不够的；KR 能很好地支持 O 的完成，是要明显可量化的，便于评分的。个人、组、公司 OKR 的不同之处在：个人 OKR 是你个人展现你将会做什么；组的 OKR 不是个人打包，是组优先做的事情；公司 OKR 是公司高层对整个公司的展望。

OKR 是一种新兴的管理体系，最近几年被引进中国。由于在 IT、互联网、金融、游戏等知识密集型企业中有显著的效果，得到了中国企业的认可。OKR（objectives and key results）全称为"目标和关键成果"，从字面上看不难理解，OKR 是一种目标管理体系，通过关键成果的设定和达成，来实现既定目标，是企业进行目标管理的一个简单有效的系统，能够将目标管理自上而下贯穿到基层。OKR 有自己独到的管理特点，比较醒目的有：目标要有野心、KR 必须可以量化、目标要精炼、不与奖惩挂钩、要以季度为单位回顾评价。

第二节　OKR 的设计方法

一、OKR 的使用方法

1. 确定目标

确定目标，明确团队聚焦到重要目标上，这个目标不必是确切的、可衡量的。

企业得以存活的关键在于以正确的方式做事情：优秀的产品，出众的包装设计，销售给特定的客户群；而不是像多数人那样平庸地做事。定位准确后，不要偏离方向。企业组织可以在战略目标不变的情况下调整策略，进行战略转型。当战略目标不是团队主要成员的目标时，或者说他们不再对企业的战略目标狂热时，就需要担忧企业的前景了。

除了确保方向的一致性，还需要设定一个有挑战性、方向明确的目标；同时设置三四个明确且具体的结果指标，并且这些指标能确保目标完成；目标不宜过低或过高，要有一半机会能实现。

2. 讨论关键结果

讨论关键结果，复盘 OKR 实施过程中的问题。

关于 OKR 的确定，不是负责人一个人制定，其他人执行。一般有两种方法制定 OKR：① 一对一的交流，即个人和他的管理者沟通。尤其是在一季度结束，另一季度开始时，要协商好关键结果是什么。因为不仅个人能说明自己想做什么，而且管理者也要表达他想要你做什么，最好的情况是两者结合。② 全公司的会议以小组的形式进行，各小组的负责人参加并介绍自己组的 OKR，最终大家一起打分评估。

设定的目标不宜过多，最多 5 个 O，每个 O 最多 4 个 KR，让所有人承担自己应当承担的责任，让所有人都能分清楚哪件事情更重要。将人物放到坐标轴中进行比较，如

图 7-1 所示。

图 7-1　紧急性坐标轴

3. 定期评估 OKR 实施成果

定期评估 OKR 实施成果，分析影响目标达成的关键因素，并对目标和目标执行者进行调整。

二、设定 OKR 的原则

（1）目标要是有野心的，有一些挑战的，有些让你不舒服的。一般来说，1 为总分的评分，达到 0.6～0.7 是较好的了，这样你才会不断地为你的目标而奋斗，也就不会出现期限不到就完成目标的情况了。

（2）KR 要是可量化的（从时间和数量方面），不要把关键结果当成目标。关键结果是使用哪些振奋人心的语言并且需要量化。目标用来明确方向，关键结果用来量化目标。

（3）每个人的 OKR 在全公司都是公开透明的。比如每个人的介绍页里就放着他们的 OKR 记录，包括内容和评分。

（4）由独立的团队来执行目标。对一些大公司，由于相互依赖的关系反而会比较吃力。目标必须真正属于你。

（5）每个季度和年度都有 OKR，并保持这样一个节奏。

年度的 OKR 不是一下就能敲定了的。比如你在 12 月设了下季度和年度的 OKR，往后集中精力在实施季度 OKR 上，毕竟这是眼前的目标。而过了一段时间，你可以验证年度 OKR 是不是正确的，并不断修订它。年度的 OKR 是指导性的，并不是约束。

三、OKR 的实施作用

个人自己想做什么，和管理者想让他做什么一般来说是不会完全相同的。个人可以通过先查阅上层的目标，在自己想做的事情范围内找到能对公司目标有利的部分，将它拿出来和自己的管理者进行讨论，做权衡取舍。某种情况下，很有可能这个自己想做的东西，会变成公司今后改变的发展方向。

（1）OKR 并不是绩效评估的工具。对个人来说，它能起到很好的回顾作用，能快速明了地让自己看到：我做了什么，成绩怎么样。

（2）分数 0.6～0.7 是不错的表现，因此 0.6～0.7 将是你的目标。如果分数低于 0.4，你就该思考，那个项目究竟是不是应该继续进行下去。要注意，0.4 以下并不意味着失败，而是明确什么东西不重要及发现问题的方式。分数永远不是最重要的，其可以起到直接的引导作用。

（3）需要有管理者或团队负责人把握前进的方向以保证每个人都朝同样的目标行进。在 OKR 实施过程中，你能够获得大家的认可和帮助，这是很有趣的事情，有助于企业的协同前进。

（4）OKR 管理的优点显而易见，其理念与"日事清"高度契合，用"今日事今日毕的态度"进行 OKR 管理，可以让每个员工都能主动思考、主动工作、主动创新，整个企业的团队精神也能得到很好的体现。

第三节　OKR 与 KPI 的比较

一、时代环境与商业背景的进化

KPI 是工业化时代从粗放向精细化转变的产物。这个阶段企业竞争的优势，往往是更低的成本、更好的质量、更快的速度，因此企业通过精细化管理可以获取相应的领先优势，谁能使产品更好、速度更快、价格更低，谁就能在行业中独领风骚，获得竞争优势。所以企业的战略往往自上而下，通过流程的改进、技术的进步、规模化生产，不断地取得速度、质量、价格上的优势。因此诞生了沃尔玛、西南航空以及不少以品质著称的美国企业。

当企业高层很清楚自己想要什么的时候，通过自上而下对战略目标的 KPI 进行分解，就会显得非常有效，因为成功因素非常清晰，如更低的价格、更快的速度、更好的质量。然而，竞争加剧和经济发展会导致产品过剩，需求多样化，原来的 KPI 风险重重。

二、KPI 在环境不确定性强的行业中的表现

（1）与考核挂钩的 KPI，导致创新的概率降低。员工会将所有精力投放到完成考核指标上，考核和被考核者的关系是博弈的关系，被考核者很难给自己定挑战性目标，因此创新的概率将大大降低。就算是创新，仍然指向维持性的创新，比如：英特尔专注于个人电脑芯片性能的提升，却忽略了智能手机的处理器市场；诺基亚被苹果颠覆；索尼日渐衰败。

（2）结果高度依赖管理者。KPI 的制定从战略目标自上而下分解，在实施的过程中，部门或者员工按照 KPI 指标进行工作，即使指标中包含的任务可以很完美地完成，目标却不一定能帮助组织适应行业环境的需求，为了达到考核标准也很少进行调整。

三、OKR 在环境不确定性强的行业中的表现

OKR 在英特尔诞生，却在谷歌发扬光大，因为谷歌所在的商业环境不确定因素多，客户的需求很难清晰确定。商业环境的不确定因素增多，造成大家都是在摸索中前进，而 KPI 往往是僵化的，很难在不确定中制定或者随着环境的变化进行相机决策，因此，用 KPI 风险太大。如果全部都是 KPI，将倾注企业大量的资源，万一不成功损失会是惨重的，甚至可能关系到企业的生死存亡。需求不确定，就不能把鸡蛋放在一个篮子里，多元化的创新就很重要。

（1）OKR 不是考核，不用背负僵化的指标压力，更有利于创新。

（2）OKR 有利于增加竞争优势，同时降低了创新的风险。传统的创新往往是在质量、效率、成本上的创新，这种创新需要投入更多的资源，需要重塑整个供应链，需要协调各个部门，因此这种创新必须是自上而下的。当前的创新，更多的是构建新需求、发现新市场、寻找新客户，未必需要企业一开始投入大量资源。在 OKR 的土壤下，这种创新一开始不需要协调大量资源，通过个人和小团队的努力，让大家看到这种创新"开出小花"，然后企业再倾注相应的资源进行扶持。这种自下而上的创新，消减了企业因大量资源投入而带来的风险。

（3）OKR 的激励能够带来双赢。OKR 属于内在的激励，超越了 KPI 对应的物质激励，从而有助于实现个人和企业的双赢。从个人角度来说，当你自己有了目标并能实现时，成就感这种内在的激励远远大于企业自上而下定 KPI，你通过完成 KPI 换得相应的薪酬带来的物质激励，从而实现企业和个人的双赢。开放的环境、创新的土壤、发挥个人的影响力虽然是 OKR 生存的必要条件，但是背后的驱动因素是整个商业环境的变化、客户需求的模糊性和多样性决定的。

 案 例 分 析

OKR 在谷歌的应用

谷歌是一家美国的高科技公司，市值仅次于苹果，是全球最顶尖的高科技公司之一。很多公司的绩效管理都流于形式，不是为了改善绩效，只是为了管理而管理。而谷歌绩效管理体系则将关注点放在真正重要的事情上——依据目标对绩效进行公正的校准，开诚布公地指导员工学会如何提高。

1. 目标设计

比如谷歌员工 Mike 在 Google 负责博客平台 Blogger 时，每个季度都会制订几个目标，其中有一个季度的目标是"增强 Blogger 的声望"。针对这一目标，Mike 出了 3 个

非常容易衡量的关键结果，包括在 3 场业界大型活动上做演讲、协调 Blogger 十周年庆公关活动、创建官方 Twitter 账号并定期参与讨论，如图 7-2 所示。

图 7-2 OKRS 示例

2. 设计流程和周期

图 7-3 是目标设计的标准流程，其实就是实现"怎样做才可以到达我要的那个 O"。

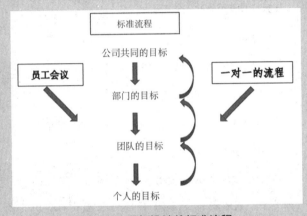

图 7-3 目标设计的标准流程

谷歌公司目标设计的流程是什么样的呢？谷歌以季度为单位，对目标进行管理。我们以年度第一个季度为例，说明具体流程，如图 7-4 所示。

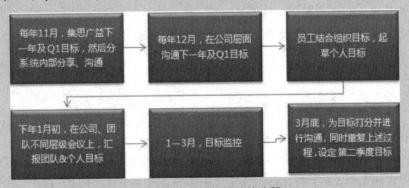

图 7-4 谷歌目标设计的流程

谷歌的 OKR 周期是按季度来做的，如图 7-5 所示。如果是中小企业，又处于发展特别迅速的新型初创行业，建议按月来做。

127

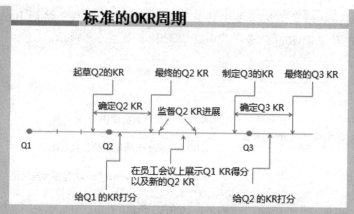

图 7-5　谷歌的 OKR 周期

图 7-6 是谷歌公司的个人 OKR 样例。

> **目标：加速博客收入的增长**
>
> **关键结果**
>
> ➤ 向所有用户增加放置盈利广告的栏位
>
> ➤ 增加广告主通道以提高 RPM ×%
>
> ➤ 启动 3 个收入调查，研究什么驱动了收入的增长
>
> ➤ 保证博客广告网络的研发，确保 Q1 的工程师配置

图 7-6　谷歌个人 OKR 案例

从上面的例子可以看出，KR 都不是 KPI 那样的准确指标，但都有量化，是一种"指导性途径"——只要按这个方向去做，去努力尝试做这些事情，那么就可以实现 O 的 0.5～0.6 分。谷歌一直给人一种具有创新精神和人文关怀的感觉，但其内部考核制度的曝光让人觉得，谷歌员工的压力也不小。OKR 系统简单，可以帮助公司整理和执行计划，并从上到下按照命令链排布。

在公司、团队、管理、普通员工不同层面设立 OKR 目标，上级的 KR 可以是下级的 O，这样通过层层分解和彼此互相结合，就形成了一个完整的大网，这个网可以涵盖每个人的 OKR，并且彼此关联，这样可以将目标紧密地联系在一起。

在每个季度员工接受多个 OKR 考核，这些考核的"关键结果"均是特定的、可测量的目标，打分在 0～1 分，太高或太低都不好。太高意味着目标太简单，如果低于 0.4，则可能会认为员工在工作上出现了问题。

季度 OKR 评分只要几分钟，每个人都能在员工资料库中看到全体员工的 OKR，如谷歌工程师也能看到 CEO 的 OKR。为了使全体员工步调一致，保持 OKR 的透明度非常重要。但 OKR 评分在谷歌并不作为晋升依据，只为了帮助跟踪项目进度。

资料来源：OKR 考核理解[EB/OL].（2020-04-19）. https://wenku.baidu.com/view/7bf8b1f982c4bb4cf7ec4afe04a1b0717ed5b370.html.

第八章 EVA 考核法

内蒙古一机公司改善 EVA 取得初步成效案例介绍

内蒙古第一机械制造（集团）有限公司（以下简称"一机公司"）始建于 1954 年，是国家"一五"期间 156 个重点建设项目之一，是中国兵器工业集团的骨干企业，是内蒙古自治区最大的装备制造企业。公司于 2000 年按现代企业制度要求完成整体改制，2007 年初步完成规范公司治理结构建设。

经过 60 多年的建设与发展，一机公司已成为以重型车辆为主导产业，覆盖全国重点区域的跨地区、股权多元、军民结合的重型车辆制造集团。目前经营业务主要有车辆核心业务、车辆零部件专业化业务、车辆相关业务和辅助产业四个层次。其中军品轮、履两大系列，北奔重卡，铁路车辆，专用汽车，工程机械是公司的核心业务和支柱产品。

2010 年国资委在中央企业全面推行 EVA 考核，并将其作为最大的考核权重指标。对此，中国兵器工业集团公司也在前期试点 EVA 考核的基础上，调整完善了 EVA 业绩考核评价体系，加大 EVA 考核权重，引导成员单位资本向主营业务和重点领域集中，以提高资本使用效率和价值创造能力。在这样的考核引导下，兵工业集团下属的一机公司牢固树立 EVA 经营理念，找出价值驱动因素，从多方面采取措施着力改善 EVA 指标。2010 年，该公司的经营管理重点之一便是围绕提高资产使用效率，对母子公司两个层面的资产状况及使用情况进行盘点、梳理，进一步优化资源配置。首先，清查梳理、盘活利用低效、无效资产。其次，厘清母子公司资产关系，针对子公司占用母公司资产的情况签订租赁协议，实行有偿使用机制。最后，完善资产管理责任制度，规范管理程序，保障资产安全完整和保值增值。

经过将近一年的努力，一机公司在推进资产合理调配调剂和不良资产处置方面取得初步成效。这一点充分反映在 EVA 指标值的改善上，该公司通过盘活处置低效、无效资产等一系列举措，使 EVA 指标得到明显改善。2010 年 1—10 月 EVA 完成 731.73 万元，同比改善 105.3%。

资料来源：程延园. 绩效管理经典案例解析与操作实务全书（下）[M]．北京：中国经济出版社，2016：1008-1009.

第一节　EVA 经济增加值的概念

一、EVA 概念

EVA（economic value added，经济增加值）是美国思滕思特管理咨询公司于 20 世纪初创设的一项财务类绩效评价指标，它是指公司经营成果高于公司债务成本及权益成本的那部分利润，是扣除所有者成本后的剩余收益。EVA 理论蕴含了"经济利润"和"剩余收益"思想，其内涵不同于会计利润。

EVA 是一个综合考量企业使用资本的规模以及运用这些资本所获得的回报水平的指标。简单公式为 EVA=投资资本 IC×(投资资本回报率 ROIC-加权平均资本成本 WACC)，另一种表现形式为 EVA=投资资本×EVA 率。与传统会计利润不同，EVA 指从税后净营业利润中扣除包括股权和债权投资者的全部投入的机会成本后的所得。而来自股东的资金成本通常要比债权人的资金成本高出许多，因为相比而言股东承担的风险更高。

二、EVA 特征与功能

1. 经济增加值的特征

首先，EVA 指标设置了最低资本回报率的门槛。EVA 指标从股东利益角度出发，为资本管理者设定一个明确的资本回报成本。该回报成本只是一个及格线，对于企业来说，只有创造了高出这个及格线的回报水平才算是为投资者创造了财富，否则就相当于在毁损股东的价值。换句话说，如果股东不把资金投入这个企业，那么这部分资金在其他领域也一定能够获得一个基本回报。在 EVA 计算中，这个及格线被称为加权平均资本成本（WACC）。

其次，EVA 指标的第二个特征是从企业调用的全部资金总和的角度来考虑经营绩效，包括股东的出资，也包括借款。这些资金的总和被称为投资资本（IC），该资本的投资回报比率被称为投资资本回报率（ROIC）。与净资产收益率（ROE）不同的是，后者可以通过大量举债而不是经营绩效的提升来实现净资产收益率的提高，这样做的结果是表面上股东回报增加了，但实际上企业经营风险被逐渐放大，股东的真正财富甚至可能减少。

最后，EVA 指标需要对财务信息进行更为细致的调整以反映企业真实的经营绩效。由于各个企业的实际情况千差万别，这种调整的具体内容和方式也不一而同，这也正是EVA 指标实际运用中的难点之一。但合理的调整能够使 EVA 指标准确地反映企业的实际价值创造状况，更准确地反映企业管理层的工作努力及实际绩效，从而使该指标能够对管理和决策起到更有效的支撑作用。

正是通过上述对原有财务体系的改进，EVA 指标不仅能较好地从股东价值创造角度反映企业的经营绩效，有效地促进企业规模和效率、长期利益和短期利益的统一，还可以在企业内部进行纵向分解，成为一种有效的内部绩效管理工具。到目前为止，以 EVA为核心的价值管理体系的运用已经相当广泛，全球现有 400 多家大公司采用 EVA 作为业绩评价和奖励经营者的重要依据，其中包括淡马锡、美国邮政、新加坡港务局、西门子、索尼、可口可乐等国际知名公司。

2. 经济增加值的功能

EVA 考核改变了会计报表没有全面考虑资本成本的缺陷，它可以帮助管理者明确了解公司的运营情况，从而向管理者提出更高的要求。EVA 具有强大的经济功能和实际应用价值，归纳起来，主要表现在以下几个方面。

1）激励性功能

激励性功能是 EVA 的首要功能，也是关键性功能。以 EVA 为核心，设计经营者激励机制有利于规范经营者行为，以维护所有者和股东的合法权益。

与传统的激励机制相比，EVA 考核有如下优越性。

（1）有利于克服经营者行为短期化。这是因为从理论上讲，EVA 扣除了资本成本，后者是一种预期成本、未来成本，它考虑了资金时间价值和风险因素，这就必然有利于经营者行为长期化。

（2）有利于加强监督力度，减少做假账的可能性。一方面，对财务报表的调整过程本身就是进一步加强审计和监督的过程，从中便于再次发现问题，杜绝假账；另一方面，合理调整目的之一在于为经营者提供更有用的决策信息，既然目标已不再是会计利润，而是 EVA，那么虚瞒伪报的必要性随之下降，如开发研制费用的调整并非不利于经营者。

（3）强化风险承担意识，有利于经营者目标与所有者目标趋于一致。让经营者成为所有者的一部分，两者目标才能趋于一致。EVA 奖励方式给我国上市公司的股权改革留下了巨大的想象空间。

2）全面性功能

EVA 考核法提出了全面成本管理的理念，成本不仅包括在账面上已经发生的经营成本，还包括极易被忽视的账面上并未全部反映的资本成本。忽视权益资本成本就容易忽视股东利益，忽视资本成本就容易忽视资本的使用效率。当一项营运业务的变动会增加经营成本，但如果它会减少资金占用从而以更大数额降低资本成本时，这一变革会减少会计利润。

3）系统性功能

以 EVA 为核心构建的公司综合财务分析系统可替代至今广为流传的杜邦财务分析系统。其中所显示的目的手段关系链可以帮助经营管理者厘清思路，全面地指出为增加 EVA 可采用的对策和途径。基于经济附加值和可持续增长率的财务战略矩阵为公司战略性财务决策提供帮助，EVA 系统是公司决策的有用工具。

4）文化性功能

EVA 不仅是一种计量方法，更是一种管理理念和企业文化。根据国外实践经验，EVA 要力求简便易行，培训应渗透到每一员工，其考核至少要落实到每一位部门经理。

三、经济增加值的计算方法

EVA 是指企业在现有资产上取得的收益与资本成本之间的差额，其计算公式为

$$EVA=税后净营业利润-资本×加权平均资本成本$$

对于公式做以下说明：

（1）加权平均资本成本根据债务资本成本和股权资本成本加权平均计算。

（2）股权资本成本是运用资本资产定价模型计算出来的，其计算公式为

股权资本成本=无风险收益率+B 系数×(股本市场预期收益率-无风险收益率)

从上面的计算公式可以看出，EVA 就是指企业税后利润与全部投入资本（债务资本和权益资本之和）成本之间的差额。如果这一差额为正数，说明企业创造了价值，增加了财富；反之，则表示企业发生了损失，减少了财富；如果差额正好为零，则说明企业的利润仅能满足债权人和投资者预期获得的收益。EVA 方法的优点是将资本成本即所有者对企业的收益要求在企业经济增加值计算时扣除，使其变成一种对企业经营业绩的最基本的要求，可以避免只追求规模扩展不追求单位价值扩展、只追求绝对额扩大不追求相对效益提高的情况。但其问题是股权资本成本计算比较困难，并且该指标在业务内部分解也比较困难。资本成本的计算，一般采用资本资产定价模型，而其中的风险补偿率的计算和选择，则又会成为一个尖锐的问题，各个国家、同一国家不同行业、同一行业不同时期所计算的风险补偿率差异很大，市场平均风险报酬率从 3%到 8%不等，行业平均报酬率从-1%到 15%不等，采用哪种风险报酬率确实又是一件非常令人头痛的事情。如果直接根据股票价格波动来计算风险补偿，那么中国股市和世界股市一样，经常会经历牛市和熊市两个阶段，在不同阶段显然计算结果完全不同。因此，EVA 考核评价常常适用于具有独立经营权力、可以直接吸收资本、决定负债规模的企业，不适用于不能独立吸收出资、不能独立决定负债的内部企业。

EVA 的核心是要计算企业的"真实经济盈利"，即考虑股东投资回报、企业长远发展、企业财务价值和财务数据不能反映的价值之后的企业盈利。为了计算真实经济盈利，需要对企业当前的会计核算信息进行大量调整，部分学者认为最少要进行 30 多项调整才能真实地反映企业的经营利润，这些调整包括将研发费用和市场开拓费用作为长期投资、不对商誉等无形资产进行摊销、不计提各种坏账准备等处理。可以看出，实施 EVA 实际上是在对现行会计制度、会计准则进行大幅度调整的前提下才可行，否则就只能在计算真实经济利润时，每一次均要对会计核算数据进行调整。

四、EVA 方法的优缺点

（1）EVA 考虑了带来企业利润的全部资本成本，全面、真实地反映了企业的经营业绩。传统的会计利润指标没有考虑股权资金的机会成本，仅仅是扣除了债务成本之后的余额。以利润指标来评价经营者的业绩会给人一种印象，即所有者的资金是免费的。EVA 在评价企业经营成果时，考虑了全部资金的成本，即债务的成本和权益资金的机会成本，把为创造价值而投入的所有成本都考虑在内。

（2）与会计利润指标相比，EVA 在一定程度上消除了操纵利润的行为，EVA 使经营者更关心资产是否真正增值，而不是会计报表所报告的假象。

（3）EVA 绩效管理具有目标明确、标准统一的特点。EVA 指标体系无论从经济学还是从会计学角度看，都该是对企业一定时期内经营业绩的评价。EVA 指标能够连续评价企业业绩，最直接地反映企业所有者财富的增值。

（4）考虑权益资本成本是 EVA 与其他评价体系相比最根本的特征。EVA 代表的是扣除债务成本和权益资本成本后的公司净盈余，在本质上与所有者财富增加是趋于一致的。它把对管理者的评价和实现股东价值最大化结合了起来，极大地减少了委托代理成本，所以能够更真实地反映企业的经营业绩。

EVA 方法的优点很突出，但它也有不足之处：EVA 主要运用于企业的高层管理人员，在普通员工中很难普及；EVA 反馈的结果忽视了对过程的考核；EVA 更多考虑股东的权益，忽略了其他利益相关者的利益。

第二节　经济增加值与其他思想的结合

一、经济增加值与杜邦分析法的结合

将 EVA 同杜邦分析方法结合起来，能够量化关键比率的增减对 EVA 所产生的影响，以及最终对企业经营价值创造产生的影响。其公式为

$$EVA=(RONA-WACC)\times NA$$

对于公式做以下说明：

（1）RONA 为企业资本报酬率。

（2）WACC 为加权平均资本成本。

（3）NA 为总资本投入。

在 WACC 和资本投入保持不变的条件下，EVA 会随着 RONA 的增加而增大。显然，RONA 是一个价值驱动要素，我们可以继续将 RONA 分解成两部分，即销售税后净营业利率和总资本周转率。在保持其他因素不变时，企业只要满足下面的条件之一，EVA 就会增加，企业的价值也就相应增加：① 努力开拓市场，提高收入，节约费用，即"开源节流"；提升收入的同时，合理安排成本费用支出，保证投入产出比，提高资本的使用效率。② 加强投资管理。提升投资项目可行性分析报告的编制水平，严控回报低于资本成本的投资，优先选择投资回报率高的投资项目；在实际工作中，要特别重视投资后评价，以指导今后的投资决策。③ 强化资产运营管理水平。加强应收账款和固定资产等重点资产管理，盘活存量资产，提高资产产出效率和资产周转率；降低无效资本占用，使现有资产产生最大价值。④ 降低资本成本。通过资本结构的优化，降低资本成本同样能增加企业的 EVA，企业的价值也会增加，构建短期与长期、股权与债权、本币与外币相结合的最佳资本结构，达到降低资本成本的目的。

二、经济增加值与平衡计分卡的结合

EVA 指标是一个结果指标，无法反映管理人员实现经营成果的过程，只能反映短期的经营业绩，而且 EVA 具有滞后性，不能很好地预测未来 EVA 及其未来增长机会。若想保持 EVA 的持续增长，就应该了解反映价值的先导指标，并考察非财务性价值驱动要素，因此我们选择把 EVA 和 BSC 结合起来，这样就能够对 EVA 的缺陷有效地进行弥补，从而得出企业价值持续增长的指标体系。

平衡计分卡的提出源于传统绩效管理系统的缺陷，传统绩效管理系统只依赖于财务指标，而 BSC 根据组织的战略要求而精细设计的指标体系，是一种绩效管理的工具，它将企业战略目标分解转化为各种具体的相互平衡的绩效考核指标体系，并对这些指标的实现状况进行不同时段的考核，从而对企业战略目标的完成建立起可靠的执行基础，用客户评价、内部管理评价、学习和增长三个角度的非财务指标和财务指标共同构建出 BSC 基本理念，使企业在了解财务指标的同时，对自身发展能力的增强和公司治理方面的进展进行监督和评价。

正是由于 BSC 从这四个维度来平衡定位和考核公司各个层次的绩效水平，我们才可以将 EVA 业绩评价系统与 BSC 结合起来。具体来讲，以 EVA 评价系统的各项指标作为 BSC 财务中心，即以 EVA 为导向，同时与 BSC 的其他三方面非财务指标相结合，更加全面地衡量企业的经营价值创造能力，更好发挥 EVA 业绩评价系统的作用。财务指标与非财务指标的权重可以根据不同企业的不同情况区别对待。EVA 与 BSC 结合既能更充分发挥 EVA 的作用，又更利于完善 BSC 的战略实施功能，两者可以共同服务于企业长期战略的实现。

第三节　EVA 在央企中的应用

一、应用经济增加值的前提说明

经济增加值是指企业税后净营业利润减去资本成本后的余额。计算公式为

经济增加值=税后净营业利润-资本成本

=税后净营业利润-调整后资本×平均资本成本率

税后净营业利润=净利润+(利息支出+研究开发费用调整项-

非经常性收益调整项×50%)×(1-25%)

调整后资本=平均所有者权益+平均负债合计-平均无息流动负债-平均在建工程

1. 会计调整项目说明

（1）利息支出是指企业财务报表中"财务费用"项下的"利息支出"。

（2）研究开发费用调整项是指企业财务报表中"管理费用"项下的"研究与开发费"和当期确认为无形资产的研究开发支出。对于为获取国家战略资源，勘探投入费用较大的企业，经国资委认定后，将其成本费用情况表中的"勘探费用"视同研究开发费用调整项按照一定比例（原则上不超过 50%）予以加回。

（3）非经常性收益调整项包括以下方面。

① 变卖主业优质资产收益：减持具有实质控制权的所属上市公司股权取得的收益（不包括在二级市场增持后又减持取得的收益）；企业集团（不含投资类企业集团）转让所属主业范围内且资产、收入或者利润占集团总体 10%以上的非上市公司资产取得的收益。

② 主业优质资产以外的非流动资产转让收益：企业集团（不含投资类企业集团）转让股权（产权）收益、资产（含土地）转让收益。

③ 其他非经常性收益：与主业发展无关的资产置换收益、与经常活动无关的补贴收入等。

（4）无息流动负债是指企业财务报表中的"应付票据""应付账款""预收款项""应交税费""应付利息""其他应付款""其他流动负债"；对于因承担国家任务等原因造成"专项应付款""特种储备基金"余额较大的，可视同无息流动负债扣除。

（5）在建工程是指企业财务报表中的符合主业规定的"在建工程"。

2. 资本成本率的确定

（1）中央企业资本成本率原则上定为 5.5%。

（2）承担国家政策性任务较重且资产通用性较差的企业，资本成本率定为 4.1%。

（3）资产负债率在 75%以上的工业企业和 80%以上的非工业企业，资本成本率上浮 0.5 个百分点。

（4）资本成本率确定后，三年保持不变。

3. 其他重大调整事项

发生下列情形之一，对企业经济增加值考核产生重大影响的，国资委酌情予以调整。

（1）重大政策变化。

（2）严重自然灾害等不可抗力因素。

（3）企业重组、上市及会计准则调整等不可比因素。

（4）国资委认可的企业结构调整等其他事项。

二、央企负责人年度经营业绩考核计分细则

1. 年度经营业绩考核综合计分

年度经营业绩考核综合得分=（利润总额指标得分+经济增加值指标得分+
分类指标得分）×经营难度系数+奖励分-考核扣分

上述年度经营业绩考核指标中，若某项指标（不含经济增加值指标）未达到基本分，

则该项指标正常计分，其他指标只得基本分，所有考核指标得分不再乘经营难度系数。

2. 央企负责人年度经营业绩考核各指标计分

1）利润总额指标计分

利润总额指标的基本分为 30 分。企业负责人完成目标值时，得基本分 30 分。该指标计分以基准值为基础。基准值是指上年实际完成值和前三年实际完成值平均值中的较低值。

（1）利润总额考核目标值不低于基准值时，完成值每超过目标值 3%，加 1 分，最多加 6 分。完成值每低于目标值 3%，扣 1 分，最多扣 6 分。

（2）利润总额考核目标值低于基准值时，该指标按照以下规则计分。

① 目标值比基准值低 20%（含）以内的，完成值每超过目标值 3%，加 1 分，最多加 5 分。完成值每低于目标值 3%，扣 1 分，最多扣 6 分。

② 目标值比基准值低 20%~50%的，完成值每超过目标值 3%，加 1 分，最多加 4 分。完成值每低于目标值 3%，扣 1 分，最多扣 6 分。

③ 目标值比基准值低 50%（含）以上的，完成值每超过目标值 3%，加 1 分，最多加 3 分。完成值每低于目标值 3%，扣 1 分，最多扣 6 分。

（3）利润总额考核目标值为负数，完成值减亏部分折半计算，盈利部分正常计算；超额完成考核目标，最多加 3 分；减亏但仍处于亏损状态，考核得分不超过 C 级最高限；扭亏为盈，考核得分不超过 B 级最高限。

2）经济增加值指标计分

经济增加值指标的基本分为 40 分。企业负责人完成目标值时，得基本分 40 分。该指标计分以基准值为基础。基准值是指上年实际完成值和前三年实际完成值平均值中的较低值。

（1）经济增加值考核目标值不低于基准值时，完成值每超过目标值（绝对值）2%，加 1 分，最多加 8 分。完成值每低于目标值（绝对值）3%，扣 1 分，最多扣 8 分。

（2）经济增加值考核目标值低于基准值时，完成值每超过目标值（绝对值）3%，加 1 分，最多加 8 分。完成值每低于目标值（绝对值）3%，扣 1 分，最多扣 8 分。

（3）经济增加值考核目标值在零附近的，计分给予特别处理。

3）分类指标计分

分类指标应当确定两个。分类指标加分与扣分的上限与下限为该项指标基本分的 20%。

4）直接加满分

考核指标目标值达到行业优秀水平的，企业负责人完成目标值时，该项指标直接加满分。

3. 奖惩计分

1）奖励计分

承担国家结构性调整任务且取得突出成绩的企业，国资委根据有关规定视任务完成情况加 0.5~2 分。

2）考核扣分

（1）企业发生重大资产损失，发生生产安全责任事故、环境污染责任事故等，国资委按照有关规定给予降级、扣分处理。

（2）企业发生违规违纪或者存在财务管理混乱等问题，国资委按照有关规定视情节轻重扣 0.5～2 分。

（3）企业全员业绩考核制度不健全，未对集团副职、职能部门负责人、下属企业负责人进行经营业绩考核的，视情况扣减 0.1～1 分。

（4）剔除重组和会计准则调整等客观因素影响，利润总额目标值与完成值差异超过50%以上的，依据差异程度相应扣减 0.1～2 分。本条款不受其他条款限制。

4. 经营难度系数

经营难度系数根据企业资产总额、营业收入、利润总额、净资产收益率、职工平均人数、经济增加值等因素加权计算，分类确定。

第四节　EVA 在实施过程中遇到的问题

一、我国资本市场不完善，虚假信息充斥

首先，股票价格不能真实地反映企业经营业绩，因而根据市场数据计算出来的企业权益资本和真实的权益资本成本有较大的误差。其次是 EVA 在计算时本身涉及多个调整项目，而对相关科目的选择、调整都会带有一定的主观判断，同时我国企业财务信息透明度不高，这些都给具体操作带来了困难。

二、我国企业忽略资产结构

在经济改革初期，人们普遍感到企业资金短缺影响了企业的进一步发展。在这种观念的引导下，人们在企业改革过程中自然将主要的精力放在解决资本结构问题上。职业经理人职业素质有待提高，管理理念需要转变，公司治理水平亟待完善。企业的股份制改造就是由此引出的重大措施之一。但是，股份有限公司只是在融资机制上具备了获得重大发展的条件，其能否实现规模上与质量上的飞跃，仍然取决于企业投资决策与日常管理的科学性。

三、引起企业投资减少

资本成本是计算 EVA 的一个关键因素，但我国目前的资本市场还很不完善，投机性还很强，股份根本无法反映公司的基层面。资本市场的不成熟是制约 EVA 在我国企业普

及的一个重要因素。由于资本成本的大小直接影响 EVA 的大小，而 EVA 又决定了管理者的报酬。这样，管理者很可能会通过减少企业的投资来降低资本成本。减少的投资可能是实物资产的投资，也有可能是不易被发掘的无形资产的投资，或者是拒绝了那些长期来看有活力的投资项目。这样，企业的盈利能力和长期竞争能力必然下降。

针对可能存在的问题，现提出以下对策。

（1）针对外部市场环境，相关监管部门要完善资本市场，尤其是股票市场。国家要制定相关法律法规，规范股票市场交易，使股票价格真正反映企业价值，从而真实地反映企业经营业绩。同时，完善的法律监管制度也有利于提高公司内部治理水平。

（2）要努力提高公司治理。改善公司治理，制定相关信息披露制度，提高财务信息的透明度，可以有效避免由于信息不对称而引起的内部人控制。

（3）企业经营管理人员和财务人员要提高职业技能，转变经营理念。企业管理者不能因为过分注重短期的净利润、投资报酬率等指标而放弃收益率虽低于企业平均收益率但高于企业资本成本的具有长期发展战略的投资。经营管理人员应当制定科学的发展战略，做到企业的短期目标与长期目标相一致，以实现企业资产的保值增值为根本目的。

青岛啤酒的 EVA 路程

青岛啤酒股份有限公司（以下简称青岛啤酒）始建于 1903 年，是中国历史最为悠久的啤酒生产厂，1993 年 7 月在香港联合交易所上市，同年 8 月在上海证交所上市。作为全国最大的啤酒生产企业，经过前几年的购并，青岛啤酒已基本完成了在中国市场的战略布局，目前其在全国 17 个省市拥有 40 多家啤酒生产厂和 3 家麦芽厂，规模和市场份额居国内啤酒行业之首，其产品覆盖了中国经济发达地区的主要市场，并已行销世界四十余个国家和地区。

2001 年，青岛啤酒大部分精力放在了内部整合消化上，整合组织系统、财务、市场、品牌及资本，精简机构，设立投资公司对地方分公司进行管理，减少信息流通环节，提高市场反应速度，将“做大做强”的战略调整为“做强做大”，扩张步伐明显放缓。但青岛啤酒的一系列自行调整动作并没有从根本上动摇金字塔式的管理结构。2001 年青岛啤酒年净利润为 10 289 万元，与预计实现净利润 17 051 万元中间尚有一段不小的差距。在庞大的集团组织体系与利润趋薄的双重压力之下，整合现有资源，重组青岛啤酒管理模式迫在眉睫。2001 年年底，在经过管理高层的慎重考虑之后，青岛啤酒决定采纳思腾思特财务咨询公司提出的以 EVA 为核心的管理重组方案，建立一个更加合理、科学的激励与约束机制。

经过一年的 EVA 绩效评价的实施，青岛啤酒 2002 年盈利水平比 2001 年有了大幅提升，年报显示，该公司全年实现主营业务收入 69.37 亿元，主营业务利润 21.63 亿元，净利润 2.3 亿元，分别同比增长 31%、38.58% 和 124%，经营现金流量也由 2001 年的 5.3 亿上升到 2002 年的 11.06 亿，增长了 108.68 个百分点。每股收益（EPS）为 0.231 元，净资产收益率为 7.75%，分别同比增加 130% 和 123.34%，并在今后几年也保持了增长。2000 年和 2001 年净利润基本持平，2002 年利润实现了大幅度上升，2002 年后继续保持上升。相应地在 2002 年每股盈余和净资产收益率也出现了大幅增长。

在股票市场，青岛啤酒在 2001 年下半年大跌之后，2002 年有所回升，"6·24" 行情中，该股顺势脱离底部区域，一举突破年线压力，随后并没有因大盘的调整而回落，而是反复震荡上行，维持在中期均线系统之上，但从 8 月底到年末，股票有所回落，并在其后始终维持小幅度震荡，公司派发 2002 年度股利每股 0.16 元（含税）的同时派发青岛啤酒百年特别红利每股 0.06 元人民币（含税）（派发 2001 年股利 0.11 元）。从 2002 年全年来看，股市收益略有上升，这说明 2002 年实施 EVA 绩效评价并没促进青岛啤酒在股市的良好表现。

在实施 EVA 绩效评价后，从公司报表的盈利状况来看，青岛啤酒的表现相当优秀，但我们在思腾思特公司公布的 "2002 年中国上市公司价值创造和毁灭排行榜" 一文中发现 2002 年青岛啤酒的 EVA 却为 -123 百万元，比 2001 年 -94 百万元还有所下降，我们对 EVA 计算公式做一个粗略的分解：EVA=税后净营业利润-资本成本=（资本回报率-资本成本率）×资本=（销售利润率×资本周转率-资本成本率）×资本，借以分析 EVA 下降的原因。

2002 年青岛啤酒销售净利率和资产周转率都比 2001 年有所提高，销售净利率从 2001 年的 1.95% 提高到 3.32%，上升了 70.27%。资产周转率也由 2001 年的 0.69% 上升到 0.81%，表明 2002 年青岛啤酒的盈利能力和资产管理水平较 2001 年有较大的改善，由此可见，实施 EVA 绩效评价给企业带来了一定的成效。从企业的资本构成来看，2002 年企业权益资本为 2977.35 百万元，短期负债为 2779.54 百万元，相比 2001 年来说变化不大，长期负债为 90.64 百万元，比 2001 年有所下降，但总的来说资本构成比例变化不大，因此可推知造成 2002 年企业 EVA 值不但没有上升反而有所下降的一个可能的原因是权益成本增长比率要大于资本回报率的增长比率，这与青岛啤酒的实际情况是吻合的。2002 年青岛啤酒股价总的来说比 2001 年有微幅上升。另外派发的 2002 年度股利为 2001 年的两倍，使得该年权益成本上升，从短期来看股东 2002 年收益有所上升，但从长期来看，公司是在毁灭股东价值。2002 年盈利能力较好，企业获得了较多的现金流，在这种情况下，企业应该寻找更好的投资机会提高企业回报率。2002 年资本回报率虽比 2001 年有所上升，但也只有 2.69%，另外，企业若没有更好的投资方案，在不违背国家政策的情况下，应考虑回购公司的部分股票，降低资本成本，防止公司继续毁灭股东价值。

资料来源：多米. EVA 的启示[J]. 会计师，2004（5）：71.

第三篇

绩效管理的实施

第九章 绩效计划

导 入 案 例

谁 的 错

　　某企业销售部的小张2019年干得不错，他按照2018年的考核办法，对照"销售业绩量化考核表"，自己计算了一下，估计他应当是销售部得分最高的。他想到2019年的奖金兑现和一系列的奖励措施，心里美滋滋的。因为，自己"销售收入"指标完成量非常大，超过标准很多，"销售回款"指标完成得也相当不错。

　　但是，当小张拿到"销售业绩量化考核表"时，脸色一下就变了。原来表中的"销售收入"权重变了，降得很低，使得小张的销售业绩在总分中所占的比例很低，即使他完成得很好，对总分的影响也不大。仅此一项，他将失去很多分值。考核表中增加了一项"老客户保持率"，这项对小张极为不利，他2019年的大订单都是新客户，此项标准让他失分不少。考核表中还新增了一项"产品订货项数"，这对小张也极为不利。他的订单很大，主要集中在几个产品上，如果按项数计分，小张又失分很多。

　　看着2019年的考核标准，小张感到很失落，自己辛苦了一年，按照2018年年底的考核标准，本以为能评"优"的，不仅收入增加，而且个人价值也可得到体现。现在倒好，评上"良"都很危险。小张很气愤，为什么2018年的标准说改就改了呢？而且还是在年底考核的时候才改？

　　静下来仔细想一想，公司也有道理。企业抓品种订单也是对的，不然大家都争着订单产值高的产品订单，对企业发展有不利影响。老客户是企业持续发展的保证，对客户的服务意识应加强也没错。小张想来想去，难道是自己错了？可是自己这么努力也没错啊，"良"都评不上，岂不太冤了。为什么年初不定标准？为什么到年底了改变标准？小张终于想通了，这不是自己的错。他和销售部经理吵了起来。

　　企业改变量化考核标准有其道理，是为了企业良性发展。小张按照2018年的标准，努力也是对的。该案例的问题就出在了绩效管理的第一个环节——绩效计划，企业在年初没有绩效计划，到年底临时修改，员工无所适从，挫伤了员工的积极性。

资料来源：付立红. 税务机关绩效管理理论与实践[M]. 北京：中国经济出版社，2019：75-76.

第一节　绩效计划概述

一、绩效计划

1. 绩效计划的含义

绩效计划是关于工作目标和工作标准的契约，是绩效双方在充分沟通的基础上就绩效目标和绩效标准达成的一致认识，是对企业战略目标的细化和分解，并已成为企业控制其战略目标，落实且得以实现的主要手段。可以说，绩效计划是企业战略目标的分解体系，其主要功能是支持和监控企业战略目标的实现。

绩效计划的制订遵循战略相关性和可测量性两个原则，在绩效计划中，不仅管理者要向员工表达组织对员工的期望，也要允许员工向管理者表达自己对这份任务的看法。只有进行双向的沟通，计划的可行性和客观性才能得到保障。

从表现形式上看，绩效计划主要包括工作计划和绩效指标两种形式。但在企业管理实践中，绩效指标成为绩效计划的主要表现形式和主要内容，可以说绩效计划制订的关键和重点就是绩效指标体系的构建。就企业整体而言，其绩效指标不是孤立零散的，而是具有层次性和内在逻辑关系的指标体系，完整意义上的绩效指标体系不仅包括绩效指标，还包括针对绩效指标的评价依据，即绩效标准。

绩效指标的内容逐步从早期的单一财务指标发展到今天的关注企业平衡发展的多维度指标体系。平衡计分卡的设计思想就是当前绩效指标内容多样化的反应。

（1）战略的相关性指的是工作标准与组织战略目标的相关程度。

（2）可测量性指的是工作目标是可以被清晰测量的，可以根据具体的标准来将工作绩效与所列标准相比较，从而确定工作完成的好坏。

（3）人力资源部门对监督和协调绩效管理过程负有主要责任。各部门（职能）的经理人员必须积极参与，特别是要参与制订绩效计划的目标。

（4）绩效计划的制订是一个自下而上的目标确定过程，通过这一过程将个人目标、部门或团队目标与组织目标结合起来。

2. 制订绩效计划的原则

不论是公司进行经营业绩计划，还是员工进行绩效计划，在制订绩效计划时应该注意以下原则。

（1）价值驱动原则。要与提升公司价值和追求股东回报最大化的宗旨相一致，突出以价值创造为核心的企业文化。

（2）流程系统化原则。与战略规划、资本计划、经营预算计划、人力资源管理等管理程序紧密相连，配套使用。

（3）与公司发展战略和年度绩效计划相一致原则。设定绩效计划的最终目的，是为了保证公司总体发展战略和年度生产经营目标的实现，所以在考核内容的选择和指标值的确定上，一定要紧紧围绕公司的发展目标，自上而下逐层进行分解、设计和选择。

（4）设定关键绩效指标和设定工作目标时，切忌面面俱到，而是要突出关键，突出重点，选择那些与公司价值关联度较大、与职位职责结合更紧密的绩效指标和工作目标，而不是整个工作过程的具体化。通常，员工绩效计划的关键指标最多不能超过 6 个，工作目标不能超过 5 个，否则就会分散员工的注意力，影响其将精力集中在最关键的绩效指标和工作目标的实现上。

（5）可行性原则。关键绩效指标与工作目标一定是员工能够控制的，要界定在员工职责和权利控制的范围之内，也就是说，要与员工的工作职责和权利相一致，否则就难以实现绩效计划所要求的目标任务。同时，确定的目标要有挑战性，有一定难度，但又可实现。目标过高，无法实现，不具激励性；过低，不利于公司绩效成长。另外，在整个绩效计划制订过程中，要认真学习先进的管理经验，结合公司的实际情况，解决好实施中遇到的障碍，使关键绩效指标与工作目标贴近实际，切实可行。

（6）全员参与原则。在绩效计划的设计过程中，一定要积极争取并坚持员工、各级管理者和管理层多方参与。这种参与可以使各方的潜在利益冲突暴露出来，便于通过一些政策性程序来解决这些冲突，从而确保绩效计划的制订更加科学合理。

（7）足够激励原则。使考核结果与薪酬及其他非物质奖惩等激励机制紧密相连，拉大绩效突出者与其他人的薪酬比例，打破分配上的平均主义，做到奖优罚劣、奖勤罚懒、激励先进、鞭策后进，营造一种突出绩效的企业文化。

（8）客观公正原则。要保持绩效透明性，实施坦率的、公平的、跨越组织等级的绩效审核和沟通，做到系统地、客观地评估绩效。对工作性质和难度基本一致的员工的绩效标准设定，应该保持大体相同，确保考核过程公正，考核结论准确无误，奖惩兑现公平合理。

（9）综合平衡原则。绩效计划是对职位整体工作职责的唯一考核手段，因此必须要通过合理分配关键绩效指标与工作目标来完成效果评价的内容和权重，实现对职位全部重要职责的合理衡量。

（10）职位特色原则。与薪酬系统不同，绩效计划针对每个职位而设定，而薪酬体系的首要设计思想之一便是将不同职位划入有限的职级体系。因此，相似但不同的职位，其特色完全由绩效管理体系来反映。这要求绩效计划内容、形式的选择和目标的设定要充分考虑到不同业务、不同部门中类似职位各自的特色和共性。

二、绩效计划的内容

1. 绩效目标契约的确定

在绩效周期开始时，管理人员和员工必须就员工工作的目标达成一致的契约，在员工的绩效目标契约中包括以下内容。

（1）员工在本次绩效周期内所要达到的工作目标是什么（量化和非量化的）？

（2）如果一切顺利的话，员工应该核实完成这些职责。

（3）达到目标的结果是怎样的？

（4）如何判别员工是否取得了成功？这些结果可以从哪些方面去衡量，评判的标准是什么？

（5）工作的目标和结果的重要性如何？

（6）从何处获得关于员工工作结果的信息？

（7）员工的各项工作的权重如何？

（8）员工在完成工作时有哪些权利？可以得到哪些资源？

（9）员工在达到目标的过程中可能遇到哪些困难和障碍？

（10）经理人员会为员工提供哪些支持和帮助？

（11）绩效周期内，经理人员将如何与员工进行沟通？

（12）员工工作的好坏对部门和公司有什么影响？

（13）员工是否需要学习新技能以确保完成任务？

2. 绩效计划过程是一个双向沟通过程

所谓双向沟通，也就意味着在这个过程中管理者与被管理者双方都负有责任。设定绩效计划不仅是管理者向被管理者提出工作要求，也不仅是被管理者自发地设定工作目标，而是需要双方的互动与沟通。

（1）管理者应该向被管理者解释和说明的内容：① 组织整体的目标是什么？② 为了完成这样的整体目标，我们所处的业务单元的目标是什么？③ 为了达到这样的目标，对被管理者的期望是什么？④ 对管理者的工作应该制定什么样的标准？完成工作的期限应该如何设定？⑤ 被管理者在开展工作的过程中有何权限与资源？

（2）被管理者应该向管理者表达的内容：① 自己对工作目标和如何完成工作的认识；② 工作中可能会遇到的困难与问题；③ 需要组织给予的支持与帮助。

三、绩效计划制订步骤

绩效计划的制订有一定的步骤，从而保持绩效计划工作的有序性，主要包括绩效计划的准备阶段、绩效计划的沟通阶段、绩效计划的审定和确认阶段，如图9-1所示。

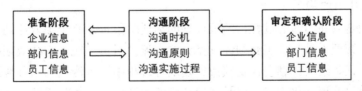

图 9-1 绩效计划制订步骤

1. 绩效计划的准备

绩效计划通常是通过管理人员与员工双向沟通的绩效计划会议做出的，那么为了使绩效计划会议取得预期的效果，事先必须准备好相应的信息。这些信息主要分为以下三种类型。

1）关于企业的信息

为了使员工的绩效计划能够与企业的目标结合在一起，管理人员与员工将在绩效计划会议中就企业的战略目标、发展规划以及公司的年度经营计划进行沟通，并确保双方对此没有任何歧义。如果绩效计划所设定的目标方向与组织战略背道而驰，则不仅无益于组织的发展，还会给组织带来严重的影响，甚至使其走向绝境。因此，在进行绩效计划会议之前，管理人员和员工都需要重新回顾企业的目标，保证在绩效计划会议之前双方都已经熟悉了企业的目标。

2）关于部门的信息

每个部门的目标是根据企业的整体目标逐渐分解而来的。不但经营的指标可以分解到生产、销售等业务部门，而且对于财务、人力资源等业务支持性部门，其工作目标也与整个企业的经营目标紧密相连。因此，在制订绩效计划之前应该准备好各业务单元的工作计划和部门团队计划。

例如，公司的整体经营目标如下。

（1）将市场占有率扩展到60%。

（2）在产品的特性上实现不断创新。

（3）推行预算，降低管理成本。

那么，人力资源部作为一个业务支持性部门，在上述的整体经营目标之下，就可以将自己部门的工作目标设定如下。

（1）建立激励机制，鼓励开发新客户、创新、降低成本的行为。

（2）在人员招聘方面，注重在开拓性、创新精神和关注成本方面的核心胜任素质。

（3）提供开发客户、提高创造力、预算管理和成本控制方面的培训。

3）关于个人的信息

关于被评估者个人的信息中主要有两方面的信息：① 工作描述的信息；② 上一个绩效期间的评估结果。在员工的工作描述中，通常规定了员工的主要工作职责，以工作职责为出发点设定工作目标可以保证个人的工作目标与职位的要求联系起来。工作描述需要不断地进行修订，在制订绩效计划之前，要对工作描述进行回顾，重新思考职位存在的目的，并根据变化了的环境调整工作描述。

2. 绩效计划的沟通

绩效计划是双向沟通的过程，绩效计划的沟通阶段也是整个绩效计划的核心阶段。在这个阶段，管理人员与员工必须经过充分的交流，对员工在本次绩效期间的工作目标和计划达成共识。绩效计划会议是绩效计划制订过程中进行沟通的一种普遍方式。以下是绩效计划会议的程序化描述。但是绩效计划的沟通过程并不是千篇一律的，沟通的形式和内容可以多种多样，因人而异，在进行绩效计划会议时，要根据公司和员工的具体情况进行修改，主要把重点放在沟通上面。

保持沟通过程顺畅。管理人员和员工都应该确定一个专门的时间用于绩效计划的沟通。并且要保证在沟通时最好不要有其他事情打扰。在沟通时气氛要尽可能宽松，不要给人太大的压力，要把焦点集中在开会的原因和应该取得的结果上。

在进行绩效计划会议时，首先往往需要回顾一下已经准备好的各种信息，在讨论具体的工作职责之前，管理人员和员工都应该知道公司的要求、发展方向以及与讨论具体工作职责有关系并有意义的其他信息，包括企业的经营计划信息，员工的工作描述和上一个绩效期间的评估结果，等等。

3. 绩效计划的审定和确认

在制订绩效计划的过程中，对计划的审定和确认是最后一个步骤。在这个过程中要注意以下两点。

（1）在绩效计划过程结束时，管理人员和员工应该能以同样的答案回答几个问题，以确认双方是否达成了共识。这些问题是：员工在本绩效期内的工作职责是什么？员工在本绩效期内所要完成的工作目标是什么？如何判断员工的工作目标完成得怎么样？员工应该在什么时候完成这些工作目标？各项工作职责以及工作目标的权重如何？哪些是最重要的，哪些是其次重要的，哪些是次要的？员工的工作绩效好坏对整个企业或特定的部门有什么影响？员工在完成工作时可以拥有哪些权力，可以得到哪些资源？员工在达到目标的过程中会遇到哪些困难和障碍？管理人员会为员工提供哪些支持和帮助？员工在完成工作的过程中，如何去获得有关他们工作情况的信息？在绩效期间，管理人员将如何与员工进行沟通？

（2）当绩效计划结束时，应达到以下结果：员工的工作目标与企业的总体目标紧密相连，并且员工清楚地知道自己的工作目标与企业的整体目标之间的关系；员工的工作职责和描述已经按照现有的企业环境进行了修改，可以反映本绩效期内主要的工作内容；管理人员和员工对员工的主要工作任务、各项工作任务的重要程度、完成任务的标准、员工在完成任务过程中享有的权限都已经达成了共识；管理人员和员工都十分清楚在完成工作目标的过程中可能遇到的困难和障碍，并且明确管理人员所能提供的支持和帮助；形成了一个双方协商讨论并认可的文档，该文档中包括员工的工作目标、实现工作目标的主要工作结果、衡量工作结果的指标和标准、各项工作所占的权重，并且管理人员和员工双方要在该文档上签字确认。

第二节　绩效管理培训

培训在绩效管理系统构建和完善的过程中起着非常重要的作用，通过培训可以使全体员工理解绩效管理的重大意义和作用，了解并接受整个系统，明确自己在系统中所承担的职责和所需要从事的工作。绩效管理培训是一个强调传播绩效管理知识、训练绩效管理技能和转变观念的过程，也是一个持续造势和深入动员的过程。

一、绩效管理培训的意义与作用

1. 绩效管理培训的意义

在推行实施方案时，我们发现人们普遍认为只要制定出有关绩效管理的整套文件就有了完善的绩效管理制度。因此，一些人刻意追求表面文章，花很多精力去完善"有形文件"制度，却忽视了对员工、管理者的培训，结果是绩效管理制度没有收到应有的效果。其实，评价者能否正确认识制度的目的和操作方法，会对绩效管理制度的成效产生非常重要的影响，员工需要通过绩效管理的培训来正确掌握制定制度的目的和制度的评价方法。

2. 绩效管理的作用

1）增进对绩效管理的了解和理解，消除误解和抵触情绪

员工和主管人员对于绩效管理往往都会有一定认识上的偏差。如果不消除这些偏差，将会给绩效管理的实施带来很大隐患。不同员工对绩效管理存在着各种各样的误解，其中有代表性的想法罗列如下。

（1）许多员工将绩效管理等同于绩效考核。员工会以为是上级主管们变着花样在找自己的麻烦，内心会感觉自己被质疑。

（2）有的员工认为绩效管理是上级主管们在搞形式主义、走过场，所以抱着无所谓的态度。

（3）有的员工害怕自己受到不公平的评估。

（4）有的主管人员则认为绩效管理是利用自己权力的机会，可以整一下某些人，也可以拉拢一下某些人。

（5）有的主管人员担心给某些员工打分太低会影响自己与他们的关系，导致工作难以展开。

（6）有的主管人员认为绩效管理的关键责任在于人力资源部，自己的工作只是在收到表格后填写表格。

（7）有的主管人员担心下属给自己打低分。

主管和员工对绩效管理有这么多的顾虑和认识偏差，自然会给绩效管理的实施带来一些意想不到的阻力。所以在实施前，有必要对全体参与人员进行全面的绩效管理培训，消除他们的顾虑，统一思想。

2）掌握绩效管理的操作技能，保证绩效管理的有效性

尽管在实施效果管理时，一些公司可以聘请外部的绩效管理技术专家帮助进行绩效计划、设计评估和建立反馈体系，但对于主管人员来说，由于他们需要直接与下属员工进行沟通并对员工绩效进行评价，因此他们需要通过绩效管理培训掌握一定的绩效管理技能。例如，通过绩效管理培训，掌握如何设定绩效指标和标准，如何收集工作现场的绩效信息，如何发现员工绩效目标完成的障碍并及时给予指导，怎样评分，如何进行绩效沟通，等等。如果实施绩效管理工具的人不能掌握这些技能，就很难保证他们能正确

地运用绩效管理这个工具，绩效管理的目的就无法实现。

综合以上两点，绩效管理培训不仅可以增进员工对绩效管理的了解和理解，消除误解和抵触情绪，还可以让主管们学会绩效管理的操作技能，确保绩效管理的有效性。

二、绩效管理培训组织人员的构成

绩效管理培训的组织者一般由人力资源管理人员和企业高层管理人员构成。

人力资源管理人员对绩效管理培训的全过程负责，不但需要做绩效管理培训的需求分析、实施计划设计、现场活动组织、培训后效果评估等一系列工作，还需要承担在全公司范围内进行绩效管理培训宣导和沟通的辅助性任务。

企业高层管理人员在绩效管理培训过程中，不但要积极参与其中，更重要的是必须深入了解绩效管理和绩效管理培训的理念和作用，在培训实施前后给予人力资源部在培训策划和组织宣导等方面的认可和支持，从而更好地推进绩效管理培训进程。

三、绩效管理培训的对象

1. 主管人员

对主管人员进行绩效管理培训，主要是为了消除主管人员的错误以及模糊认识，绩效管理不是为了制造员工之间的差距，而是为了实事求是地发现员工工作的长处和短处，从而扬长避短，使员工得以改进和提高。

另外，绩效管理培训还为了让主管们真正掌握绩效管理的操作方法和沟通技巧，让他们在企业绩效管理中发挥牵引力的作用，这样才能保证绩效管理的顺利进行。

2. 普通员工

对普通员工进行绩效管理培训主要是为了达到两个目的：首先，要通过培训使全体员工了解绩效管理的理念；其次，在实施绩效管理前对员工进行系统性教育。

绩效管理系统的运行结果如何，除了和系统本身有关，更重要的还在于实施过程和执行力度。许多管理者和员工认为绩效管理就是在月末、季末或者年末对过去的表现和业绩进行管理，而实际上绩效管理能够对被管理者的能力提升和职业生涯规划起到有效的推动作用，并进一步促进管理规范和改进组织绩效，这才是实施绩效管理系统真正的目的和意义之所在。所以管理者和员工不应该把实施绩效管理看作一种负担，而应当看作一种先进的管理方式。对员工进行绩效管理培训时，就应该让员工充分了解绩效管理的理念，引导绩效双方认识到：实施绩效管理唯一的目的是提供一条管理者与员工之间真诚合作的途径，帮助员工和企业改进绩效，及时有效地解决问题，而非为了批评和指责员工；通过培训渗透绩效管理的理念，让企业所有成员明白虽然绩效管理表面上关注的是绩效低下的问题，但它却旨在成功与进步；绩效管理虽然平时需要投入大量的沟通时间，但它却能使企业防患于未然，最终给企业带来长远的效益。

另外，要在实施绩效管理前对员工进行系统性教育，让员工明确：企业为什么推行绩效管理？企业如何进行绩效管理？绩效管理采用的技术和方法是什么？绩效管理能帮助企业、部门和个人达到什么样的目的，能提出什么样的改进计划？员工只有明确了这些问题，才会对绩效管理培训的实施给予认可和支持。

四、绩效管理培训内容的八大模块

绩效管理的培训内容可分为以下八大模块。

1. 绩效管理的介绍

首先，需要对全体员工进行绩效管理理念的宣导，矫正主管人员和员工对绩效管理的认知偏差，使他们清楚绩效管理的意义和作用，以获得员工对绩效管理的理解与支持。其次，对绩效管理的系统进行充分的介绍，使主管人员和员工对绩效系统的组成和各部分之间的联系有所了解，明确整个绩效管理系统给企业带来的长远利益。最后，通过对绩效管理的介绍，强调上下级之间的持续沟通，让员工清楚自己的长短处、现有的工作业绩和工作情况，明白沟通后的绩效改进计划对组织发展和员工自我发展的重要意义。

2. 绩效管理过程中的责任

绩效管理是一项从公司战略着眼，以提高公司整体业绩为目标，从员工个人业绩出发，对员工和公司整体进行系统考核的管理制度。培养主管人员和员工责任感是有效实施绩效管理的必要条件。因此，通过绩效管理培训，明确绩效评估过程中评估者的责任是非常重要的。

3. 关键绩效指标的设定

通过绩效管理的培训，使学员了解关键绩效指标的定义和内容，并学会关键绩效指标的设定，了解目前绩效指标设定中的问题，通过实际操作性活动让学员学会运用关键绩效指标的 SMART 原则，设定合理的关键绩效指标和标准。

4. 解决绩效管理过程中的问题

通过绩效管理的培训，使绩效管理的评估者了解绩效管理过程中可能会出现的问题与需要克服的障碍，并学会正确应对，帮助他们识别影响员工工作绩效的因素，如知识、技能、兴趣、动机与努力程度等。

5. 正确使用评估工具

使评估者了解绩效评估中常用的工具，学会正确使用这些评估工具。描述评估工具的设计，解释如何将被评估者的行为对应到评估表中，了解不同评估者间评估的差异、原因和对策。

6. 记录工作现场的行为

使评估者了解如何识别和记录实际工作现场中的行为，了解如何存储和提取用以进行绩效管理的行为记录。

7. 准备绩效反馈面谈

通过绩效管理的培训，使评估者了解如何有效地准备绩效反馈面谈，掌握如何列出绩效反馈面谈中所要做的活动和计划绩效反馈面谈的时间，让上下级之间的绩效沟通渠道具有正式性和计划性。

8. 实施绩效反馈面谈

通过绩效管理的培训，使评估者掌握有效地实施绩效反馈面谈、提高面谈效果的技巧。对照有效的和无效的绩效反馈面谈技巧，了解非语言行为在绩效反馈面谈中的作用，掌握控制面谈的过程的方法，使之不偏离预期的轨道，掌握辅助下属制订和实施绩效改进计划的方法。

以上八方面内容是实施绩效管理前不可忽视的重要培训模块，各个企业可以根据自己企业的特征实施个性化的培训方案，但在某些薄弱环节上必须加强培训，以使绩效管理制度得以有效执行。

第三节　构建绩效考核指标体系

一、绩效考核指标的含义与分类

1. 绩效考核指标的含义

绩效考核指标是指对员工绩效（态度、行为、能力和业绩等因素）进行考核与评价的项目。在对员工绩效进行考核时，我们往往会对其某些方面的情况进行评价，而指向这些方面的概念或项目就是绩效考核指标。例如，销售额、利润、贷款回收率、顾客满意率、新客户开发数等概念就是用来评价销售人员工作业绩的绩效考核指标；组织纪律性、出勤率等概念是用来评价职能管理类工作人员日常工作行为的绩效考核指标；计划组织能力、决策能力、创新能力、学习能力等概念是评价管理类人员工作能力的绩效考核指标。

2. 绩效考核指标的分类

绩效指标有多种分类方式。常见的分类方式有软指标与硬指标、"特质、行为、结果"三类绩效指标、结果指标与行为指标。

1）软指标与硬指标

硬指标指的是那些可以以统计数据为基础，把统计数据作为主要评价信息，建立评价数学模型，以数学工具求得评价结果，并以数量表示评价结果的评价指标。使用硬指标可以免除个人经验和主观意识的影响，具有相当的客观性和可靠性。借助电子信息技术，可以有效地提高评价的可行性和效率。但是，当评价所依据的数据不够可靠，或者当评价的指标难以量化时，硬指标的评价结果就难以客观和准确了。同时，硬指标往往比较死板，缺乏灵活性。

软指标指的是通过人的主观评价方能得出评价结果的评价指标。实践中，人们用专家评价来指代这种主观评价的过程。所谓专家评价就是由评价者对系统的输出做出主观分析，直接给评价对象进行打分或者做出模糊判断。这种评价指标完全依赖于评价者的知识和经验，容易受主观因素的影响。所以，软指标的评价通常由多个评价主体共同进行。因此，有些软指标评价称为专家评价。运用软指标的优点在于这类指标不受统计数据的限制，可以充分发挥人的智慧和经验。

随着信息技术和模糊数学的应用，软指标评价技术获得了迅猛的发展，通过评价指标及对评价结果进行的科学的统计分析，我们能够将软指标评价结果与硬指标评价结果运用于各种判断和推断，以提高绩效评价结果的科学性和实用性。

2）"特质、行为、结果"三类绩效指标

杨杰、方俐洛、凌文辁在《对绩效评价若干基本问题的思考》一文中阐述了"特质、行为、结果"三类绩效指标。三者的适用性和不足之处如表9-1所示。

表9-1　三类绩效指标的比较

	特　质	行　为	结　果
适用范围	适用于对未来的工作潜力做出预测	适用于考核可以通过单一的方法或程序化的方式实现绩效目标的岗位	适用于考核那些可以通过多种方法达到绩效标准或实现绩效目标的岗位
不足	（1）没有考虑情景因素，通常预测度较低； （2）不能有效地区分实际工作绩效，员工易产生不公平感； （3）将注意力集中在短期内难以改变的人的特质上，不利于改进绩效	（1）需要对那些同样能够达到目标的不同行为方式进行区分，以选择真正满足组织需要的方式，这一点是十分困难的； （2）当员工认为其工作重要性较小时意义不大	（1）结果有时不完全受考核对象的控制； （2）容易诱使考核对象为了达到一定的目的而不择手段，使组织在获得短期利益的同时丧失长期利益

特质性指标关注的是员工素质与发展潜力，在选拔性评价中更为常用。行为类绩效指标关注的是绩效实现的过程，适用于通过单一方式或程序化的方式达到绩效目标的职位。而结果类指标更多关注绩效结果或绩效目标的实现程度。

如果按照这种分类设计绩效指标，比较好的解决办法是折中，即将评价的维度冠以"特质标签"，而对维度的定义和量表锚点的选择则采取任务与行为定向的方法。然而，这种对工作行为采取"特质"的操作性定义的方法并未能完美解决问题本身，只是相比之下比单纯依靠特质或单纯依靠行为更优而已。

3）结果指标与行为指标

在评价各级员工已有的绩效水平时，通常采用的绩效指标有两类：结果指标与行为指标。

结果指标一般与公司目标、部门目标以及员工的个人目标相对应，如成本降低20%、销售额提高3%等。行为指标一般与工作态度、协调能力、合作能力、知识文化水平、发展潜力等指标相对应。

由于企业的中高层员工能够更加直接地对企业的关键绩效产生影响，因此在企业的各个管理层中，越是处于金字塔的顶层，其绩效评价中的结果指标就越多，行为指标就越少；而越是在金字塔的基层，结果指标会越少，行为指标越多。

不过，结果指标通常只反映部门和员工过去的工作绩效。如果只关注结果指标，容易使企业忽略那些影响其长期发展的因素。因此，在设计绩效评价指标时，要将结果指标与行为指标结合使用。

二、构建有效的绩效考核指标体系

1. 建立绩效指标体系的基本步骤

1）通过工作分析与业务流程分析确定绩效评价指标

这一步的本质意义在于，企业首先要根据企业规模、行业特点和绩效评价目的等，选择适当的方法提取各个层面的评价指标，建立初步的绩效指标体系。

进行工作分析和业务流程分析是建立健全绩效指标体系的有效方法，但这种方法并不适用于所有的企业。工作分析和业务流程分析需要以健全的组织结构和较高的管理水平为基础展开。同时，由于其需要较多资料，对操作者的专业素质要求较高，执行成本比较高，一般适用于规模较大、发展趋势稳定又亟待建立系统的绩效指标体系的企业。

2）粗略划分绩效指标的权重

结合企业的战略目标和各个层次的绩效目标，按照对绩效目标的影响程度对绩效指标进行分档。例如，可以按照非考核不可、非常需要考核、需要考核、需要考核程度低和几乎不需要考核五档，对初步的评价指标进行筛选。

3）部门管理人员与企业高层管理者讨论决定部门绩效指标

在确定了绩效指标的重要程度以后，需要让绩效评价的利益相关各方参与确定最终的绩效指标体系。职位层面的绩效指标需要基层员工与其上级讨论确定，部门的绩效指标需要部门管理人员与企业的高层管理人员讨论决定。让利益相关者参与绩效指标体系的建立，可以增强企业员工对绩效指标及绩效评价的认可，有利于绩效管理的展开。

4）修订指标体系

为了使确定好的指标更趋合理，还应对其进行修订。修订分两种：一种是考核前修订，通过专家调查法，将所确定的考核指标提交给领导、专家以及咨询顾问征求意见，并进行修改、补充；另一种是考核后修订，根据考核以及考核结果的应用等情况进行修订，使考核指标体系更加理想和完善。

2. 绩效指标体系的设计原则

1）定量指标为主、定性指标为辅的原则

由于定量化的绩效评价指标便于确定清晰的级别标度，可提高评价的客观性，因此在实践中被广泛使用。财务指标之所以一直以来被国内外的企业用作关键绩效指标之一，其容易被量化的特性也不可忽视。

不过，定性的指标并不能适合所有的职位，能进行量化的指标尽量量化。同时，对于一些定性的评价指标，也可以借助相关的数学工具对其进行量化，从而使评价结果更为准确。

2）少而精的原则

绩效指标要通过一些关键绩效指标反应评价的目的，并不需要面面俱到。设计绩效指标体系要做到结构简单、言简意赅，让考核者和被考核者充分了解绩效评价系统，有效缩短信息的处理过程乃至整个评价过程，提高绩效评价的工作效率和员工接受度。

3）可测性原则

评价指标本身的特征和该指标在评价过程中的现实可行性决定了评价指标的可测性。绩效评价体系设置指标时要考虑获取相关绩效信息的难易度，很难收集绩效信息的指标一般不应当作为绩效评价指标。

4）独立性与差异性

独立性原则强调，评价指标间的界限应该清楚明晰，避免发生指标间的重复。差异性原则是指，评价指标需要在内涵上有明显的差异，使人们能够分清它们之间的不同之处。要做到这一点，首先在确定绩效评价指标的名称时，就要讲究措辞，明确每一个指标的内容极限。必要时还需要通过具体明确的定义，避免指标之间的重复。

例如，"沟通协调能力"与"组织协调能力"中都有"协调"一词，但实际上应用的人员类型是不同的，这两种协调能力的含义也是不同的。"沟通协调能力"往往可以运用于评价普通员工，而对于拥有一定数量下属的中层管理人员则可以通过评价他们的"组织协调能力"来评价他们在部门协调与员工协调中的工作情况。如果在同类人员身上同时评价这两种"协调能力"就容易引起混淆，降低评价的可靠性和准确性。

5）目标一致性

目标一致性是选择绩效指标时应遵循的重要原则之一，它强调各个评价指标所支持的绩效目标应具有一致性，针对企业的战略目标建立的评价指标体系，要保证各个绩效指标的确能够支持战略目标在各个层面上的子目标，从而保证企业战略目标的实现。

3. 绩效指标的选择依据

绩效评价的目的和被评价人员所承担的工作内容和绩效标准是绩效评价指标的选择依据。另外，从评价的可操作性角度考虑，绩效指标的选择还应该考虑取得所需信息的便利程度，从而使设计的绩效评价指标能够真正得到科学、准确的评价。因此，绩效指标的选择包括以下三个方面。

1）绩效评价的目的

绩效评价的目的是通过绩效考核或评价获取员工的业绩状况，但是能够用于评价某岗位绩效情况的绩效评价指标往往很多，绩效考核指标应突出重点，抓关键不要空泛，要抓住关键绩效指标。指标之间是相关的，有时不一定要面面俱到，通过抓住关键业绩指标可将员工的行为引向组织的目标方向。指标一般控制在五个左右，太少可能无法反映职位的关键绩效水平；但太多太复杂的指标只能增加管理的难度，降低员工满意度，对员工的行为是无法起到引导作用的。

2）被评价人员所承担的工作内容和绩效标准

绩效考核如果不坚持战略导向，就很难保证绩效考核能有效支持公司战略。绩效考核的导向性是通过绩效指标来实现的，绩效考核能否实现战略导向，实际上通过战略导向的绩效指标的设计来实现。

每一名被评价员工的工作内容和绩效标准都是通过企业的总目标分解到各个部门，再进行进一步的分工而确定的。绩效考核指标应与企业的战略目标相一致。在绩效考核指标的拟定过程中，首先应将企业的战略目标层层传递和分解，使企业中每个职位被赋予战略责任，每名员工承担各自的岗位职责。绩效管理是战略目标实施的有效工具，绩效管理指标应围绕战略目标逐层分解而不应与战略目标的实施脱节。只有当员工努力的方向与企业战略目标一致时，企业整体的绩效才可能提高。

3）取得评价所需信息的便利程度

为了使绩效评价工作能够顺利工作，我们应该能够方便地获取与评价指标相关的统计资料或其他相关的信息。因此，所需信息的来源必须稳定可靠，获取信息的方式应简单可行。只有这样，我们的绩效评价指标体系才是切实可行的，并且在进行绩效评价时才能有据可依，避免主观随意性，使绩效评价的结果易于被评价对象所接受。

4.　绩效指标之间的关系

1）系统性

企业本质上是一个以共同目标为基础将员工联系在一起的，相互联系、相互制约的系统。其内部的每一个职能部门所负担的工作任务也构成了一个子系统，企业通过每个子系统之间的相互协作和影响实现企业的战略目标。

总之，系统评价理论对于绩效评价指标体系的设计起到了重要的指导作用。我们在进行指标体系设计时应充分考虑评价对象和评价指标本身所具有的系统特征，从而构建科学合理的绩效评价体系，以达到绩效评价的目的。

2）目标一致性

目标一致性是系统的基本特征之一。绩效考核评价体系以及绩效指标之间的目标一致性就是系统性在绩效评价中的体现。目标一致性运用于绩效评价活动时，有以下两层含义：一是绩效指标之间的目标一致性；二是绩效评价过程中的目标一致性。

绩效评价体系是一个有机的系统。各个绩效评价指标之间存在着相关性，会相互影响和作用。例如，销售部门设定的月销售额指标会对生产部门的月产量及产品质量提出相应要求，而研发部门的新产品开发能力又会对生产部门的产品质量和销售部门的销售额产生影响。为了保证评价指标之间的目标一致性，在设计评价系统中的各个指标时，一般可以采用系统分解或层次分析的方法。但是，反映各自评价目的的评价指标组成的评价系统，不一定能顺利地促进部门和企业绩效目标的实现。因此，有必要对各个指标之间的相关性进行检验，以确保评价系统的整体目标的一致性。

绩效评价过程中的目标一致性表现为被评价对象的绩效目标、绩效评价的目的与绩效评价指标体系之间的一致关系，如图9-2所示。

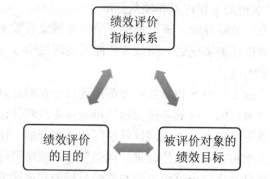

图9-2　绩效指标、评价目的与绩效目的的一致性关系

5. 绩效指标体系的框架

绩效指标的层次性表现为企业、部门、职位三个层面的绩效指标。企业层面的绩效指标主要依据企业的关键绩效领域和企业的战略目标或企业层面的绩效目标来制定。将企业层面的绩效指标向下逐层分解，就可以得到部门和职位层面的绩效指标。

6. 提取绩效指标的方法

绩效指标主要来源于两个方面：部门和员工的工作任务、企业的战略目标。系统确定岗位考核指标的三种路径主要包含三个方面：岗位职责、所承担上级指标及绩效面谈三个方面。

1）紧紧围绕岗位职责，提取岗位绩效指标

（1）明确岗位职责。绩效管理最常见的作用就是评价岗位任职者的工作绩效，并根据任职者的工作绩效来进行岗位绩效工资的发放和岗位调整以及员工的职业生涯规划。因此，设计岗位考核指标时，要与岗位的职责紧密关联，明确各个岗位的职责，否则容易出现岗位不可控的指标，而失去指标对员工工作的牵引作用，更无法真实地反映岗位任职者的实际工作表现。但是目前很多企业基础管理薄弱，岗位甚至部门职责混乱，各岗位的具体工作内容和目标都来自于直接上级的临时性安排，员工无法根据既定的职责对工作计划进行安排，有些企业即使已经明确了部门的职责，也在此基础上进行了岗位职责的梳理，但是由于公司领导的不重视，岗位说明书往往束之高阁，形同虚设。

由此可见，企业要想做好绩效管理，就必须通过组织结构优化、部门职责梳理和工作分析，明确各个岗位的职责。

（2）明确岗位关键职责、工作内容，并从中抽取岗位考核指标。岗位的职责往往很多，绩效管理强调的是关键绩效指标的考核，因此，在设计指标时，除了明确岗位的职责，还需要厘清岗位的关键职责，并根据完成关键职责所需要完成的工作流程明确工作内容，并围绕工作内容，从QQCT（即工作要求的质量、需要完成的数量、所耗费的成本、所使用的时间）四个方面来设计关键考核指标。

在确定工作内容时，可以使用 PDCA 工具，将需要完成的关键职责按照计划、制定、执行、检查四个环节来明确工作内容。

（3）根据关键职责的考核指标，制定评价标准。我们可以使用分级描述法制定评价标准，描述的重点紧紧围绕考核指标展开，同时根据需要可以将评价标准划分为不同的等级标准。通过评分标准的分级描述，一方面有助于被考核者针对下属的考核指标清晰地传达自己的评价准则，同时，能让下属明白针对关键职责自己的努力方向，由此可以避免指标评价标准制定时容易出现的标准模糊现象。

2）从直接上级的考核指标来提取岗位考核指标

我们知道绩效管理除了用于评价员工的工作绩效，还有保障公司战略落地的作用。这就要求我们在进行绩效指标设计时，首先明确公司级的指标，并根据各部门的定位明确部门级的指标，之后根据部门内的分工，明确部门内各级员工的指标，这样，通过绩效指标的设计，就能有效支撑公司战略目标的层层传递和责任的层层落实，以及压力自上而下的传递，同样地也可以实现业绩指标自下而上的层层支撑。

3）通过绩效面谈，明确对被考核者的工作和素质要求，并从中提取绩效指标

绩效管理除了前面提到的两个作用，还有一个重要作用，就是根据各岗位的任职者在工作中的实际表现进行绩效辅导和绩效面谈，帮助任职者提高工作绩效。

考核者在考核周期结束时，应与被考核者一起系统全面地总结上期工作完成情况，分析被考核者工作中存在的问题及素质方面（主要是行为和能力）的"短板"，同时根据考核者本身的工作计划，分解下达重点工作给被考核者，并通过绩效面谈的方式与被考核者达成共识。考核者通过绩效面谈，可从被考核者上期未完成的工作、被考核者的素质"短板"以及被考核者下期工作的重点工作三个方面抽取被考核者下期的考核指标，并明确相应的评价标准。

综上，通过从关键职责提取、上级承担指标提取及绩效面谈这三个步骤，考核者可以系统全面地为被考核者设计紧密联系其岗位的绩效考核指标及评价标准。

7. 设定绩效考核指标权重的方法

在企业人力资源管理中，有许多涉及权重的设置，如素质评价、绩效考核等。在一般情况下，管理者都知道权重的重要性，但在设定权重时却往往会依凭自己积累起来的经验以及评价因素的定位来进行判断。事实上，这种确定权重的方式存在很强的主观性，在实践中会导致一些不必要的偏差。在设定权重时，既要考量管理者多年来积累起来的经验判断，又要科学客观地定位各评价因素，避免一些不必要的偏差。

8. 设置考核指标权重的原则

（1）一般一个岗位的考核指标有5～8个，而每一指标的权重一般设定在5%～30%，不能太高，也不能太低，如果某个指标的权重太高，可能会使员工只关注高权重指标而忽略其他，而如果权重过低，则引不起足够重视而导致这个指标被放弃，这个指标就没有意义了。

（2）越是高层的岗位，所承担的财务性经营指标和业绩指标的权重就越大；越是低层的岗位，所承担的流程类指标的权重就越小，而工作结果类指标的权重越大。

（3）对于多数岗位来说，根据指标"定量为主，定性为辅，先定量后定性"的制定原则，一般优先设定定量类指标权重，而且定量类指标总权重要大于定性类指标权重。

（4）根据20/80法则，通常最重要的指标往往只有那么两三个，如果有一个，那么其权重一般要超60%；如果有两个，那么一般每个指标权重都在30%以上；如果有三个，那么每个指标权重一般在20%以上。

（5）为了便于计算和比较，指标权重一般都为5%的倍数，最小为5%，太小就无意义了。

A公司绩效经理的烦恼

作为家电行业的领导厂家之一，A公司长期依靠对产品质量、销售（包括广告）和生产的投入取得成功。随着竞争的加剧，A公司近年来在新产品研发上的投入也不断加大，构建了一定规模的研发队伍，并引入经过不同行业验证的IPD研发模式。但是，在绩效管理上，A公司还是继续采纳以前的模式。

每年的年底和次年的年初，都是公司绩效经理石先生最紧张和头疼的时期，总经理将绩效管理工作完全授权给人力资源部下属的绩效管理科。在2~3个月时间内，石先生要根据总经理对下年度总体目标的指示，经过自己的理解加工，将公司目标分解为市场体系、研发体系、生产体系、财经体系等的分目标，并要和这些体系的主管副总、各个职能部门经理分别进行一对一沟通，达成一致意见，最后总经理拍板。在各大主要体系的绩效目标制定中，市场、生产和财经体系相对容易，研发是最难的。

为了达成公司目标（公司目标没有书面文件，有时候也不是太明确），整天萦绕在石先生脑子中的问题有：哪些指标是最重要的，哪些是次要的，各占多少权重？指标值设定多少才合适？跨部门的目标如何处理？研发体系很多东西很难量化，如何设定目标？

虽然，这几年石先生花了不少时间来了解各个部门的业务，包括产品和技术、IPD研发管理体系、市场营销、供应链等业务知识，但还是被各个部门主管认为不可行。绩效目标的达成率影响部门的考核，并直接和各个部门的工资、奖金挂钩，所以各个副总和部门经理对选取什么指标以及目标值设定为多少都非常重视，都从自己部门的角度出发对指标的合理性进行"可行性研究"，尽量避免因设定过高的绩效目标导致本部门最终的绩效考核分数不高的情况。

但是，这些指标最终要石先生来综合衡量，以便和公司最终目标一致。虽然总经理有一些指示，但都是零散和不系统的，指标全靠石先生和各部门的"诸侯"经讨价还价确定。有时候明明知道研发部门避重就轻地选择一些好量化、容易达到的指标，如"出勤率""客户问题解决率""新产品开发周期"等，而将一些指标以不好衡量、难以量化、不确定性程度太高为由推卸掉，如"关键技术掌握程度""员工能力培养""产品领先度""新产品竞争力"等，但苦于自己专业知识不足，拿不出足够的理由来反驳。还好，绩效目标终于定下来了。对于这份自己都不太满意的计划，各个副总、部门经理总算没有意见。总经理公务缠身，没有太多时间参与绩效计划的制订，在各副总和各部门都达成一致的情况下，大笔一挥签字同意，由人力资源部门下达给各部门执行。各个部门再根据同样的方法往下传递。各大部门都有自己的行政管理办，他们会用各自的方法搞定，和公司绩效管理部门的关系不大。

每到季度考核和年度考核时，石先生的工作是采集各种绩效数据，计算出各大系统和部门的绩效考核结果，和目标对比打分。通常情况下，各个部门都能达到目标，相应地每年的工资和奖金都稳步增长。一切都表明，绩效管理制度似乎运行不错，指标完成率在90%～110%，并且每年的计划准确率都在提高。但是公司总体目标却总是达不到，总经理非常不满意。一些目标，如技术积累、新产品竞争力、竞争地位等"软性目标"，反倒感觉和竞争对手的差距越来越大。

资料来源：云鹏，尹海燕. 绩效管理[M]. 北京：中国商业出版社，2015：48.

讨论题：

为什么会出现各个部门绩效不错，都达到或超额完成绩效目标，而公司却没有达到目标的情况呢？

第十章 绩效管理的实施与控制

绩效实施与辅导中的误区

绩效实施与辅导对整个绩效管理来说非常重要，是绩效管理的关键环节。然而绩效实施与辅导的过程往往容易被管理者和员工所忽视，在这个过程中还存在着一些认识误区。

误区一：绩效管理重要的是计划和评估，中间过程是员工自己工作的过程。

不少管理者认为对于绩效管理来说，重要的是事先做好计划以及在绩效期结束时对绩效进行评估，而中间的过程则不需要进行过多的干预。这样做常常很危险，因为对于员工来说，在绩效考核期间管理者与员工的沟通，不仅仅是解决工作中存在的一些问题，员工在紧张繁忙的工作中特别需要满足的愿望就是能够被别人关注和被别人认可，在压力之下特别需要的是一种宽松的氛围。因此需要强调的是，不管公司的绩效评估是三个月做一次、半年做一次还是一年做一次，对员工的反馈都应该是持续不断的。千万不可以年初与员工制订了绩效目标之后，直到年末进行绩效评估时才向员工反馈，这样很可能到时候员工都流失了。

误区二：对员工绩效的管理就是要监督检查员工的工作，要时刻关注员工的工作过程。

有些经理人员总是表现出对员工的不放心，总担心员工无法很好地完成工作，因此过多关注员工的工作细节。其实绩效管理往往是一种目标管理，经理人员应该主要关注员工的工作结果，也就是工作目标的达成情况，对于具体的工作过程，不必过分细致地关心。而有的经理人员则不但关心员工做出了什么结果，还关心员工是怎样做出这种结果的。员工认为既然给自己设定了目标，那么自己应该有一定的权力决定如何达到目标，经理人员不必事无巨细地干涉自己的行动自由。如果经理人员管得过细，员工就会有不被充分信任的感觉。

误区三：认为花费时间做记录是一种浪费。

在绩效实施的过程中，有些人常常认为员工是最忙碌的，而经理人员则是把任务分派下去，自己就没有什么事情做了。其实，经理人员有大量的事情需要做，至少为了在绩效期满进行评估时能够拿出事实依据来，他们应该做大量的记录。而有的经理人员则过分相信自己的记忆力，不愿花费时间做记录，这样在进行评估时只能依靠印象，难免有凭主观判断的倾向。在绩效实施的过程中不做记录会造成以下两方面的问题：一方面，在绩效评估时对工作表现的记忆不够清晰，容易造成对事实的歪曲；另一方面，在与员工进行沟通时，没有足够的事实依据在手中，容易引起争议。

资料来源：吕菊芳. 人力资源管理[M]. 武汉：武汉大学出版社，2018：167.

第一节　绩效管理过程控制的重要性与常见误区

一、绩效管理过程控制的重要性

判断一个绩效管理体系成功与否的关键不在于你是否给你的员工打了分，分了等，也不在于你是否制造了直线经理为应付绩效考核而忙乱的局面，而在于绩效管理的过程是否得到了有效的控制，直线经理在绩效管理的过程中是否体验到了由此带来的成就感，是否体验到了管理的快乐，愿意为绩效管理付出更多，理由是他们需要这么做，这么做对他们有利，这才是判定绩效管理体系的设计是否成功的根本所在。

很多企业在进行绩效管理时，经常忘记过程，而是在特定的时间做特定的事情，也就是说在规定的时间做绩效考核，而对考核目标怎么设计、考核过程怎么辅导、考核之后怎么分析改善则不管不问。这也是很多企业的绩效管理实施不好的重要原因之一。所以，要改变这种状况，我们必须重新回到过程的轨道上来，重新以过程的观点来审视绩效管理，做好过程的管理和控制。

绩效管理的作用究竟何在？实施绩效管理究竟要达到一个什么样的目的？企业必须在这一点上达成共识，为绩效管理体系的成功设定一个发展目标和评判标准，在企业上下努力提高绩效的同时也要检验一下绩效管理体系的绩效，看看企业所采用的绩效管理是否真对企业的成功起到了帮助的作用，都体现在哪些方面。

为此，企业管理层必须首先在企业实施绩效管理所要达到的目标上达成一致，对绩效管理的作用和目的有一个清晰准确的描述。

那么，绩效管理的作用是什么呢？关于这个问题，很多管理者都有自己的见解。有人认为企业实施绩效管理就是为了对员工的绩效进行考核，把考核结果用于工资的确定和奖金的发放，对企业来说，如果能达到这个目标，就算是成功了；也有人认为，企业目前正在遭遇困难期，需要裁减员工，而绩效考核可以做到这一点，所以企业实施绩效管理就是为了定岗定编工作，实施末位淘汰；还有人认为绩效考核能帮助企业识别员工能力的高低，为企业选拔人才提供信息来源……诸如此类的观点还有很多，更多集中于员工的工资分配。很多企业把绩效考核当成了企业发放工资的法宝，一门心思要通过绩效考核把员工分出三六九等，从而实施其薪酬决策。

毋庸置疑，上述观点都是正确的，但又都是不全面的，不彻底的。没错，绩效考核可以为企业提供诸如薪酬、裁员、晋升等人事决策。但如果一味地为考核而考核，最终的结果将并不能令管理者满意，而且还会使他们陷入进退两难的境地。理由很简单，如果仅仅把绩效管理的作用定位于发放工资，那么过程的管理和控制将被忽视甚至被抛弃，结果使得绩效管理成了经理的填表游戏，需要的时候才做，这显然不能保证公允，也显然违背绩效管理的思想。

绩效管理实质是对影响组织绩效的员工行为的管理，其管理的重心不是绩效考核的评价结果，而是在绩效考核过程中通过持续的沟通使员工接受工作目标，正确执行绩效计划，认识自身的绩效问题并不断地提高和改进；而整个组织采用一种积极的手段，如通过对绩效信息进行有效的收集和整理来保证绩效管理系统的正常动作。首先应该明确，绩效考核过程控制是每个管理者和每个员工的责任，只有大家都参与其中才能保证绩效考核的顺利完成。

二、绩效管理过程控制中常见的误区

绩效管理不仅需要前期的绩效计划、绩效指标的确立和后期的绩效反馈，其间的绩效控制也起着承上启下的作用。没有对绩效管理的过程进行周密认真的控制，前期所做的绩效计划必然付之东流，后期的绩效反馈也无从谈起。所以，对绩效管理的过程进行控制显得尤为重要。但在现阶段，虽然有的企业已经意识到了过程控制的重要性，但在实际操作中还是会出现很多误区，具体如下所述。

1. 过于强调近期绩效

解决办法：管理者在一年中必须认真做记录，最后根据记录对员工做评估，而不仅仅根据员工近期的表现做评估。

2. 根据自我感觉，感情用事

解决办法：硬性规定管理者在进行评估时必须用足够的证据证明自己的感觉。

3. 误解或混淆绩效标准

解决办法：为员工制定明确的目标和清晰的标准并将标准正确地解释给员工；对员工进行培训、指导、监督，并使其能力得到提升。

4. 缺少足够的、清晰的绩效记录资料

解决办法：绩效评估与别的工作一样需要注意细节并认真记录，不仅要记录员工的优点，更要记录员工的缺点，这样的绩效管理才最公平准确。

5. 没有足够的时间进行讨论

解决办法：硬性要求管理者腾出足够的时间去深入地讨论员工的绩效表现，就评估的含义与员工进行深入的对话，而不仅仅是给员工一个结果。

6. 管理者说得太多

解决办法：管理者不仅要说，更要意识到让员工予以回应的重要性，应让员工多说，然后与员工一起制订让双方都满意的计划，达成一致意见。

7. 缺少后续行动和计划

解决办法：管理者制订一份提高绩效的计划；制订一份帮助员工提高能力的计划。

第二节　绩　效　沟　通

绩效管理过程中的沟通无处不在。从某种意义上讲，沟通是绩效管理的灵魂。"绩效管理"是一个持续的交流过程，该过程由员工及其直接主管之间达成的协议来保证完成，并在协议中对未来工作达成明确的目标和理解，并将可能受益的组织、经理及员工都融入绩效管理系统中来。管理学教授巴克沃认为，真正的绩效管理"是两个人之间持续的沟通过程"，他倡导绩效管理是员工和直接主管的沟通，是组织和管理者的高收益投资，并以此为核心构建了完整的绩效管理体系。

一、绩效沟通的含义与目的

1. 绩效沟通的含义

绩效沟通是指管理者和员工在共同工作过程中分享各类与绩效有关的信息的过程。这些信息包括工作进展情况、有关员工工作中存在的问题和障碍、各种可能的解决问题的措施以及管理者如何才能帮助员工等。绩效沟通的重要性在于在困难发生前识别和指出困难或者在困难发生时及时与上级沟通，很大程度上避免了差绩效的产生。

绩效沟通贯穿于绩效管理的全过程。企业的绩效管理说到底就是上下级间就绩效目标的设定及实现而进行的持续不断、双向沟通的一个过程，在这一过程中，管理者与被管理者从绩效目标的设定开始，一直到最后的绩效考核，都必须保持持续不断的沟通，任何的单方面决定都将影响绩效管理的有效开展，降低绩效管理体系效用的发挥。因此，不懂沟通的管理者不可能拥有一个高绩效的团队，再完美的考核制度都无法弥补管理者和员工缺乏沟通带来的消极影响。

持续的绩效沟通对于上司和下属都有着非常重要的意义。对于上司来说，通过沟通可以帮助下属提升能力；有助于考核者全面了解被考核员工的工作情况，掌握工作进展信息，并有针对性地提供相应的辅导、资源；使考核者能够掌握评价的依据，有助于上司客观公正地评价下属的工作绩效；有助于提高考核工作的有效性，提高员工对绩效考核、对与绩效考核密切相关的激励机制的满意度。

对于下属来说，通过沟通可以在工作过程中不断得到关于自己工作绩效的反馈信息，如客户抱怨、工作不足之处或产品质量等信息，以便不断改进绩效，提高技能；帮助员工及时了解组织的目标调整、工作内容和工作的重要性发生的变化，便于适时变更个人目标和工作任务等；能够使员工及时得到上司相应的资源和帮助，以便更好地达成目标，当环境或任务以及面临的困难发生变化时，不至于处于孤立无援的境地。

2. 绩效沟通的目的

员工和管理者通过沟通制订了绩效计划，但这并不能保证执行绩效计划的过程就是完全顺利的，可以高枕无忧地等待员工工作的结果。管理者应该考虑计划是否周全，是否考虑到了所需要考虑的问题，员工是否会按照计划开展工作。由于这些问题都没有确切的答案，因此在实施绩效管理的过程中，管理者需要与员工进行持续有效的绩效沟通。

首先，应该通过持续的绩效沟通，对绩效计划进行调整。当今互联网时代，工作的性质发生了重大的变化，企业战略和经营的模式会不断调整，岗位的职位说明书更新速度越来越快，甚至在某些行业中，制定明确翔实的职位说明书变得几乎不再可能。企业员工不得不面对随时会发生的变化，以对他们的工作方式和工作内容进行相应的调整。在这种情况下，对于工作计划的调整、工作内容的安排等，都成为管理者与员工必须经常交流的问题。

其次，应该通过持续的绩效沟通，使员工在实施绩效计划的过程中了解到相关信息。由于工作环境的变化加剧，员工的工作也变得复杂，在制订绩效计划时很难清晰地预测到所有在绩效实施过程中遇到的问题。因此，员工在执行绩效计划的过程中可能会遇到各种各样的困难。员工希望在遇到困难时能得到指导与帮助。另外，员工都希望在工作过程中能不断地得到关于自己绩效的反馈信息，以便能不断地改善自己的绩效和提高自己的能力。

最后，应该通过持续的绩效沟通，使管理者在实施绩效计划的过程中得到相关信息。对于管理者来说，并不是对员工制订了绩效计划之后可以坐享成果，他们需要在员工完成工作的过程中及时掌握工作进展情况，了解员工在工作中的表现和遇到的困难，协调团队工作。另外，通过绩效沟通及时了解信息还可以避免在发生意外时措手不及，可以在事情变得棘手之前对其进行处理。

二、绩效沟通的方式与内容

1. 绩效沟通的方式

绩效沟通是一个充满细节的过程。管理者与员工的每一次交流（不论是书面的还是口头的）都是一次具体的沟通。沟通有各种各样的方式，每种方式都有优缺点，都有其适合的情景，因此，关键是在不同的情景下选用合适的沟通方式。总的来说，绩效沟通可以分为正式的绩效沟通和非正式的绩效沟通两大类。

1）正式沟通方法

正式沟通方法是事先计划和安排好的，如定期的书面报告、面谈、有经理参加的定期的小组或团队会等。

（1）定期的书面报告。员工可以通过文字的形式向上司报告工作进展、反映发现的问题，主要有周报、月报、季报、年报。与上司不在同一地点办公或经常在外地工作的人员可通过电子邮件进行传送。书面报告可引导员工理性、系统地考虑问题，有助于提高其逻辑思维和书面表达能力。但应注意采用简化书面报告的文字，只保留必要的报告内容，避免烦琐。

（2）一对一正式面谈。正式面谈对于及早发现问题、找到和推行解决问题的方法是非常有效的；可以使管理者和员工进行比较深入的探讨，可以讨论不易公开的观点；使员工有一种被尊重的感觉，有利于管理者和员工之间建立融洽的关系。但面谈的重点应放在具体的工作任务和标准上，鼓励员工多谈自己的想法，以一种开放、坦诚的方式进行交流。

（3）定期的会议沟通。会议沟通可以满足团队交流的需要；定期参加会议的人员相互之间能掌握工作进展情况；通过会议沟通，员工往往能从上司口中获取公司战略或价值导向的信息。但应注意明确会议重点；注意会议的频率，避免召开不必要的会议。

2）非正式沟通方法

非正式沟通未经计划，其沟通途径是组织内的各种社会关系。其形式如非正式的会议、闲聊、走动式交谈、吃饭时进行的交谈等。非正式沟通的形式多样，包括管理者工作巡查、管理者开放式办公、工作间歇管理者和员工交谈以及联欢会、生日晚会等非正式团体活动。

非正式沟通的好处是形式多样、灵活，不需要刻意准备；沟通及时，问题发生后，马上就可以进行简短的交谈，从而使问题很快得到解决；容易拉近主管与员工之间的距离。

2. 绩效沟通的内容

对于管理者和员工来说，绩效沟通的主要目的是提高员工的工作绩效，但是双方通过绩效沟通所要了解的信息内容却是不同的。对管理者而言，他们要得到有关员工工作情况的各种信息，以便更好地协调员工的工作。当员工在工作中出现问题时，管理者应该及时掌握情况，以避免不必要的麻烦和浪费。他们还要了解工作的进展情况。如果不能掌握最新的情况，管理者会面临诸多麻烦。在某些时候，管理者还应该有意地收集绩效考核和绩效面谈时需要的信息。

对员工而言，他们也需要有关信息。通过与管理者之间的绩效沟通，员工可以了解到自己的表现得到了怎样的评价，以便保持工作积极性。另外，员工还需要通过沟通了解管理者是否知道自己在工作中遇到的问题，从中获得有关如何解决问题的信息。当工作发生变化时，员工能够通过绩效沟通了解自己下一步应该做什么。总之，这些信息能够帮助员工更好地完成工作。

为了进行有效的绩效沟通，管理者首先要确定双方沟通的内容。我们可以通过回答以下两个问题来确定沟通的具体内容。

（1）作为管理者，为了更好地履行职责，我必须从员工那里获得什么信息？

（2）作为员工，为了更好地完成工作职责，我需要哪些信息？

通过绩效沟通，管理者和员工还应该能够回答以下问题。

（1）工作进展情况如何？

（2）绩效目标和计划是否需要修正？如果需要，如何进行修正？

（3）工作中有哪些方面进展顺利？为什么？

（4）工作中出现了哪些问题？为什么？

（5）员工遇到了哪些困难？管理者应如何帮助他们克服困难？

三、如何做好绩效沟通

1. 事先应计划好应沟通的内容

总的来说，绩效沟通的内容包括以下六个方面。

（1）阶段工作目标、任务完成情况。应对照绩效考核表、岗位说明书和工作计划，就每项工作完成情况进行沟通，上级主管可以就岗位职责、各项指标的完成情况逐项进行讨论、确定。这主要是对员工过去一个阶段绩效考核结果交换看法，以寻求达成共识。

（2）完成工作过程中的优良表现。主要是挖掘下属工作中的闪光点，最好列出具体事例加以证明。这项沟通要求主管注意观察和发现员工在日常工作中表现出的优秀方面，及时给予表扬和奖励，以扩大正面行为带来的积极影响。要做到这一点，主管首先要切实发现员工身上的闪光点，如一些不是员工职责范围内的事情（哪怕再小的事情）员工主动去完成，工作完成结果超出标准或预期很多，等等。但要注意不要表扬一些不值得表扬的行为，如员工应该做到的事情。其次要注意表扬一定要具体，表扬的内容要以事实为依据，态度要明确。

（3）指出需要改进的地方。应针对具体问题，明确指出员工工作过程中哪些地方做得不到位，哪些地方还可以提高。请员工本人分析存在问题的原因，描述下一步该如何克服和改进，同时提出自己的建议。

（4）描述公司领导或他人对下属工作的看法和意见。对正面的反馈，一定要及时告知员工具体表扬人和内容，并向员工为部门征得的荣誉表示感谢。对于负面的反馈，可以转述反馈的内容，根据不同情况（事实严重程度、员工个性特点等）确定是否需要说明反馈部门或人员。询问员工对反馈意见的看法，帮助制定改进措施，或和员工一起向有关部门解释原因，通报解决方案，等等。

（5）协助下属制订改进工作的计划。帮助下属对需要改进的地方制订改进措施和行动计划，对实施过程中遇到的问题或需要的支持提供指导和帮助。

（6）下一阶段绩效工作目标、计划的制订和确认。要点在于和员工一起讨论、确定工作目标、完成进度表和检查考核计划，让员工对完成的目标、阶段性目标、何时反馈等有明确的认识。

2. 把握不同绩效管理阶段沟通的目的和侧重点

在绩效计划阶段：沟通的目的和侧重点是管理者就绩效目标和工作标准经与员工讨论后达成一致。在此期间管理者要当好辅导员和教练员的角色，指导和帮助下属制订好计划。

在绩效辅导阶段，沟通的目的主要有两个：一个是员工汇报工作进展或就工作中遇到的障碍向主管求助，寻求帮助和解决办法；另一个是主管人员对员工的工作与目标计划之间出现的偏差及时进行纠正。员工在完成计划的过程中可能会遇到外部障碍、能力缺陷或其他意想不到的情况，这些情况都会影响计划的顺利完成。员工在遇到这些情况时应当及时与主管进行沟通，主管则要与员工共同分析问题产生的原因。如果属于外部障碍，在可能的情况下主管要尽量帮助下属排除外部障碍；如果是员工本身技能缺陷等问题，主管则应该提供技能上的帮助或辅导，辅助员工达成绩效目标。

在绩效评价和反馈阶段，员工与主管进行沟通主要是为了对员工在考核期内的工作进行合理公正和全面的评价；同时，主管还应当就员工出现问题的原因与员工进行沟通和分析，并共同确定下一阶段改进的重点。

在考核后的绩效改进与辅导阶段，沟通的目的主要是跟踪了解整改措施的落实情况，并提供相关支持。具体来说，一是要经常性地关注员工的绩效发展，对绩效进行前后对比，发现偏差，及时纠正；二是要把整改的落实情况纳入下一轮绩效考核的依据收集中，做到闭环管理。

总之，只有把握不同绩效管理阶段沟通的目的和侧重点，沟通时才能做到有的放矢。

3. 掌握好两大沟通技术——倾听技术和绩效反馈技术

1）倾听技术

在进行绩效沟通时，作为主管，首先要培养自己的倾听素质。倾听是一种双向沟通方式，倾听的目的是为了做出最贴切的反应，通过倾听去了解别人的观点、感受。倾听要点如下。

（1）呈现恰当而肯定的面部表情。作为一个有效的倾听者，主管应通过自己的身体语言表示对下属谈话内容的兴趣。肯定性点头、适宜的表情并辅之以恰当的目光接触无疑显示：你正在用心倾听。

（2）避免出现隐含消极情绪的动作。看手表、翻报纸、玩弄钢笔等动作均表明：你很厌倦，对交谈不感兴趣，不予关注。

（3）呈现自然开放的姿态。可以通过面部表情和身体姿势表现出开放的交流姿态，不宜交叉胳膊和腿，必要时上身前倾，面对对方，去掉双方之间的物品，如桌子、书本等。

（4）不要随意打断下属。在下属尚未说完之前，尽量不要做出反应，让下属把话讲完；不要轻易打断下属，一定要鼓励他讲出问题所在；在倾听中保持积极回应，千万不要急于反驳；先不急于下结论，务必听清楚并准确理解员工反馈过来的所有信息；再一次与下属核实你已掌握的信息，厘清所有问题，使之条理化、系统化，然后迅速做出判断，并表达自己的想法。

2）绩效反馈技术

管理者要从如下角度训练自己的反馈技术。

（1）多问少讲。发号施令的管理者很难实现从上司到"帮助者""伙伴"的角色转换。建议管理者在与员工进行绩效沟通时遵循 80/20 法则：80%的时间留给员工，20%的时间留给自己，而自己在这 20%的时间内，有 80%的时间在发问，20%的时间才用来"指导""建议""发号施令"，因为员工往往比经理更清楚本职工作中存在的问题。换言之，要多提问题，引导员工自己思考和解决问题，自己评价工作进展，而不是发号施令，居高临下地告诉员工应该如何如何。

（2）沟通的重心放在"我们"。在绩效沟通中，多使用"我们"，少用"你"；"我们如何解决这个问题？""我们的这个任务进展到什么程度了？"或者说，"我如何才能帮助你？"

（3）反馈应具体。管理者应针对员工的具体行为或事实进行反馈，避免空泛陈述。如："你的工作态度很不好"或是"你的出色工作给大家留下了深刻印象"。模棱两可的反馈不仅起不到激励或抑制的效果，反而易使员工产生不确定感。

（4）对事不对人，尽量描述事实而不是妄加评价。当员工做出某种错误或不恰当的举动时，应避免用评价性语言，如"没能力""失信"等，而应当客观陈述发生的事实及自己对该事实的感受。

（5）应侧重思想、经验的分享，而不是指手画脚地训导。当下属绩效不佳时，应避免说"你应该……而不应该……"这样会让下属体验到某种不平等，可以换成："我当时是这样做的……"

（6）把握良机，适时反馈。员工犯了错误后，最好等其冷静后再做反馈，避免"趁火打劫"或"泼冷水"；如果员工做了一件好事则应及时表扬和激励。

（7）反馈谈话的内容要与书面考核意见保持一致，不能避重就轻，否则会带来不好的效果。考核者在同下属进行面谈时，常会出现这样的情况：对下属的缺点不敢谈或不好谈，总觉得谈缺点时放不下面子，所以，谈出来的主要是优点，对于缺点则一带而过。这样的面谈，看起来气氛不错，双方都觉得愉快，但是，这样的结果常常不好。这种面谈的主要问题有：① 下属得到误导，以为自己表现还可以，今后还这样表现下去；② 当时双方都愉快，但是，当反映下属真实情况的书面报告出来时，问题就出来了，这时下属会有委屈和被戏弄的感觉；③ 这样的谈话，不能帮助下属解决问题，改善绩效。正确的做法应该是：对下属在工作中表现出来的问题不能回避，上司要抓住问题的要害，谈清楚产生问题的原因，指出改进的方法。

在此应特别注意，当下属对所提出的绩效评估意见表示不满意时，应允许他们提出反对意见，而不能强迫他们接受其所不愿接受的评估结论。绩效面谈其实也是管理者对有关问题进行深入了解的机会，如果下属的解释是合理可信的，管理者应灵活地对有关评价做出修正。如果下属的解释是不能令人信服的，则应进一步向下属做出必要的说明，通过良好的沟通达成共识。

4. 创造有利于绩效沟通的环境

（1）确定最恰当的时间。最恰当的时间就是双方都能腾出来的时间。这样大家才能静下心来充分地进行交流，而不会受到其他事情的干扰。应当避免以下时间：刚下班、快上班或明显时间不够的时间段内；星期五、节假日的前一天；等等。

（2）选择最佳的场所。单独的一间办公室是最理想的地方，办公室的门要能关上，不宜让别人看到里面正在进行的面谈过程。

（3）布置好面谈的场所。最起码的要求：应当保持室内的干净、整齐。此外，桌椅的摆放也是不容忽视的一点，要使被考核者感到自在。

5. 增强领导者自身的人格魅力，用爱心和诚信架起真诚沟通的桥梁

有人把企业领导艺术归纳为五种类型，即民主协商型、物质激励型、制度说话型、疏导教育型、榜样示范型。这种领导艺术是企业领导通过以身作则、率先示范的行动来树立自己的权威，依靠个人人格魅力的影响和职位上的优势来领导和带动下属。榜样示范型领导实际上就是人们常说的魅力型领导。魅力型领导不是依赖于组织权力产生的，而是基于个人的特质和魅力。魅力型领导是组织的灵魂。领导者想要得到认可，实现更高的目标，他们必须为其他人建立行为规范。

第三节　绩效信息的收集

绩效信息的收集和分析是一种有组织的系统地收集有关员工、工作活动和组织绩效的方法。所有的决策都需要信息，绩效管理也不例外。没有充足有效的信息，就无法掌握员工工作的进度和所遇到的问题；没有有据可查的信息，就无法对员工工作结果进行评价并提供反馈；没有准确必要的信息，就无法使整个绩效管理的循环不断进行下去并对组织产生良好影响。

一、绩效信息收集的目的与内容

1. 绩效信息收集的目的

绩效考核实际是管理的核心，要做到客观、公正地评价绩效，不能依靠个人的感觉和猜想。绩效实施和管理既是为了保证绩效计划的顺利实施，也是为绩效考核做资料准备。因此，在绩效实施和管理过程中必然有对被评价者的绩效表现做的观察和记录，以收集有关的绩效信息。收集和记录绩效的目的在于以下几点。

1）提供绩效考核评价的基础依据

绩效管理一般以年度、季度或月度为周期进行。在绩效评估时要对员工的各个关键业绩指标进行考核评价，因此相关的考核信息数据是考核评价公正客观的基础。

2）发现员工绩效问题并提出改进的绩效目标

通过对员工的绩效进行记录和收集，可以发现员工绩效方面存在的问题。通过和其他优秀员工的对比，可以提出改进的绩效目标。例如当管理者对员工说"你在这个方面做得不够好"或者"你在这个方面还可以做得更好一些"时，需要结合员工本人具体的事例以及优异员工的事例来增强说服力。这会让员工清楚地看到自己存在的问题以及和优秀员工的差距，有利于员工改进和提高绩效。

3）研究员工绩效优异或低下的深层次原因

对绩效信息的记录和收集可以使管理者掌握体现绩效优异和绩效低下的关键事件，以探询绩效优异或绩效低下的真实原因。总结并推广绩效优异者的经验，发现绩效低下者的真实原因，并有针对性地进行培训，可以提高员工绩效。

4）作为组织解决纠纷的依据

例如，企业裁员时，可以此作为裁员的依据，避免不当裁员带来的负面影响。

2．绩效信息收集的内容

信息收集不可能将员工所有的绩效表现都记录下来，应该确保所收集的信息与关键业绩指标密切联系。从信息来源不同角度，信息可以分为：来自业绩记录信息，例如，工作目标或工作任务完成情况的信息；管理者观察到的信息，例如，工作绩效优异或低下的突出行为表现；来自其他人评价的信息，例如，客户反馈的积极（消极）信息；等等。

为了使绩效数据收集制度化，人力资源部门汇总各个部门应该提供的考核指标信息提交有关部门，在绩效期末，相关部门应该及时提供相关信息，保证绩效考核的顺利进行。

二、绩效信息的来源与收集方法

1．绩效信息的来源

1）直接上司

组织中对中低层员工的绩效评估，95%是由他们的直接上司来做的。将员工的直接上级作为信息来源的一个好处是：他们常常是最能够根据组织的战略目标来对员工的绩效做出评价的人。同时，员工的直接上级通常也是根据绩效考核结果进行报酬决策的人。因此，员工的直接上级管理者通常是最为重要的绩效信息来源，也是负责管理员工绩效的人。但有些组织已经认识到这种评估方式的缺陷。直接上级给出的绩效评价结果可能会有偏见，因为直接上级在对员工进行绩效评价时，其依据可能是员工对于直接上级本人认为重要的那些目标做出贡献的程度，而不是员工对于整个组织重视的那些目标做出贡献的程度。例如，可能会对那些帮助自己在公司内部取得职业发展的员工给予较高等级的绩效评价，而对于那些致力于帮助组织达成战略目标的员工却并不给予较高的绩效评价等级。

2）同事

同事的评估是最可靠的评估资料来源之一。首先，同事之间的行动密切相关，日常接触使他们对与自己一起工作的同事的绩效有一个全面的认识。其次，同事的评估提供了许多独立的判断，同时也存在两个具体问题：① 友情偏见。指在绩效评定中缺乏明确严格、一致的判断标准，而是根据评价者与被评价者之间的人际偏好程度来确定绩效考核的相对水平。当员工相信在工作中存在友情偏见时，这种绩效评价结果可能不容易被员工接受。② 有可能存在评价一致性问题。与直接上级相比，同事评价往往会在被评价者的所有绩效维度上保持较高的评价一致性。

3）自我评估

让员工评估他们自己的工作绩效，与自我管理和授权观念是一致的。这种做法有助于消除员工对评估过程的抵触，能有效地刺激员工和他们的上司就工作绩效问题展开讨论。但是这种方法的评估结果易被夸大，且难免存在自我服务偏见。

4）直接下属

下级非常适合对自己的上级的领导能力，包括授权能力、组织能力以及沟通能力等做出自己的评价。此外，组织还会要求管理人员的下级对他们上级的以下几种能力做出评价：① 扫除员工面临障碍的能力；② 使员工不受政治困扰的能力；③ 提升员工胜任力的能力。请注意，在实施这类型的绩效评价体系时，如果下级觉得比较难堪，那么他们可能不愿意提供这种自下而上的反馈。然而，如果管理人员愿意花时间与下级进行沟通与接触，真诚地请他们发表自己的意见，则员工会更愿意提供诚实的反馈。

5）全方位评估法：360 度评估

这种方法提供的绩效反馈比较全面，员工在日常工作中可以接触到的所有人，如收发室人员、顾客、上司、同事等都可以成为评估者。对每位员工评估的数量少则 3～4个，多的可达 25 个，大多数组织会收集 5～10 个。

6）客户

客户是绩效信息的另一个来源。从客户那里收集信息可能是一个成本很高且费力的过程。尽管如此，对于需要与公众或与工作有关的特定群体紧密接触和互动的工作（如采购经理、供应商以及销售代表等）来说，由客户提供绩效信息非常有用。不同考核主客体组合类型的利弊以及适用范围如表 10-1 所示。

表 10-1 不同考核主客体组合类型的利弊以及适用范围

类　　型	准确性	可靠性	灵敏性	经济性	接受性	可行性	适　用　范　围
顶头上司考核	较高	较高	一般	较高	一般	较高	常用于反馈、奖惩、配置等方面
直接下属考核	较高	一般	较高	较高	一般	一般	适用于民主监督、沟通和组织发展等
同事相互考核	较高	较低	较低	一般	较高	较高	常用于团队性工作或项目小组场合
自我鉴定考核	一般	较低	较低	较高	较高	一般	多用于个人发展和执业管理及沟通
外部相关考核	一般	较高	较低	较低	一般	较低	适用于改善组织业绩和形象等目的
小组集体考核	较高	较高	一般	较高	较高	较高	适用于扁平组织工作团队管理方式

对于组织而言，无论最终选择哪一种信息来源，都应当让员工起到积极作用。员工在这一过程中的积极参与很可能会增强他们对结果的接受程度以及对整个绩效管理体系的公平性认知。当我们用不同的绩效信息来源对同一个绩效维度进行评价时，我们也不一定期望各方的绩效评价结果是类似的。不同绩效信息来源对同一位员工在某一维度上的评价结果存在分歧也不一定就是有问题的。如果从不止一个绩效信息来源收集信息，那么很可能出现绩效维度重叠现象。另一方面，每一个绩效信息来源又有可能仅评价只能由自己完成的那些独特的绩效维度。对同一位员工进行绩效评价的这些人很可能来自组织中的不同层次，因此，他们观察到的可能是同一位员工的不同的胜任能力，从而反映的只是对同一位员工的绩效的不同方面。必须让员工知道组织所使用的每一种绩效信息来源是如何对自己的绩效做出评价的。如果发现不同的绩效信息来源对同一项内容的评价存在分歧，那么必须对每一种绩效信息来源所提供的评价的相对重要性程度进行决策。

2. 绩效信息的收集方法

信息记录和收集是绩效管理的一项基础工作，这项工作的好坏对绩效管理的效果具有非常重要的影响。收集绩效信息的方法有观察法、工作记录法、查阅报表和记录、问卷调查法、抽查法、检查扣分法、关键事件记录法等。

观察法是主管人员直接观察员工在工作中的表现，并对员工的行为进行记录的方法。观察法又分参与观察法和非参与观察法。参与观察法是指主管人员与员工一起工作，在工作的过程中记录员工的工作表现；非参与观察法是指主管人员以旁观者的身份观察和记录员工的工作信息。

工作记录法是指员工每天把自己主要从事的工作和工作过程中的事项记录下来，并交由直接上级审核。对于现代企业来讲，这种方法可以采用三种工具实现：一是传统的工作笔记本或公司表单；二是公司内外部的电子邮箱；三是公司的办公自动化系统。对于生产，销售，服务的数量、质量、时限等指标，按照规定由相关人员填写原始记录单，并定期进行汇总、统计以获得绩效考核有关信息，应用的就是工作记录法。

查阅报表和记录应用于员工的工作完成目标可以通过各种工作报表反映出来的岗位。例如，销售额可以从财务数据中体现出来，产品合格率可以通过质检员记录体现出来。

问卷调查法是为了在短时间内收集大量信息，采用向相关人员发放调查问卷的方式收集绩效信息。这种方式对收集企业内部或外部客户满意度的信息比较有效。

抽查法分为定期和不定期抽查。为了保证上述信息的真实有效性，管理者可以对员工绩效计划的实施情况进行定期或不定期抽查，保证记录的真实性。

检查扣分法是针对关键业绩指标中因错误而被扣分的事项进行检查登记，发现一次记录一次，以便为期末绩效考核提供原始信息。

关键事件记录法是针对员工特别突出或因异常导致失误的情况进行记录，关键事件的记录有助于管理者对员工的突出业绩及时进行激励，对员工存在的问题及时进行反馈和纠偏。

以上方法中，查阅报表和记录、问卷调查法、检查扣分法主要强调对绩效结果的关注，观察法、工作记录法、抽查法和关键事件记录法既强调对结果的关注又强调对绩效计划实施过程的督导。在实际的操作过程中，我们可以根据岗位特征、绩效目标性质、员工个性特征等因素恰当地选择绩效信息收集的方法。

案 例 分 析

盛强公司员工的绩效"闷包"

又到年末，盛强公司除了忙着做 2018 年的会计计算和来年的财政预算，经理和员工们又开始了一年一度的被称为"表演"的绩效考核。

盛强公司与许多公司相似，人员绩效管理主要体现在绩效考核上。本来，盛强公司管理决策者想通过绩效考核对员工绩效进行区分，以此给予员工合理回报和奖励，调动员工积极性。然而，事实上目前绩效考核结果却并不尽如人意。员工觉得考核结果未反映出自己的工作业绩，因而满腹牢骚。当然，牢骚归牢骚，表格还是要填的。

盛强公司是一家 IT 行业的民营企业，成立于 1995 年，现有员工 115 人，盛强公司的设备和软件产品主要用于连接计算机网络系统，为用户提供方便快捷的信息传输途径，帮助用户降低成本开销，提高工作效率，有效地缩短用户与其客户、商业伙伴和公司职员之间的距离。

章经理是盛强公司产品研发部的经理，直接管理 15 名技术人员。由于平时项目较多，15 名技术人员看上去工作总是忙忙碌碌的，章经理更是觉得每天要做的事情总是满满的。年底考核到了，章经理又将忙于填写 15 份内容相差不多的绩效考核表。由于人事部已经催了很多次了，他必须在这个周末前完成这些表格；否则下周又要接到人事部经理的催"债"电话。

这次，章经理灵机一动，想了一个"好"办法。他把表发给每位员工，让他们自己在上面打分，然后派人收齐，他在上面签上名，再交给人事部。问题解决了，纸面上的工作都按人事部要求完成了。人事部也没有不满意。章经理心想，这下每个人都结束表演，可以回到"现实中的工作"中去了。

忙碌一时的绩效考核工作就这样"完成"了。考核结束后，考核结果的书面材料在人力资源部束之高阁，绩效考核也就变为一种填表游戏，成为一种形式主义的"表演"，员工绩效处于"闷包"中。员工不知道组织和上司是如何评价自己的，不知道自己在哪些方面做得好、哪些方面做得不好以及怎样改进和提高。

事实上，这种填表游戏在一段时间内会影响员工的情绪。小吴是一位毕业于名牌大学计算机专业的硕士生，进盛强公司研发部工作已近三年，越来越觉得这种考核没有意义，增薪或减薪、晋升或转岗都是在考核中打"闷包"。说是通过考核来体现，但是怎么体现，员工只有猜测的份。因此考核结束后的一段时间内小吴的心情久久不能平静。老孙则与小吴的心情不同。老孙其实并不老，40 岁刚过，但该部门的员工大多在 30 岁左右。以前年年这样考核，老孙也糊里糊涂就应付过来了，没觉得有什么压力，但随着年龄增大，反而逐渐在意这种形式化的考核，开始担心这种考核影响自己的奖金和用工期限。

资料来源：盛强公司员工的绩效"闷包" [EB/OL]. （2018-03-04）. http://www.doc88.com/p-5075007997207.html.

讨论题：

1. 章经理面临什么问题，他的这种貌似迅捷的解决方法会带来哪些负面问题？

2. 这种绩效考核方法缺失了什么？如果你是章经理，应该怎么做？

3. 绩效考核的过程控制应该如何改进，才能让小吴和老孙的情绪稳定下来，安心地工作？

第十一章 绩效考核

绩效考核像颗"定时炸弹"

公司年终的绩效考核结束了，小王的绩效考核分数低于她的同事小何。小王和小何是同时应聘进入这家公司的，两个人又被分配到同一部门，做着同样的工作。这是她们进入公司后接受的第一次绩效考核，而且这一次的绩效考核结果可能会决定下一年度谁能够被提升。

从进入这家公司开始，小王一直勤勤恳恳努力工作，并希望自己的付出能够得到上司的认可。并且，无论从学历来讲，还是工作能力方面，小王都自认为优于小何；但这一考核结果令小王产生了困惑。

这时，邻座的电话响了，电话铃声不由得使她想起了一件事情。刚刚进入这家公司后不久的一个周末，她和小何都在加班，因为有事情需要请示领导，所以小何拨通了上司家的电话。刚开始接电话的可能是上司家5岁的儿子，上司接了电话后，小何并没有直接谈工作，而是先问："刚才接电话的是亮亮吗，真可爱，让他再和阿姨说几句话吧。贝贝在叫啊，是不是着急让你带它出去了？"小王觉得奇怪，她怎么会知道上司儿子的名字？贝贝又是谁？

事后她才知道贝贝原来是上司家的一条宠物狗。小王当时的感觉是这件事情很无聊，也很浪费时间，如果是她打电话，一定会直接和上司谈工作，别人的儿子和狗与工作有什么关系？

现在小王开始明白了，自己恐怕是在人际关系方面出了问题，不仅仅是和上司，和同事之间也是这样。因为自己过于关注工作，忽视了很多和同事之间的这种沟通，并且在工作中过于认真的态度，也可能会令同事感到紧张，会给人不够随和的感觉。但是，人际关系和工作质量有什么关系呢？小王自认为自己的工作质量和业绩是无可挑剔的，到公司以来，承担了大量的工作，并且工作一直勤勤恳恳，这也是有目共睹的，为什么最后的考核结果仍然很低呢？毕竟人际关系也只是考核内容中的一方面而已呀！是不是搞好人际关系是考核的大前提？如果是这样的话，也许自己和公司的想法是不一样的。那么究竟是应该适应公司的这种方式，改变自己的个性，还是应该考虑重新找工作呢？

对绩效考核结果产生困惑的不止小王一个人。广告部的员工对金融部员工的成绩普遍高于自己不满，而公司里有些年纪较大的员工也认为他们的成绩低于年轻人是因为上司认为自己年纪大，绩效就一定低。

绩效考核结束了，公司开始变得不平静了。员工的这些抱怨也传到了老总的耳朵里。他开始思考：问题究竟出在哪里？

资料来源：李孝轩，文华伟. 管理学原理[M]. 武汉：武汉大学出版社，2014：251.

第一节　绩效考核内容

一般来说，由于员工绩效具有多因性、多维性和动态性三个基本特征，在设计和选择绩效考核方法和指标时，可以根据被考核对象的性质和特点，分别采用特征性、行为性和结果性三大类效标，对考核对象进行全面的考核。由于采用的效标不同，从绩效管理的考核内容上看，绩效考核可以分为品质主导型、行为主导型和效果主导型三种类型。

1. 品质主导型

品质主导型的绩效考核采用特征性效标，以考核员工的潜质为主，着眼于"他这个人怎么样"，重点考量该员工是一个具有何种潜质（如心理品质、能力素质）的人。由于品质主导型的考核需要使用如忠诚、可靠、主动、创造性、自信心、合作精神等定性的形容词，所以很难具体掌握，并且考核操作性及其信度和效度较差。

品质主导型的考核涉及员工信念、价值观、动机、忠诚度、诚信度，以及一系列能力素质，如领导能力、人际沟通能力、组织协调能力、理解力、判断力、创新能力、改善力、企划力、研究能力、计划能力、沟通能力等。

2. 行为主导型

行为主导型的绩效考核采用行为性效标，以考核员工的工作行为为主，着眼于"干什么""如何去干的"，重点考量员工的工作方式。由于行为主导型的考核重在工作过程而非工作结果，考核的标准较容易确定，操作性较强。行为主导型的考核适用于对管理性、事务性工作进行考核，特别是对人际接触和交往频繁的工作岗位尤其重要。例如大厦的服务员应保持友善的态度，其日常工作行为对公司影响很大，因此，公司要重点考核其日常行为表现。

3. 效果主导型

效果主导型的绩效考核采用结果性效标，以考核员工或组织工作效果为主，着眼于"干出了什么"，重点考量"员工提供了何种服务，完成了哪些工作任务或生产了哪些产品"。由于效果主导型的考核注重的是员工或团队的产出和贡献，即工作业绩，而不关心员工与组织的行为和工作过程，所以考核的标准容易确定，操作性很强。例如，著名管理学家德鲁克设计的目标管理法就属于效果主导型的考核方法。效果主导型的考核方法具有滞后性、短期性和表现性等特点，它更适合生产性、操作性强，以及工作成果可以计量的工作岗位采用，对事务性工作岗位人员的考核不太适合。

一般来说，效果主导型的绩效考核，首先是为员工设定一个衡量工作成果的标准，然后再将员工的工作结果与标准对照。工作标准是计量、检验工作结果的关键，一般应包括工作内容和工作质量两方面指标。

第二节 绩效考核主体的选择

一、绩效考核主体的选择原则

绩效考核主体又称考核者，指的是对被考核者做出评价的人。绩效考核的主体可以是自己，也可以是上级、下级、同事、外部专家/客户、公司绩效考核小组、业务配合部门。

绩效考核的主体需要具备以下特点。

（1）熟悉被考核者的工作表现，绩效考核主体所评价的内容必须基于他可以掌握的情况。

（2）熟悉被考核者的工作内容、工作性质。

（3）了解考核对象的绩效考核标准。

（4）具备将观察结果转化为有用的评价信息的能力。

（5）具备能公正客观地提供考核结果的素质。

任何一个考核主体的选择对考核者来说都有利有弊，企业可根据被考核对象、考核形式、公司的考核成熟度选择不同的考核主体。不同考核主体的选择，对考核结果会有一定的影响。目前应用最多的是上级领导为考核主体，因为作为被考核者的直接领导对考核对象的工作内容、工作表现等最为了解和熟悉，最能做出公正、客观的评价，同时也可以有效地做好绩效沟通和面谈，有利于绩效的改进和绩效结果的应用，对员工绩效改善更为有利。

二、不同考核主体的比较

绩效考核主体可以由多方担任。通常，绩效考核系统中的考核主体包括直接上级、同事、员工本人、下属及客户等。不同的考核主体具有不同的特点，在绩效考核中承担不同的考核责任甚至管理责任。选择不同的考核主体不仅是绩效考核的需要，同时也是实现绩效管理目的的需要。

主管考核的优点是对工作性质、员工的工作表现比较熟悉，考核可与加薪、奖惩相结合，有机会与下属更好地沟通，了解其想法，发现其潜力。但也存在一定缺点，由于上司掌握着切实的奖惩权，考核时下属往往心理负担较重，如果不能保证考核的公正客观，可能会挫伤下属的工作积极性。

同事考核的优点是对被考核者了解全面、真实。但由于彼此之间比较熟悉和了解，受人情关系影响，可能会使考核结果偏离实际情况。最适用的情况是在项目小组中，同事的参与考核对揭露问题和鞭策后进起着积极作用。

下属考核，可以帮助上司发展领导管理才能，也能达到权力制衡的目的，使上司受到有效监督。但下属考核上司有可能片面、不客观；由下级进行绩效考核也可能使上司在工作中缩手缩脚，影响其工作的正常开展。

自我考核是最轻松的考核方式，不会使员工感到很大压力，能增强员工的参与意识，而且自我考核结果较具建设性，会使工作绩效得到改善。缺点是自我考核倾向于高估自己的绩效，因此只适用于协助员工自我改善绩效，在其他方面（如加薪、晋升等）不足以作为评判标准。

外部专家考核的优点是有绩效考核方面的技术和经验，理论修养高，与被考核者没有瓜葛，较易做到公正客观。缺点是外部专家可能对公司的业务不熟悉，因此，必须有内部人员协助。此外，聘请外部专家的成本较高。

第三节　绩效考核的实施

一、考核周期的确定

绩效考核的核心是对业绩进行考核，所以绩效考核的周期是基于业绩形成的周期来确定的。但在实际的考核工作中，仅仅以业绩形成的周期来设定考核周期是不现实的。考核周期过长，不但不能对过程及时进行监督和奖惩，而且会产生近因效应，管理者只对近几个月的业绩和员工的行为产生深刻印象，导致考核结果不能反映整个考核周期的业绩。绩效考核周期过短，导致考核成本过大，对于一些跨周期才能完成的业绩无法考核，耗时费力不讨好。

1. 累积法

累积法是把若干个业绩周期累积在一个月或者一个季度进行考核，比如对于一个司机的考核，一个出车任务短则几十分钟，长则几天，但我们不能这么短时间就考核一次，我们必须使用累积法来考核他，并且选择自然周期的月度、季度来设置考核周期。

2. 等同法

等同法就是业绩周期和考核周期相一致。举个例子，农民种冬小麦，国庆节左右播种，来年5月收获，那么对播种小麦的农民而言，一个绩效考核周期就应当是7个月。同理对于种玉米的农民考核周期就是5个月。

3. 拆分法

拆分法就是把一个业绩周期拆分为若干个有明确节点的阶段，这些阶段的划分基于任务自身的特点，具有相对独立、可识别、可衡量、可评价的节点目标，即阶段性成果。比如某企业是生产风力发电设备的，研发一个风机就可以分为概念设计、详细设计、样机组装、安装调试、技术改进、大批量生产等几个节点。

对企业不同的部门和岗位绩效考核周期的设置应该注意这个部门岗位的特点。

（1）对于职能序列员工的考核，虽然工作有制度依据，但工作结果却难以量化，所以考核的重点在于对完成工作过程中行为的考核，而不是对结果的苦苦追寻。在考核中要缩短考核周期，采用行为考核法，随时监控，及时记录，一般宜采用月度加年度的考核方式。

（2）对于管理序列员工的考核，其实就是对整个公司、部门和团队的业绩完成和管理状况进行评估的过程，由于这些管理人员要对公司战略的实施负主要责任，因此在短期内难以取得成果，考核周期应当适当延长到半年或一年。

（3）对生产序列员工的考核。产品生产周期一般都比较短，一个批次的产品也许只要几天到一周就可以完成，考核的关键点在于质量、成本和交货期等，考核周期适宜于缩短到周、半个月或月度，这样有利于及时奖励和对成本进行控制。但是对于生产周期较长的产品，一方面可以通过延长考核周期，按照生产批次进行考核；另一方面采用工时制等方法，进行月度考核。

（4）对销售序列员工的考核。销售人员的考核方法最简单，底薪加提成是最简单实用的办法，考核的指标集中在销售额、回款、利润率、客户满意度等，这些指标的收集一般以自然月为周期进行，所以对销售人员的考核应当以月度加年度为主，对于超额奖的部分可以即时兑现，有利于提升他们的积极性。

（5）对研发序列员工的考核。研发一般适宜于项目制的管理方式。对于已经立项的研发项目，要按照时间节点和交付成果标准进行考核，分阶段发放考核奖金，激励研发人员多参与项目，并且尽最大努力去结题，开始下一个开发项目。某一阶段的考核周期是不能按照自然月或季进行设置的，只有等出了符合标准的成果才能算一个考核周期的结束。要注意的是除每个节点的考核外，对于整个项目的完成也是有周期限制的，在整个项目结束后也要进行总结与奖惩，兑现评估的结果。

二、绩效考核的步骤

绩效考核的步骤主要包括：确立目标、编制考核实施方案、信息收集、整理数据、分析判断与输出结果。

（1）绩效考核的核心目标是通过考核的选择、预测和导向作用实现组织的战略目标，不论是组织的绩效考核，还是员工的绩效考核，都基于这个共同的目标。绩效考核的对象不同，其考核工作也会有所不同。不同考核对象的选择取决于不同的考核目的，考核的结果对于不同的考核对象产生的影响各不相同，比如对于员工的绩效考核关系他们的奖惩、升降等人力资源管理的决策问题，而对于组织绩效的考核则关系组织的发展、业务扩张与收缩、组织间的兼并重组等经营决策问题。

（2）根据绩效考核系统，人力资源部负责编制具体的考核实施方案，设计考核工具，拟订考核计划，对各级考核者进行培训，并提出处理考核结果的应对措施，供考核委员会决策。

（3）人力资源部负责收集、汇总所有考核结果，编制考核结果一览表，报公司考核委员会审核。各级主管组织员工撰写述职报告并进行自评。所有员工对本人在考核期间的工作业绩及行为表现（工作态度、工作能力）进行总结，核心是对照企业对自己的职责和目标要求进行自我评价。部门主管根据受评人日常工作目标完成程度、管理日志记录、考勤记录、统计资料、个人述职等，在对受评人各方面的表现充分了解的基础上，负责进行客观、公正的考核评价，并指出对受评人的期望或工作建议，交部门上级主管审核。如果一名员工有双重直接主管，由其主要业务直接主管负责协调另一业务直接主管对其进行考核。各级主管负责抽查间接下属的考核过程和结果。考核委员会听取各部门的分别汇报，对重点结果进行讨论和平衡，纠正考核中的偏差，确定最后的评价结果。

（4）人力资源部负责整理最终考核结果，进行结果兑现，分类建立员工绩效考核档案。可靠、准确的数据是绩效考核公正、有效的重要保障。在绩效执行阶段收集到的绩效信息往往还是零散的，绩效考核阶段需要对收集到的各类绩效信息进行分析、界定、归类、整理等，把这些零散的数据和资料整理成系统体系。在数据整理过程中，需要考核者具有较高的职业素养和丰富的经验，考核者对数据和资料的主观判断必须是科学的，且反映客观事实。

（5）分析判断考核对象，应用具体的考核方法来确定其考核结果的过程。分析组织的特点、考核对象的岗位特征以及考核内容与目的，选择合适的考核方法和形式。

（6）通过适当的考核方法对考核对象进行考核后，就会得出一个具体的考核结果。考核结果不仅仅是一个绩效高低的简单排序，更重要的是要指出绩效优秀或绩效低下的具体原因。通过输出结果，鼓励取得优秀业绩的员工，百尺竿头，更进一步；鞭策业绩不佳的员工意识到自身的问题所在，找出差距，主动改进。总之，只有给出详尽的绩效考核输出结果，才能为进一步的绩效反馈和绩效结果的应用提供依据，为下一个周期新的人力资源发展计划奠定基础。

第四节　绩效考核过程存在的常见误区

1. 追求完美绩效考核

笔者在与众多客户沟通过程中，发现一个很重要的现象，管理层和 HR 部门往往会进入一个追求完美绩效考核的误区，例如追求绩效表格的规范性和完整性，追求绩效工具和绩效方法的先进性，追求所有员工对绩效考核的满意度，追求绩效考核流程的规范性，等等。

然而，企业绩效考核的从无到有，或从有到完善，是企业员工和管理层逐步接受的过程；而且，企业所处的环境是不断变化的，为考核建立的方法和指标随着时间的推移会发生变化。因此，考核很难顾及全面。同时，考核是有成本的，考核目标的选定、考核指标的设置和考核流程的执行是需要耗费时间，耗费成本的。因此，企业在完善绩效考核的同时，也要考虑到绩效考核的投入产出比。同时，完美的考核往往会导致主次不分，考核目标过多容易分散精力，使员工无所适从。换个角度讲，即使企业设计出详细而全面的、涉及员工方方面面的考核指标体系，指标中也必然会出现更多定性指标，从而使得最终的考核结果更加难以消除主观因素的影响。

2. 绩效考核与绩效管理混淆

绩效考核和绩效管理是两个完全不同的概念。有很多企业搞不清楚何为绩效考核，何为绩效管理，把二者混为一谈。绩效考核是企业的一种考核手段，目的是对主要经济技术指标完成情况进行评价，进而与奖惩挂钩。绩效管理是企业生产经营各项活动的指导思想，绩效管理是一个完整的管理过程。对这两个概念的认识上的偏差，导致执行上的混乱。

绩效考核是绩效管理过程的一个环节，绩效管理能否达到预期的效果，关键之一在于绩效考核是否具有公正性和科学性。错误地将绩效考核等同于绩效管理，会造成绩效目标不明确，绩效管理过程无法控制，最终绩效得不到反馈，从而使员工绩效和组织绩效都无法提高。

另外，绩效考核关注的是对过去执行结果的评估，对员工具有威慑性作用；而绩效管理关注的是实现未来的战略计划，对员工具有牵引性作用。

作为绩效管理的一个关键环节，绩效考核是否能够得到成熟的认知直接决定着企业绩效考核和绩效管理的成败。企业需要克服认识上的误区，做好各自在绩效考核和绩效管理上的工作。作为人力资源部，要合理组织、高效执行绩效考核；作为企业管理层，要切实关注绩效考核；作为其他部门和员工，要积极地参与和充分运用绩效考核，同时要做到客观、公正。

3. 设置过高的绩效考核标准

设置考核指标不能拍脑袋决定，过低的指标不合适，过高的指标同样也是不合适的。指标的设定，必须遵循一定的原则。

一般情况下，企业可以参照本企业历史最好水平、同行业平均水平，综合考核企业内外部的其他因素，进行系统考虑、科学设置。指标设置得过高，不但起不到激励作用，还会打击员工的积极性。

4. 把考核责任推给人力资源部

企业的绩效考核，不是哪一个部门的事情，而是企业相关部门共同负责完成的一项工作，一般应成立企业绩效考核委员会，或者成立绩效考核领导小组，由相关部门的人员共同组成。绩效考核的目的是考核整个公司员工及其管理者的绩效，发现优势，找出差距，并就考核结果与被考核者进行沟通，以有效地改善被考核者的行为，最终实现员工个人目标和企业组织目标。绩效考核的结果影响着被考核者的薪酬与晋升，因此与被考核者的利益息息相关。从这个角度来看，绩效考核不仅仅是人力资源部关注的事，更是被考核者关心的事。

在绩效考核过程中需要对多个不同的指标进行考核，有定性的也有定量的，而这些数值与结果的获得都需要不同部门的大力配合。例如，要考核营销人员的绩效，任务绩效所占比重很大，那么销售收入及货款回笼的数值就成为直接的评价指标，而这些数值的取得需要营销部门的如实反馈，需要财务部门的报表统计。此外，对于营销人员的态度与能力的考核，就需要其同事、上级及其他部门的大力配合。这就体现了不同部门间的协调与沟通对绩效考核的重要性。人力资源部只是绩效考核的组织者和执行者，被考核者是绩效考核的主人公，而其他部门或考核者则主要担任参与者的角色。

5. 考核只关注个人绩效

在传统的基于岗位的人力资源管理中，详细的岗位说明书明确地规定员工的职责。对岗位所要求任务的完成情况是考核的重点，考核强调落实到个人。但随着社会的发展，工作变得越来越复杂。过分强调落实到个人的考核会把考核本身引入死胡同。强调落实到个人的考核强化了员工的本职行为，却在无形之中限制了员工的超职责行为，淡化了员工的合作意识和团队精神。过分强调落实到个人的考核，往往容易忽视周边绩效问题。

从绩效的分类来看，绩效不仅有个人绩效，还有组织绩效、团队绩效和流程绩效等，因此企业在进行绩效考核指标设定时，需根据各岗位的实际情况，来选择是否要适当加入一些与团队绩效和流程绩效（尤其是一些跨部门流程）相关的指标。因为，从绩效目标的来源来看，不仅有岗位应负职责，还有自上而下的战略目标分解，以及内外部客户的需求。

6. 绩效考核的周期过长

有的企业把绩效考核的周期确定为一个季度，有的确定为半年，有的甚至一年。这样的绩效考核肯定不能到位。考核周期过长，就没法和月度的工资奖金挂钩，就起不到及时激励约束的作用。

年度的整体绩效是以每个月的绩效为基础的，如果不能关注每个月的绩效状况，年度的绩效考核还有什么意义？绩效考核最好以月度为单位进行，可以及时发现生产经营中的问题，根据考核结果及时予以整改。

7. 绩效考核的指标过滥

有的企业认为，绩效考核是个筐，什么考核都可以往里装，这是对绩效考核认识上的误区。绩效考核，一定是只对主要经济技术指标进行的考核，也是对关键绩效指标进行的考核，绝对不是对企业方方面面的考核，尤其是不能把员工行为方面的表现，也列入绩效考核的内容。考核指标过多过滥，会让员工看不清楚哪些东西是最应该关注的，哪些东西是最应该做的。

8. 考核主体的主观性误差

（1）晕轮误差：考核者根据自己的主观印象行事，将被考核者的某一优点或缺点放大，以偏概全，也可称为光环倾向。

（2）类似误差：考核者对和自己具有相似特征和专长的被考核者给予较高的考核。

（3）宽厚性误差：考核者给出不应该有的高考核结果。

（4）严厉性错误：考核者给予过分的批评的情况，给出不应该有的低考核结果。

基于此，在进行绩效考核之前，对考核者进行相关的培训是十分必要的。培训过程中可以向受训者提供一些工作考核的案例，进行模拟分析。

 案 例 分 析

大型商场 A 的绩效考核难点

某公司是一家大型商场，公司包括管理人员与员工共有 500 多人。由于大家齐心努力，公司销售额不断上升。到了年底，A 公司又开始了一年一度的绩效考核，因为每年年底的绩效考核是与奖金挂钩的，大家都非常重视。人力资源部又将一些考核表发放给各个部门的经理，部门经理在规定的时间内填写表格，再交回人力资源部。

老张是营业部的经理，他拿到人力资源部送来的考核表格，却不知怎么办。表格主要包括了对员工工作业绩和工作态度的评价。工作业绩那一栏分为五档，每一档只有简短的评语，如超额完成工作任务，基本完成工作任务，等等。由于年初种种原因，老张并没有将员工的业绩目标清楚地确定下来。因此在业绩考核时，无法判断谁超额完成任务，谁没有完成任务。工作态度就更难填写了，由于平时没有收集和记录员工的工作表现，到了年底，仅对近一两个月的事情有一点记忆。

由于人力资源部又催得紧，老张只好在这些考核表勾勾圈圈，再加上一些轻描淡写的评语，交给人力资源部。想到这些绩效考核要与奖金挂钩，老张感到如此做有些不妥，他决定向人力资源部建议重新设计本部门营业人员的考核方法。

资料来源：刘珍，郝惠文. 人力资源经理岗位培训手册[M]. 广州：广东经济出版社，2011：101.

讨论题：

1. 公司绩效管理哪方面有待于改进和加强？

2. 选择营业人员的绩效考核方法时，应该注意哪些问题？

第十二章　绩　效　反　馈

绩效反馈与沟通

　　眼看 2016 年就要结束，瑞新科技股份有限公司软件开发部的王经理接到了人力资源部的一叠业绩考核表格，要求在年底前完成对本部门员工的业绩评估和考核工作。2015年年底那段不愉快又浮上心头……

　　2015 年年终考核，软件开发部共有 3 名员工得了"优秀"，7 名员工"合格"，2 名员工"不合格"。考核结果出来后，按照人力资源部的规定，部门经理要做好绩效反馈工作。于是王经理挨个找大家谈话。对于优秀员工自然好谈，合格的员工也还比较好说，可就这两名不合格的员工——小张和小周，着实让王经理头疼。小张的问题主要是工作很不主动，纪律性也比较差，经常迟到早退；小周人很聪明，工作能力也比较强，可就是不合群，孤芳自赏，总是用批判的眼光看待事物，缺乏团队意识，同事们也不喜欢和他合作。

　　和小张谈话时，话还没说到一半，小张突然哭了起来，抱怨说自己刚结婚，又正在装修房子，家务繁杂，所以工作没有以前那么努力了……她这一哭一闹，把王经理想说的话给憋了回去。和小周的面谈就更不愉快了，王经理还没说完，小周就表示，自己不想干了，辛辛苦苦干了一整年，考核得个不合格，业绩奖金全泡汤了。第二天，小周就递上了辞呈。

　　回想 2015 年的不愉快，王经理陷入苦恼之中……

　　讨论题：

　　如何成功地实施绩效反馈与沟通？

第一节　绩效反馈概述

　　如果只有绩效考核而没有反馈，那么员工可能只知道考核结果，却不知道导致考核结果的依据，也不知道如何改进绩效。因此，绩效考核的信息反馈是十分有必要的。绩效反馈能够使员工了解、提高自身的绩效水平，它是绩效管理的重要环节。

一、绩效反馈的含义与目的

绩效反馈是绩效管理过程中的一个重要环节。它主要通过考核者与被考核者之间的沟通，就被考核者在考核周期内的绩效情况进行面谈，在肯定成绩的同时，找出工作中的不足并加以改进。绩效反馈的目的是让员工了解自己在本绩效周期内的业绩是否达到所定的目标，行为态度是否合格，让管理者和员工双方达成对评估结果一致的看法；双方共同探讨绩效未合格的原因所在并制订绩效改进计划，同时，管理者要向员工传达组织的期望，双方对绩效周期的目标进行探讨，最终形成一个绩效合约。

由于绩效反馈在绩效考核结束后实施，而且是考核者和被考核者之间的直接对话，因此，有效的绩效反馈对绩效管理起着至关重要的作用，如果不进行绩效反馈，考核结果就失去极为重要的激励、奖惩和培训的功能，而且其公平、公正性也难以保证。

二、绩效反馈原则

除绩效结果外，还应关注下属的行为表现，如工作态度、工作能力等，对工作态度和工作能力的关注可以帮助下属更好地完善自己，提高员工的技能，有助于帮助员工进行职业生涯规划。

根据公司的实际情况，绩效反馈应该遵循如下几个原则。

1. 经常性原则

绩效反馈应当是经常性的，而不应当是一年一次。这样做的原因有两点：首先，管理者一旦意识到员工在绩效中存在缺陷，就有责任立即去纠正；其次，绩效反馈过程有效性的一个重要决定因素是员工对于评价结果基本认同，所以应当向员工提供经常性的绩效反馈，从而使他们甚至在正式的评价过程结束之前就几乎能够知道自己的绩效评价结果。

2. 直接具体原则

绩效反馈要直接具体，真实具体的工作业绩的综合完成情况是主管进行绩效面谈时最为重要的内容。在面谈时应该将评估结果及时反馈给下属，如果下属对绩效评估的结果有异议，则需要和下属一起回顾上一绩效周期的绩效计划和绩效标准，并详细地向下属解释绩效评估的理由。只有双方交流的内容是具体而准确的，绩效反馈才是有效的。

3. 对事不对人原则

在绩效反馈面谈中双方应该讨论和评估的是工作行为和工作绩效，也就是工作中的一些事实表现，而不是讨论员工的个性特点。

4. 多问少讲原则

在与员工进行绩效沟通时要遵循 20/80 法则：80%的时间留给员工，20%的时间留给自己，而自己在这 20%的时间内，可以将 80%的时间用来发问，20%的时间用来指导、建议，因为员工往往比管理者更清楚本职工作中存在的问题。

5. 着眼未来的原则

绩效反馈面谈中很大一部分内容是对过去的工作绩效进行回顾和评估，但这并不等于说绩效反馈面谈要集中于过去。谈论过去的目的并不是停留在过去，而是要从过去的事实中总结出一些对未来发展有用的东西。

6. 正面引导原则

不管员工的绩效考核结果是好是坏，要坚持多给员工一些鼓励，至少让员工感觉到：虽然自己的绩效考核成绩不理想，但得到了一个客观认识自己的机会，找到了应该努力的方向，并且在前行的过程中会得到主管人员的帮助，这样可以帮助员工把一种积极向上的态度带到工作中去。

7. 制度化原则

绩效反馈必须建立一套制度，才能使管理者和员工都重视起来，才能保证其持久地发挥作用。

三、绩效反馈分类

1. 按照反馈方式分类

绩效反馈一般通过语言沟通、暗示以及奖惩等方式进行。语言沟通是指考核人将绩效考核通过口头或书面的形式反馈给被考核者，对其良好的绩效加以肯定，对不良绩效予以否定。暗示方法是指考核者以间接的形式（如上级对下级的亲疏）对被评估者的绩效加以肯定或者否定。奖惩方式是指通过货币（如加薪、奖金或罚款）及非货币（如提升、嘉奖或降级）形式对被考核者的绩效进行反馈。

绩效反馈中，奖励方式对激励的影响方式最为直接，它用物质的或非物质的手段刺激与引导考核者的行为。当被考核者的成绩被肯定时，语言沟通可以满足其一定的精神需要，而当被考核者面临负激励时，语言沟通能起到一定的缓冲作用，且能彼此了解对方的意图，避免了激励不对称。但相比而言，由于被考核者得不到实惠，也没失去既得的利益，激励的强度就显得软弱。暗示方式更为简洁，对被考核者不满时，采用暗示方式可能会使其保持一定的自尊心，以促使其自觉改正（但这对于不自觉者无效）。暗示方式不足时，容易引起误解，有些人会假装没有收到反馈，因此，暗示方式的激励效果或许最弱。在肯定被考核者的成绩时，采用前两种方式更有效。

2. 按照反馈中被考核者的参与程度分类

绩效反馈根据被考核者的参与程度分为三种：指令式、指导式、授权式。指令式是最接近传统的反馈方式，对大多数管理者来说，他们最习惯这种方式。其主要特点是管理者只告诉员工他们所做的哪些是对的，哪些是错的；他们应该做些什么，下次应该做什么；为什么应该这样做，而不应该那样做。员工的任务是听、学，然后按照管理者的要求去做事情。一般而言，人们很容易对指令式持否定态度，因为他以管理者为中心，而不是以员工为中心。指导式以教和问结合为特点，同时以管理者和员工为中心，而管理者对所反馈的内容更感兴趣。用引导式反馈同样的信息时，主管会不断地问员工：为什么认为事情做错了？是否知道怎样做更好？在各种方法中，你认为哪种最好，为什么？假如出现问题怎么办？这样，员工就能在对某件事情取得一致意见之前，与管理者一起探讨各自的方法。授权式的特点是以问为主，以教为辅，完全以员工为中心。管理者主要对员工回答的内容感兴趣，较少发表自己的观点。而且注重帮助员工独立地找到解决问题的办法，通过不断地提出问题，来帮助员工进行探索和发现。这些问题与指导式所问的问题相似，但问题的内容更广泛、更深刻，很少讲授。三种反馈方式的特点比较如表 12-1 所示。

表 12-1　三种反馈方式的特点比较

	指　令　式	指　导　式	授　权　式
管理者方面	只教不问	教与问相结合	以问为主，以教为辅
员工方面	听、学，按管理者要求做事	与管理者一起探讨，取得一致意见	较多地发表自己的看法
反馈方面	单向	双向	双向
模式中心	以管理者为中心	以管理者和员工为中心	以员工为中心

3. 按照反馈的内容和形式分类

内容和形式是决定一个事物的两个最主要的方面。采用何种反馈方式在很大程度上决定着反馈是否有效。根据反馈的内容和形式，绩效反馈分为正式反馈和非正式反馈。正式反馈是事先计划和安排的，如定期的书面报告、面谈、有经理参加的定期小组和团队会议等。非正式反馈的形式也多种多样，如闲聊、走动式交谈等。

四、绩效反馈存在的常见误区

1. 绩效反馈缺失

目前，我国大多数企业并未把绩效反馈作为绩效管理体系中必要的环节予以重视，导致绩效反馈缺乏，产生原因主要有两方面：一是制度的设计者没有认识到绩效反馈对于绩效管理的重要意义，在制度流程设计上就造成了缺失；二是绩效考核的操作者意识、技能培训不足，还未将绩效反馈看成绩效考核的有效组成部分，也还未意识到绩效反馈在绩效管理中的重要性，或者技能水平不足，导致绩效反馈流于形式。绩效反馈的缺失必将导致绩效管理工作仅停留在考核阶段，缺乏反馈带来的沟通、交流和改进建议等，使绩效管理成为考核手段，增加员工对考核的不满、抵触等情绪；同时，反馈的缺失使管理层缺乏改进绩效考核计划和指标的信息，导致下阶段计划和指标的不科学进而影响绩效考核的效果。

针对这种情况，企业可以通过制度流程和记录表格的形式，规范内部绩效反馈的流程。绩效反馈前期要做好三个准备：一是考核资料、问题分析和反馈提纲的准备；二是提前通知被考核者，让他们做好自我问题、原因、改进方法的思考；三是选择合适的时间、地点。绩效反馈中要做好三个记录：一是被考核者存在的问题；二是被考核者对问题的认识；三是达成绩效共识。绩效反馈后要做好三个总结：一是总结被考核者；二是总结反馈的效果；三是总结反馈的问题。通过固化绩效反馈流程，减少绩效反馈中的不规范行为，提升绩效反馈效果。

2. 绩效考核结果缺乏说服力

绩效反馈的基础是准确的绩效考核结果，考核结果的失真无疑会增加绩效反馈的难度，然而，准确地评价一名员工的绩效是一项复杂的工作，很多企业绩效评估并不是那么好。绩效反馈是存在于多个绩效管理周期间的持续性活动，需要多次沟通才能完成，而非个别管理者认为的仅限于考核完成后的面谈。只有采用多次的正式与非正式沟通与员工充分交流，了解其思想动态、绩效改善计划的完成情况等，才能顺利达成下一阶段的绩效目标。

准确的绩效考核结果源于有效的考核体系。选取考核者应遵循信息易获取原则；考核单元确定需要明确考核层次；考核周期则需要考虑绩效积累性。总的来说，考核体系的建立一定要贴近企业实际，因岗而定，这样才能保证绩效结果的公平、有效。

3. 执行者绩效反馈技能欠缺

绩效反馈需要每位管理者的执行和推进，但实际工作中，管理者管理水平良莠不齐，管理艺术不足等都会导致绩效反馈落实效果的不确定性。在实际执行绩效反馈时，管理者的主观偏见会导致考核结果不公平，让员工误解考核的客观性；"老好人"思想会使绩效反馈流于形式；被考核者因自我防范心理对考核结果的不认同会阻碍其反省自我，弱化考核作用。

针对这种情况，企业要加强培训，提升管理者绩效反馈水平。绩效反馈依靠管理者的执行，管理者的执行水平直接关系绩效反馈工作的效果。企业的绩效考核主管部门既要加大对绩效反馈的作用和意义的宣贯，同时还需加大绩效考核技巧和管理艺术类的培训，通过培训提升管理者对绩效反馈工作的认识，同时增强绩效反馈水平和能力，确保有效地发挥绩效反馈的作用。

第二节　绩　效　面　谈

绩效面谈是现代绩效管理工作中非常重要的环节。通过绩效面谈可实现上级主管和下属之间对于工作情况的沟通和确认。找出工作中的优势及不足，并制订相应的改进方案。绩效面谈是绩效反馈的一种正式沟通方法，是绩效反馈的主要形式。通过绩效面谈，被评估者可以了解自身绩效，强化优势，改进不足；同时，也可将企业的期望、目标和价值观进行传递，形成价值创造的传导与放大。

一、绩效面谈的内容与目的

1. 绩效面谈的内容

绩效面谈的内容应围绕员工上一个绩效周期的工作开展,一般包括四个方面的内容。

1)谈工作业绩

工作业绩的综合完成情况是主管进行绩效面谈时最为重要的内容,在面谈时应将评估结果及时反馈给下属,如果下属对绩效评估的结果有异议,则需要和下属一起回顾上一绩效周期的绩效计划和绩效标准,并详细地向下属介绍绩效评估的理由。通过对绩效结果的反馈,总结绩效达成的经验,找出绩效未能有效达成的原因,为以后更好地完成工作打下基础。

2)谈行为表现

除绩效结果外,主管还应关注下属的行为表现,如工作态度、工作能力等,对工作态度和工作能力的关注可以帮助下属更好地完善自己,并提高员工的技能,也有助于帮助员工进行职业生涯规划。

3)谈改进措施

绩效管理的最终目的是改善绩效。在面谈过程中,针对下属未能有效完成的绩效计划,主管应该和下属一起分析绩效不佳的原因,并设法帮助下属提出具体的绩效改进措施。

4)谈新的目标

绩效面谈是绩效管理流程中的最后环节,主管应在这个环节中结合上一绩效周期的绩效计划完成情况,并结合下属新的工作任务,和下属一起提出下一绩效周期中的新的工作目标和工作标准,这实际上是在帮助下属一起制订新的绩效计划。

2. 绩效面谈的目的

绩效面谈的目的是要通过多角度沟通使双方对绩效结果达成比较一致的看法。对同样的行为表现,往往不同的人会有不同的看法。管理人员对员工的评估代表的是管理人员的看法,而员工可能会对自己的绩效有另外的看法,因此,必须进行沟通以达成一致的看法,这样才能制订下一步的绩效改进计划。

1)使员工充分认识自己的成就和优点

当面祝贺员工取得的业绩、成果;赞同和肯定员工的专长、优点更能激励员工和得到员工的认可。每个人都有被他人认可的需要。当一个人做出成就时,他需要得到其他人的承认或肯定。因此,绩效反馈面谈的一个很重要的目的就是使员工认识到自己的成就或优点,从而对员工起到积极的激励作用。

2)必须指出员工有待改进的方面

员工的绩效中可能存在一些不足之处,或者员工目前的绩效表现比较优秀,但如果今后想要做得更好仍然有一些需要改进的方面,这些都是在绩效反馈面谈的过程中应该指出的。通常来说,员工想要听到的不只是肯定和表扬的话,他们也需要有人中肯地指出其有待改进的方面。要有建设性地进行批评,指出业绩差的员工存在的问题和不足,即便是表现优秀的员工，也有可提升空间。

3）共同制订绩效改进计划

在双方对绩效评定的结果达成一致意见之后，员工和管理人员可以在绩效反馈面谈的过程中一同制订绩效改进计划。通过绩效反馈面谈，双方可以充分地沟通改进绩效的方法和具体的计划。员工可以提出自己的绩效改进计划并且向经理人员提出自己需要他提供怎样的支持，以及如何让经理人员得到自己的绩效改进信息。经理人员则对员工如何改进绩效提供自己的建议。

4）协商下一个绩效管理周期的目标和绩效标准

绩效管理是一个往复不断的循环。一个绩效管理周期的结束，同时也是下一个绩效管理周期的开始。因此上一个绩效管理周期的绩效反馈面谈可以与下一个绩效管理周期的绩效计划面谈合并在一起进行。由于刚刚讨论完员工在本绩效管理周期中的绩效结果以及绩效的改进计划，因此在制订绩效目标时就可以参照上一个绩效周期中的结果和存在的待改进的问题，这样既能有的放矢地使员工的绩效得到改进，又可以使绩效管理活动连贯地进行。

二、绩效面谈准备工作

绩效面谈是绩效管理的重要一环，也是提升绩效的重要手段，因此管理者和员工都应充分做好准备。

1. 管理者反馈面谈准备

管理者根据员工的绩效考核结果，可以预料到员工会对哪些内容有疑问，哪些内容需要向员工做特别解释说明。只有对每项考核内容进行仔细思考，才能更好地驾驭整个面谈的局面，使之朝着积极的方向发展，而不是陷入尴尬的僵局或面红耳赤的争吵。

1）确定好面谈时间

选择双方都有空闲的时间，尽量不要安排在刚上班或下班时，时间尽量避开整点，确定后要征询一下员工的意见，并要提前3天通知员工。

2）选择好面谈场所

尽量选择不受干扰的场所，要远离电话及其他人员，避免面谈中途被打断，并且要安排好双方在面谈时的空间距离和位置，具体如下。

（1）图 12-1（a）所示的面对面方式使得双方目光直视，容易给员工带来压力，营造了一种严肃的气氛，不宜选择。

（2）图 12-1（b）所示的距离偏远，可能使双方缺乏亲密感，营造了一种理性的气氛。

（3）图 12-1（c）所示的距离偏近，拉近了彼此的距离，但也有一部分人不能接受这种过于亲密的方式，营造一种和缓或者尴尬的气氛。

（4）图 12-1（d）所示管理者与员工呈一定角度而坐，能够避免心理紧张，也有利于观察对方和接受对方所表示的信息，营造了一种理性、和缓的氛围。

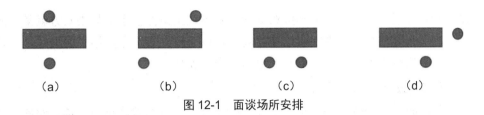

（a）　　　　　　（b）　　　　　　（c）　　　　　　（d）

图 12-1　面谈场所安排

3）收集并填写好有关绩效考核资料

通常，管理者需要收集并填写好如下绩效考核资料。

（1）绩效计划表及绩效计划变动表。绩效计划表和绩效计划变动表是整个绩效管理的基础文件，应该妥善保管，在和员工进行绩效面谈时，应将这些资料准备充分，以便需要核对时可随时与员工一同查看。

（2）员工绩效信息记录。绩效信息的来源可以是员工本人自述，也可以由其他相关部门提供，或者是管理者在员工绩效辅导沟通阶段收集和记录的内容。这些资料是做出绩效考核的重要依据，但往往也成为某些管理者忽视的薄弱环节，应在工作中引起足够的重视。

（3）绩效考核表。根据员工绩效信息反馈面谈结果最终确定员工的绩效考核得分。

（4）岗位说明书。岗位说明书是人力资源管理的基础文件，绩效计划的制订要参考岗位说明书，因此，绩效考核面谈也需要这方面的资料。

（5）员工的历史绩效档案。在和员工进行绩效考核面谈时，不可避免地会谈到历史绩效信息。无论是对当期绩效的评价，还是制订绩效改进计划，都不能脱离员工的历史绩效水平，因此，管理者应将员工最近半年内的绩效考核结果等资料准备充分。

4）针对不同员工制定面谈程序

针对不同的员工应制定不同的面谈程序。面谈程序包括面谈的过程、面谈的内容、这些内容的先后顺序安排以及各部分所花费的时间等。

（1）开场白。绩效考核面谈的开场白应根据谈话对象及情境，做出不同的安排。有的员工对绩效考核面谈比较紧张，管理者不妨先聊一些轻松的话题缓和一下气氛；如果员工对绩效考核面谈的目的比较理解，并且能够心平气和地接受绩效考核结果，那么不妨开门见山地切入主题。

（2）绩效考核面谈过程。绩效考核面谈中先谈什么、后谈什么没有固定的模式，应根据具体情境来判断。以下做法可供参考：首先，与员工沟通本次绩效评估的目的、绩效目标、评估标准，在这些方面达成共识后，再讨论员工的具体评估分数。其次，先让员工叙述自己的工作表现，对自己做初步评估，管理者再表达自己的看法，并和员工逐项取得一致意见。最后，直接就评估表格中的内容逐项与员工进行沟通。管理者首先就每项工作目标的达成情况谈谈自己的意见，对成绩加以肯定，并指出不足之处；然后请员工谈谈是否有不同的看法。对于实在无法达成一致意见的，可以暂时搁置，以后再做沟通，或必要时请示上级裁定。

（3）结束面谈。管理者需要掌握什么时候结束面谈以及结束面谈的技巧。一般来说，对绩效评估中各项内容基本达成一致意见后，就可以结束面谈了。如果双方就某一问题争执不下，那么管理者可以先回避这一问题，待以后再进行沟通。结束面谈时，一定要鼓励员工，增加员工的自信心，以利于绩效水平的提高。

2. 员工绩效考核面谈准备

绩效考核面谈是管理者和员工互动的过程，只有双方都做了充分准备，面谈才有可能成功。因此应提前将面谈的重要性告知员工，让员工做好充分准备。

1）准备证明自己绩效的资料或证据

在很多情况下，管理者会让员工根据关键业绩指标逐项简单陈述绩效状况，因此员工应该充分准备表明自己绩效状况的一些事实依据。对于业绩优异事项，应找出有利的事实依据；对于业绩不理想事项，应用事实依据来说明理由。如果需要填写自我评估表格，一定要认真填写。

2）准备需要向管理者提出的问题和要求

绩效考核面谈是双向交流沟通的过程，员工可以向主管提出自己所关心的问题，也可以向主管提出一些工作上的要求。提问的问题可以涉及公司的发展战略、公司绩效目标、部门绩效目标以及工作中的困惑，也可以包括要求主管提供业务上的辅导支持以及其他资源的支持，等等。

3）准备好个人发展计划

绩效管理的目的是提高绩效，制订切实、合理的个人发展计划是绩效管理得以成功的重要一环。员工应针对工作中的不足之处，提出有待发展的项目，发展这些项目的意义和可行性，这些项目目前的绩效水平及预期达到的水平，发展这些项目的方式、途径以及需要的资源支持，完成这些项目的时间期限等方面的内容。

主管对员工提出的个人发展计划做出审核后，管理人员应为员工提供资源上的支持，并督促员工完成个人发展计划。

三、绩效面谈实施过程

1. 营造和谐的气氛并明确面谈目的

首先，在融洽的气氛和舒适的环境下进行绩效面谈，比较容易得到真实的结果。有的情况下，员工可能会比较紧张，这时管理者可以选择一些轻松的话题开始谈话，缓和对方的心情和气氛。其次，与员工沟通本次绩效评估的目的和评估标准，在这些方面达成共识之后再讨论员工的具体分数和对其的评估结果。

2. 员工自我评价

员工可以参照期初制订的绩效计划和绩效目标，简明扼要的汇报考核周期内的工作情况，让员工先叙述自己的工作表现，并对自己做出评价；管理人员要注意倾听，不轻易打断；对于不清楚的内容适时提问，适当地做记录；当员工自我评价结束后，管理人员再表达自己的看法中与员工一致的和不一致的意见。

3. 确认绩效结果

就评估表格中的内容逐项地与员工进行沟通,要将员工在本绩效周期内的业绩表现、行为态度等有依据地反馈给对方,如果双方的认识一致就进行下一项讨论,如果双方的意见不一致,就经过讨论争取达成一致。对于实在无法达成一致的意见,可以暂时搁置,事后再做沟通或请直接主管的上级进行仲裁。

4. 开始绩效诊断

绩效诊断一般来说是对不良的绩效结果寻求原因、弄清障碍和找出答案,问题关键在于弄清情况而不在于责备和批评。经过充分交换意见后,面谈双方在彼此要求和期望方面达成共识。管理者认真倾听员工的建议,对其提出的合理要求和措施建议应该给予积极的肯定和支持。除此之外,管理者还应注意,对于员工在绩效期间工作表现的优点先加以肯定,再谈论不足或有待进一步改进的地方。帮助员工分析症结所在,找出不当行为的起因,探讨改进方案。

5. 面谈结束

要根据面谈过程,同员工制订绩效改进计划,确定绩效改进要点和实施计划。在双方对绩效评估中的各项内容基本达成一致意见之后,结束面谈。如果双方就某些问题争执不下,主管人员可以建议将其作为双方回去继续思考的问题,留做下一次面谈时的内容,而不一定非要在当时得出结论。

在绩效面谈结束之际,管理者应当对员工进行积极的鼓励,让其振奋精神、鼓足干劲,以乐观、积极的情绪开始下一阶段的工作。

6. 将面谈结果记录下来

员工离开后,管理者将交谈和评价结果做成文档。许多企业将绩效面谈或评价会议的文档作为个人档案的一部分,因此,管理者和员工应当在文档上签名确认。

四、绩效面谈方法与常用技巧

1. 造成绩效面谈实施障碍的三大因素

在很多企业中,绩效面谈往往成了主管和员工都颇为头疼的一件事。由于主管人员要面对面地与下属人员讨论绩效上的缺陷,而面谈结果又与随后的绩效奖金、工资晋升等有联系,一旦要面对面地讨论如此敏感和令人尴尬的问题,非常容易使双方紧张甚至带来人际冲突。

1)主管人员不重视或者缺乏技巧

许多主管人员不是很重视绩效反馈面谈这个环节,往往认为填写完评估表格、算出绩效评估的分数就算是绩效评估结束了,绩效面谈不能有效进行的原因是:认为面谈没有必要,缺乏面谈的技巧,等等。

2)绩效体系设计与实施中的问题

绩效体系本身设计得不够科学,不能客观地反映员工的工作表现,重要的工作没有包含在绩效指标里，打分的时候主观性太强，主管人员不重视员工沟通及辅导，所有问题都集中在一起与员工秋后算账，形成对峙。

3）员工抵制面谈

员工认为面谈只是走形式，不能解决实际问题，谈完后还是老样子，面谈属于浪费时间。主管人员的面谈表现也造成员工害怕批评、说教，给员工造成心理影响。

要想充分实现绩效反馈面谈的上述目的，就必须做好充分的准备。由于绩效反馈面谈是主管人员与员工双方的工作，那么主管人员和员工都应该为绩效反馈面谈做好各自的准备。

在面谈过程中，要让员工先做自我评估，和员工逐项分析工作目标、实际完成情况，分析业绩不好的原因，特别应该注意的是不要先定性，比如上来就说"员工态度有问题"，而是要通过深入沟通了解员工绩效差的本质原因。在确定了员工绩效差的原因后，要和员工一同探讨是否认同这些原因，如果认同，要一同制订改进方案，对于不认同的方面，最好不要当面进行说教、斥责，导致沟通僵化。

2. 绩效面谈的策略

在绩效反馈面谈中，管理者应针对不同类型的员工选择不同的面谈策略，只有这样才能做到有的放矢，取得良好的反馈效果。一般来讲，员工可以依据工作业绩和工作态度分为以下四种类型。

1）贡献型（工作业绩好+工作态度好）

贡献型员工是直线经理创造良好团队业绩的主力军，是最需要维护和保留的。面谈策略应是：在了解企业激励政策的前提下予以奖励，提出更高的目标和要求。

2）冲锋型（好的工作业绩+差的工作态度）

冲锋型员工的不足之处在于工作忽冷忽热，态度时好时坏。对此可分析其原因，多缘于两方面：一是性格使然，喜欢用批判的眼光看待周围事物，人虽然很聪明，但老是带着情绪工作；二是沟通不畅所致。对此下属，切忌两种倾向：一是放纵（工作离不开冲锋型的人，工作态度不好就不好，只要干出成绩就行）；二是管死（只业绩好有什么用，这种人给自己添的麻烦比做的事多，非要治治不可）。对于冲锋型的下属，采取的面谈策略应当是：沟通，既然冲锋型下属的工作态度不好，只能通过良好的沟通建立信任、了解原因，改善其工作态度；辅导，通过日常工作中的辅导改善工作态度，不要将问题都留到下一次绩效面谈。

3）安分型（差的工作业绩+好的工作态度）

安分型员工工作态度不错，工作兢兢业业、认认真真，对上司、公司有很高的认同度，可是工作业绩就是上不去。对他们面谈的策略应当是：以制订明确的、严格的绩效改进计划作为绩效面谈的重点；严格按照绩效考核办法予以考核，不能因为态度好就认可不好的工作业绩，更不能用工作态度掩盖工作业绩。

4）堕落型（工作业绩差+工作态度差）

堕落型员工会想尽一切办法来替自己辩解，或找外部因素，或自觉承认工作没做好。面谈策略应是：重申工作目标，澄清员工对工作成果的看法。

3．绩效面谈的方法

针对这些障碍，主要的解决方法集中在绩效面谈的技巧改进。比较常用的方法有汉堡法、BEST 法。

1）汉堡法

简单地说，就是最上面一层面包如同表扬，中间夹着的馅料如同批评，最下面的一块面包最重要，即要用肯定和支持的话语结束。也就是说，首先应表扬特定的成就，给予真心的肯定，表现再不好的人也有值得表扬的优点，千万别说"你这个人不行"，而应给予真诚的赞美，这样有助于建立融洽的气氛；然后提出需要改进的"特定"的行为表现，诚恳指出不足和错误，提出让员工能够接受的改善要求，祛除员工的抵触心理，表达出对员工的信赖和信心；最后以肯定和支持结束，和员工一起制订绩效改进计划，表达对员工未来发展的期望。

2）BEST 法

B 就是行为（behavior description，描述行为），即描述第一步先干什么事；E 就是后果（express consequence，表达后果），表述干这件事的后果是什么；S 就是征求意见（solicit input，征求意见），问员工应该怎样改进，引导员工回答，由员工说怎么　改进；T 和"汉堡"原理的最低层面包意思一样，以肯定和支持结束（talk about positive outcomes，着眼未来），员工说他打算怎么改进，管理者就以肯定和支持收场并鼓励他。

4．绩效面谈的技巧

1）选择一个舒适安静的环境

环境对绩效面谈十分重要，因为环境会影响一个人的心情，在面谈中让下属保持轻松的心情非常重要。绩效面谈环境选择的要点包括以下几方面。

（1）噪声要小，尽量不要受外界环境的干扰，要求面谈双方将手机关闭。

（2）最好不要在办公室里面谈，以免受其他人员干扰，打断正常的面谈。

（3）面谈时最好不要有第三者在场。

2）让员工感到被信任

信任是沟通的基础，绩效面谈实际上是上下级沟通的一种，所以，需要在面谈双方之间营造信任的氛围。信任的氛围可以让下属感觉到温暖和友善，这样下属就可以更加自由地发表自己的看法。如何营造信任的氛围呢？首先，要平等对待员工，在面谈中双方尽量不要隔着桌子对坐，利用一个圆型的会议桌更容易拉近与下属的距离；其次，要尊重员工，当下属发表意见时，主管要耐心地倾听，不要随便打断，更不要武断地指责。

3）向下属明确面谈的目的

向下属明确面谈的目的可以使下属能够了解面谈的意义以及面谈的内容。在阐述面谈的目的时，主管应尽可能使用比较积极的语言，例如，"我们今天面谈的主要目的是讨论如何更好地提高绩效，并且在以后的工作中需要我提供什么指导，以便我们能够更好地完成目标。"

4）鼓励下属互动参与

主管应避免填鸭式的说服，即使对下属工作有不满意的地方，仍需要耐心倾听下属内心的真正想法。如果下属是一个非常善于表达的人，那么尽量允许他把问题充分暴露出来；如果下属不爱说话，那么给他勇气，多一些鼓励。主管应该学会用一些具体的问题来引导下属多发表看法。

5）坚持对事不对人的原则，关注员工的绩效和行为，而非个性

在绩效面谈中主管应重点关注下属的绩效表现，如果下属个性方面的欠缺和工作无关，那么尽量不要发表意见。

6）用事实说话，不妄加评断

当主管发现下属在某些方面的绩效表现不好时，应收集相关信息资料，并结合具体的事实指出下属的不足，这样不仅可以让下属心服口服，更能让下属明白业绩不佳的原因，有利于其更好地改进工作。这就要求主管平时要注意观察下属的行为表现，并能够养成随时记录的习惯，从而为绩效面谈提供充实的信息。

7）语气要缓和，避免使用极端化语言

有些主管在下属的业绩表现欠佳时，容易情绪化，甚至使用一些极端化的字眼，如"你对工作总是不尽心，总是马马虎虎""你这个季度的业绩太差了，简直是一塌糊涂""你从未让我满意过，照这样下去，在公司绝对没有任何发展前途"等。这样做的后果是：一方面下属认为主管对自己的工作评价缺乏公平性与合理性，以致增加不满情绪；另一方面，下属受到打击，会感到心灰意冷，并怀疑自己的能力，对建立未来计划缺乏信心。因此，主管在面谈时必须杜绝使用这些字眼，应该多使用中性字眼，而且还要注意用相对缓和的语气。

8）灵活、有效地运用肢体语言

灵活、有效地运用肢体语言有利于营造信任的氛围，具体做法如下。

（1）选择合适的身体姿势。如果主管坐在沙发上，那么不要陷得太深或身体过于后倾，否则会让员工感到被轻视，也不要正襟危坐，以免使员工过分紧张。

（2）选择恰当的注视方法。面谈时，主管不应长时间凝视员工的眼睛，也不应目光游移不定，这些都会给员工造成心理上的负担。比较好的方式是将员工下巴与眼睛之间的区域作为注视范围，进行散点柔视，不仅可以增加员工对主管的亲切感，还能促使员工认真聆听评价结果。

9）以积极的方式结束面谈

面谈结束时，主管应该让下属树立起进一步把工作做好的信心。同时，要让下属感觉到这是一次非常难得的沟通，使他从主管那里得到了很多指导性的建议。这就要求主管在面谈结束时使用一些技巧，用积极的方式结束面谈。例如，可以充满热情地和员工握手，并真诚地说："今天的沟通感觉非常好，也谢谢你以前所做出的成绩，希望将来你能够更加努力地工作，如果需要我提供指导，我将全力支持你。"

以上技巧是主管在进行绩效面谈时应该掌握的，但是，提高绩效面谈的技巧是不能一日速成的，主管应该养成记录的习惯，总结分析每次面谈中出现的情况，从而不断提高面谈的技能。

第三节　绩效反馈的效果评估

很多人力资源经理都明白反馈的重要性，可是在实际工作中很少能有效地执行。很多时候，他们不知道如何将评估结果有效地反馈给员工，因为员工在反馈的过程中，很容易产生自我防卫的反抗情绪，甚至会与上级争辩，不仅预期中的目标达不到，反而会影响两者的关系，从而导致绩效评估工作仅仅能发挥"监督业绩达成程度并进行控制的机能"，而"培训个人成长和发展的反馈机能"往往被有意无意地忽略掉。

一、绩效反馈效果评估

绩效反馈面谈后，主管需要对面谈的结果进行评估，以便调整绩效反馈面谈的方式，取得好的面谈效果。为了了解绩效反馈对员工工作行为的影响，绩效反馈效果评价应集中回答如下一些问题。

（1）此次面谈是否达到了预期目的？

（2）下次应该怎样改进面谈方式？

（3）有哪些遗漏需要加以补充？哪些讨论是没有必要的？

（4）此次面谈对被考核者有什么帮助？面谈中被考核者充分发言了吗？

（5）在此次面谈中学到了哪些辅助技巧？

（6）自己对面谈结果是否满意？

（7）此次面谈的总体评价如何？

同时，组织实施绩效反馈后员工的工作行为也会发生一些变化。通过研究发现，绩效反馈后员工在工作行为方面有以下四种反应。

（1）积极主动地工作。这种情况下，绩效反馈与下属自我绩效评估基本一致。在双方绩效评估均属良好时，管理者常常通过情感、奖励、地位等多方面的激励方式来反馈下属的绩效，而下属则以积极、主动的态度回报领导对其绩效的认同。

（2）保持原来的工作态度。这种情况反馈与下属自我绩效评估既可能一致也可能不一致。在绩效评估基本一致，下属认为其绩效与其需求相当，且无法满足更高需求的可能时，常常保持原来的态度。而当绩效评估与其需求不一致时，下属往往认为领导对其绩效低估了，但又不愿消极被动地工作，也常常采用这种工作态度。

（3）消极被动地工作。出现这种工作情况的主要原因：一是绩效反馈情况与下属自我绩效评估不一致；二是绩效反馈情况基本一致且绩效良好，但下属对绩效反馈的形式不满。

（4）抵制工作。导致这种情况出现的原因除了绩效反馈情况与下属自我绩效评价不一致，还有绩效反馈双方在情感交流方面发生了冲突，员工对领导产生了抵触情绪。作为绩效管理的末枝环节，绩效反馈如果做得不好，将直接影响到整个绩效管理的全过程，所以，每个绩效反馈结束后，我们都需要针对在问卷和员工行为观察中了解到的问题提出绩效反馈的改进计划。

二、改进绩效反馈

1. 强化管理者素质

提高管理者素质，增强责任心，统一知识，经常性地做好绩效管理培训工作，建立绩效考核面谈制度。

2. 注意沟通的方法技巧

管理者要考虑以什么方式进行沟通，使沟通的双方相互理解、相互信任、相互认同。只有情感沟通良好，才能让员工在心理上愉快地接受，收到事半功倍的效果。

3. 认真做好沟通的准备工作

管理者必须高度重视面谈反馈的重要性，应该有主动与员工沟通的胸怀；认真做好面谈前的准备工作，明确面谈前的目的，特别是对存有问题的绩效差的员工，必须有充分的考核依据。事实依据在考核中十分重要，要解决这个问题，关键在于平时对事实依据的积累。

4. 注意"双向沟通"

沟通中最重要的是"倾听"，倾听会使了解变得全面和深入，倾听期间可以寻找合适的切入点。认真听取员工的意见，鼓励下属充分表露自己的观点，然后针对其观点再有理有据地进行探讨，实行"双向沟通"，从而形成管理者和员工的互动式沟通，这样才能达到最好的沟通。

5. 注意谈话的场所和环境

管理者在与员工面谈时要充分选择好时间、地点。一般来讲应该在绩效考核结果出来一周进行面谈，地点应该选择安静的场所，以提高面谈的效果。

6. 明确谈话的态度

面谈中管理者必须明确自己的态度，并且对员工取得的成绩给予充分肯定，对存在的问题必须明确提出，但是不要直接指责员工，同时要帮助员工制订改进计划，并有责任追踪整改效果。

7. 注意反馈意见

认真收集被考核者对被考核工作、考核程序及面谈反馈人意见，填写《面谈反馈表》。管理者要认真对反馈信息进行分析，不断完成，以提高绩效考核的效果。

任何一种绩效评估模式都不是最好的，在实际的操作过程中总会出现一些误差，而这些误差的出现如不能及时发现和消除，必然会影响企业的发展，影响企业和员工之间的关系，挫伤员工的积极性，不利于人力资源开发。在反馈过程中要有敏锐的洞察力且要做好必要的准备工作，及时发现，及时解决，及时沟通，即使再反馈，也要最大限度地消除消极影响，然后在实践的基础上进一步完善绩效考核制度，建立更加适合本企业的绩效评估模式。

绩效管理的透明性

小王在一家私营公司做基层主管已经有3年了。这家公司以前不是很重视绩效考核，但是依靠自己所拥有的资源，公司的发展很快。去年，公司从外部引进了一名人力资源总监，至此，公司的绩效考核制度才开始在公司中建立起来，公司中的大多数员工也开始知道了一些有关员工绩效管理的具体要求。

在去年年终考核时，小王的上司要同他谈话，小王很不安，虽然他对自己一年来的工作很满意，但是他不知道他的上司对此怎么看。小王是一个比较"内向"的人，除了工作上的问题，他不是很经常地和他的上司交往。在谈话中，上司对小王的表现总体上来讲是肯定的，同时，指出了他在工作中需要改善的地方。小王也同意那些看法，他知道自己有一些缺点。整个谈话过程是令人愉快的，离开上司办公室时小王感觉不错。但是，当小王拿到上司给他的年终考核书面报告时，小王感到非常震惊，并且难以置信。书面报告中写了他很多问题、缺点等负面的东西，而他的成绩、优点等只有一点点。小王觉得这样的结果好像有点"不可理喻"。小王从公司公布的"绩效考核规则"上知道，书面考核报告是要长期存档的，这对小王今后在公司的工作影响很大。小王感到很是不安和苦恼。

资料来源：夏兆敢. 人力资源管理[M]. 上海：上海财经大学出版社，2006：36.

讨论题：

（1）绩效面谈在绩效管理中有什么样的作用，人力资源部门应该围绕绩效面谈做哪些方面的工作？

（2）经过绩效面谈后小王感到不安和苦恼，导致这样的结果其原因何在，怎样做才能避免这些问题的产生？

第十三章　绩效考核结果的应用

福特公司推出以绩效为依据的买断计划

福特汽车公司针对那些工作绩效不良的雇员，以及被公司评价为"潜力有限"的绩效平平的雇员推出一项慷慨的买断计划。这一买断计划的内容通常包括两个部分：一是根据雇员的服务年限和工资水平向他们一次性支付一笔钱；二是为鼓励职员自愿辞职或提前退休而提供一些其他激励措施。与其他公司相比，福特汽车公司的买断计划要慷慨得多。它在这一计划中所提供的支付项目包括：最高相当于雇员 12 个月工资总额的一笔钱；保险福利费用；为雇员支付租用一辆二手福特汽车两年的租金；接受再培训或重新安置的费用；现金奖励；利润分享；等等。福特汽车公司的此项买断计划是福特汽车公司、通用汽车公司以及戴姆勒-克莱斯勒汽车公司在降低成本、提高雇员生产力方面面临来自华尔街以及外国竞争者的压力的情况下出台的。

一般来说，如果雇员没有能力在公司中获得晋升，那么公司便会认为这些人的潜力是有限的。福特公司建议自己的管理人员应该告诉买断计划的候选人，他们在福特公司已经没有获得晋升或加薪的机会了，能够获得的奖金数量也将会是非常有限的。尽管这一买断计划属于自愿性的，但是公司建议管理人员直接告诉那些显然应当成为这种计划实施对象的雇员：他们应当离开公司。福特公司希望接受买断计划的人有 50% 来自已经有退休资格的雇员，25% 的人来自为公司服务了 11～29 年的雇员，而剩下的 25% 则来自为公司服务了 1～10 年的雇员。

在 1995 年福特汽车公司进行企业重组之前，公司的雇员或管理者只要从他们的老板那里得到一个比较好的绩效评价就有资格获得晋升。而如今，由于许多工作都是以团队的形式完成的，因此确认一位雇员是否属于绩效优良者，往往需要由其同事、客户以及老板来共同评价。

福特汽车公司的买断计划在几个方面都是非常独特的。第一，买断计划的对象是绩效一般和绩效不佳的雇员；而许多公司实施买断计划的结果是：绩效优秀的员工也会像绩效不良的雇员一样离开企业。第二，福特公司对待绩效不良者的方法是十分独特的：其他公司往往只将绩效不佳者解雇了之；而在福特汽车公司，绩效平平的雇员通常都是因为配偶的工作地点变动，或者仅仅因为上级告诉他在公司里发展的潜力是有限的，应该依靠自己的力量得到另外一份工作机会才离开公司。

不过买断计划也招致了公司新进员工的不满和不安。这些新进雇员直到最近才适应了公司的重组。不仅如此，很多雇员还感觉到，福特汽车公司的做法是家长式的，因为在它的政策中是将雇员当成家庭成员一样来对待的。

绩效考核结果有多种用途。福特汽车公司采用了一种独特的方法来运用考核结果，即专门针对绩效水平不佳以及绩效水平一般的员工提供慷慨的买断计划，以使得公司不断健康发展。

资料来源：程延园. 绩效管理经典案例解析与操作实务全书（上）[M]. 北京：中国经济出版社，2016：29-30.

第一节　绩效考核结果运用

一、考核结果运用的层次性

绩效考核结果的运用涉及企业人力资源管理的不同层次。人力资源管理系统主要由招聘、培训、绩效考核和薪酬管理等子系统构成。人力资源部门与用人部门合作将人招进来，完成上岗培训后，就涉及人员的配置与使用了。在考核员工的绩效时，首先是检查其工作的完成情况；其次，针对员工工作能力的不足之处，通过相应的培训来提高其工作胜任力和绩效水平；最后，通过精神与物质激励留住那些公司花费大量成本培养出来的员工。

绩效考核结果应用的层次与企业人力资源管理的水平，以及整个企业管理的水平是密切相关的。绩效考核结果的应用应该侧重于根据企业整个人力资源管理所处的实际阶段来确定。

（1）员工绩效考核结果运用的第一层次：员工工作绩效的检查与报偿。为确定每个员工的绩效目标，检查员工的工作完成情况，把薪酬与绩效结合起来。

（2）员工绩效考核结果运用的第二层次：员工岗位胜任能力的开发。为确定培训需求，培养员工的能力，帮助员工更有效地开展工作。

（3）员工绩效考核结果运用的第三层次：员工与组织的动态匹配。为改变企业的组织文化，评价员工的潜能，留住优秀的人才，淘汰不合格的员工，辅助员工进行职业生涯规划。

随着企业人力资源管理体系给企业带来的效益不断获得高层管理者的认同，人力资源管理逐渐得到重视，人力资源管理的实施越来越规范化和科学化，只有这样，员工绩效评价考核运用的层次才会不断地获得提升。

二、考核结果的具体运用范围

1. 发现问题

企业绩效考核最根本的目标是改进绩效，而想要实现绩效改进，首先就得明确改什么，也即明确问题。只有明确了问题是什么，才能通过对问题的处理，最终实现绩效的改进。而对于绩效考核结果的应用，首当其冲的自然就是发现问题。

要通过设立科学合理的绩效考核体系，运用公平公正的考核方法，确保绩效考核结果的公平合理；再主要针对绩效考核结果中没有实现绩效要求的地方进行深入反思检讨，发现企业和个人的可以改善的问题。这些问题主要是内部原因，且可以通过制度的改变，或者人员培训等方式进行改善。

2. 引导员工行为，激励员工

绩效考核结果有引导员工行为、激励员工的作用。针对企业期望的员工行为和结果的考核，并通过最终考核结果的公开和反馈，可以达到引导激励的作用。

比如下面的一个小案例：国内一家著名的钢铁公司在三峡工程招标中，由于某项指标过低没有中标，回来之后集团公司给炼钢分厂下达一道命令，要求其在一个月内必须将指标提上来，但是事情过了半年这项指标仍然没有变化。集团公司没有采取简单的行政办法——将炼钢分厂的厂长解职，而是派了小组进行实际考察，想知道为什么事隔半年，这项指标还是没有提上来。小组成员在考察中发现，集团公司对分厂的考核是70%的数量指标，30%的质量指标，这样炼钢分厂就宁愿放弃30%的质量指标，追求70%的数量指标。因此调研小组给集团公司写了一个报告，将对分厂的两项考核指标对调，结果只用了一个月，这项指标就上来了。

上文是通过绩效考核结果发现问题、解决问题、改进绩效的案例，从中也可以看出绩效考核体系的建立、对结果的公开和反馈，可以有效地引导员工的行为。考核就像一个指挥棒一样，有什么样的考核项目，就会有什么样的员工行为。反过来讲，如果一家企业想要改变员工的行为，就要改变考核的项目，公开考核结果，并及时对员工进行反馈。考核是引导员工行为符合组织目标的有效方法，一定要充分利用好绩效考核结果，发挥好这个作用。

3. 制订员工的绩效改进计划

针对根据绩效考核结果发现的员工的问题，除了给出改进意见，最关键的还是要制订绩效改进计划。制订绩效改进计划一方面是为了帮助员工提高能力，另一方面也是在为下一个绩效周期做好准备：设立新的改进目标，让员工产生压力，努力去改进自己的绩效，同时也用于确定人员是否与岗位匹配，进而为安排岗位调配、职位管理等提供依据。

具体做法是：管理者与员工要在对存在的不足达成共识以及对考核结果分析的基础上提出改进措施，再根据改进措施和员工的实际情况制订有针对性的改进计划，以帮助员工在未来做得更好。

4. 岗位调配和职位管理

岗位调配主要针对绩效考核结果不良的员工，其绩效考核不良的原因是人岗不匹配。许多企业都有末位淘汰制，但是业绩不好的员工很可能不是因为能力不行，也有可能是与岗位不匹配。企业招聘和培养一名员工非常不容易，这部分的成本也很高，因此对于绩效差的员工，企业应该设置缓冲期对其进行再培训，再到企业内部劳动力市场竞争上岗，调整到合适的岗位工作，如果竞争不到合适岗位，才终止劳动关系，这样既不违法，也可以引入竞争机制，节约企业成本，促进企业发展。

职位管理包括培训计划、职位调整、职等调整等，主要针对绩效特别好的员工。因为这部分员工的绩效考核结果出众，相信其可以承担更重大的责任，应该作为核心员工来培养和激励。通过给予此类员工职业发展晋升的机会，一方面可以留住他们，另一方面也是在建设企业人才梯队。

5. 利益分配

利益分配主要包括薪酬调整、奖金确定、精神鼓励。把绩效考核结果同岗位调整、职位管理和薪酬挂钩，实则是让员工重视绩效考核，使得绩效考核的结果真正能引导员工的行为。许多企业绩效考核工作流于形式，员工积极性不高，甚至对绩效考核产生抵触情绪，也是因为绩效考核结果没有与薪酬、晋升和培训挂钩。

其实，企业除基本工资外，还有奖金、业绩工资等。奖金一般与人员的日常表现和对企业的贡献相关；而业绩工资则直接与员工个人业绩相关。这些都是绩效考核结果的普遍用途。为了增强薪酬的激励效果，员工的薪酬部分与绩效挂钩，薪资的调整也往往由绩效成果来决定，从而真正让员工重视自己的绩效。这样做可避免在许多企业绩效考核中存在的状况：考核仅仅是人事部门的例行工作罢了，与其他人事工作没有必然联系，更与企业经济效益和发展不沾边——在这种状况下，管理者容易在考核工作中违背本应遵循的原则甚至错误地执行考核结果，员工则会惧怕、逃避和拒绝考核，从而给企业带来不应有的管理矛盾，以致影响企业的士气和战略。

6. 员工培训

在员工培训上，绩效考核的结果用于发掘员工培训需求，作为培训开发有效性的判断依据。现在的企业越来越重视培训，也越来越愿意在培训上下功夫，很多著名的企业都有这种培训理念。松下幸之助曾说："培训很贵，但不培训更贵。"意思是说，表面上看培训是花了很多钱，但是如果不培训，所支付的成本可能会更大。企业重视培训，是一个大的趋势，而且这对企业竞争优势的提高具有非常好的战略意义。当然培训也不一定是越多越好，因为它是一把双刃剑，盲目地做很多培训，对员工的能力提升没有什么成效，对于企业的发展也没什么好处。那么，企业对于员工到底应该进行哪些培训呢？这可以通过分析绩效考核结果来得到答案。也就是说，通过考核，找到员工现有的能力表现和所要求的能力表现之间的差距，差什么补什么：知识不足的补知识，能力不足的去提高其能力，经验不足的去积累经验。到此，就可以确定并开发出员工真正需要的、员工培训后可以给企业带来积极影响的培训课程。

7. 招聘和甄选员工

首先，绩效考核结果可用于新员工的转正、定级。对于新入职的员工，为了避免招聘面试环节的识人风险，企业往往也会有在岗测试制度。对新员工在岗测试期间的表现同样会进行绩效考核，主要考察其绩效、能力和态度。在岗测试期结束之后，其绩效考核结果往往作为新员工转正、定级等的依据，也是主管了解新员工特长、能力等的主要依据。

其次，绩效考核结果可衡量招聘和甄选的有效性。企业会有很多招聘活动，不断有新人来应聘。那么招来这些人，到底合算不合算呢？我们举一个简单的例子：这个部门只有张三和李四两个人，张三一年的总收入是 21 万元，他一年能为企业创造 200 万元的利润；李四一年的总收入是 14 万元，他一年可以为企业创造 150 万元的利润。这两个人如果只能留一个，你会选择谁呢？从单位工资所创造的利润来看，用李四要比张三更合算：只要用 1.33 个李四花 18.2 万元就能创造 200 万元的利润。有了这个计算结果，对张三就有两种选择，或者将其工资降到 18 万元，或者令其将创造的利润提高到 220 万元。简单来讲，这两个数据在企业中随时可以拿到，一个是已支付他的报酬，一个是他已创造的效益，通过这两个数据的对比，就可以得到结论。如果你要是看绝对值，那张三比李四好；如果你要看相对值，李四就比张三好，有了这样的比较结果，就可以帮你做出到底留张三还是留李四的选择。

第二节　绩 效 改 进

一、绩效改进的含义

绩效改进是指确认工作绩效的不足和差距，查明产生的原因，制订并实施有针对性的改进计划和策略，不断提高竞争优势的过程，即指采取一系列行动提高员工的能力和绩效。绩效改进是绩效考核的后续应用阶段，是联结绩效考核和下一循环计划目标制订的关键环节。绩效考核的目的不仅仅是作为确定员工薪酬、奖惩、晋升或降级的标准，员工能力的不断提高以及绩效的持续改进才是其根本目的，而实现这一目的的途径就是绩效改进。

二、绩效改进流程

1. 回顾绩效考核的结果

每个人都有被他人认可的需要，当做出成就时，希望得到其他人的承认。所以，首先应对员工在绩效期间工作表现的成绩和优点加以肯定，从而对员工起到积极的激励作用。然而，员工想要听到的不只是肯定和表扬的话，他们也需要有人中肯地指出其有待改进的地方，因此，接下来可以指出员工的绩效中存在的一些不足之处，或者员工目前绩效表现尚可但仍有需要改进的方面。主管和员工可以就绩效评估表格中的内容逐项进行沟通，在双方对绩效评估中的各项内容基本达成一致意见后，再开始着手制订绩效改进计划。

2. 找出有待提高的方面

有待提高的方面通常是指在工作的能力、方法、习惯等方面。这些方面应该是通过努力可以改善和提高的。一般来说，在一次绩效改进计划中应选择最为迫切需要提高的方面，因为一个人需要提高的方面可能有很多，但不可能在短时间内全部得到改善，所以应该有所选择。

3. 确定员工提升的具体措施

提升员工的素质可以采取多种形式。许多人一想到绩效改进的方法就会想到送员工参加培训，其实，除培训外，我们还可以通过许多方法提升员工的绩效，而且其中大部分方法并不需要公司进行额外的经费方面的投入，这些方法包括征求他人的反馈意见、工作轮换、参加特别任务小组、参加某些协会组织等。

4. 列出发展所需的资源

"工欲善其事，必先利其器"，要落实绩效改进计划，必须要有必要的资源支持。这些资源包括工作任务的分担、学习时间的保证、培训机会的提供、硬件设备的配备等。在这方面，主管人员一定要统筹安排，提供帮助，尽量为员工绩效的改进创造良好的内外环境。

5. 明确绩效改进的评估期限

工作的能力、方法、习惯等方面的提高是一项长期的任务，须在一个较长时间段中才能得到准确评估。员工需要一个宽松、稳定的环境，不应增加太多的管制。因此，如果评估周期过短，有可能造成员工的逆反心理，这样不但会分散员工的精力，影响工作进度，还有可能使员工疲于应付，使得评估效果适得其反。所以建议将评估周期设定为半年到一年，这样安排也可以与企业半年或年终总结相衔接。

6. 签订正式的改进计划

当人们亲身参与了某项决策的制定过程并做出了公开的表态时，他们一般会倾向于坚持立场，并且在外部的力量作用下也不会轻易改变。因此，在制订绩效改进计划的过程中，要让员工参与计划的制订，并且签订非常正规的绩效改进契约，也就是要让员工感到自己对绩效改进计划中的内容是做出了很强的公开承诺的，这样他们就会倾向于坚持这些承诺，并履行自己的绩效改进计划。如果员工的计划只是口头约定，没有经过正式签字确认，那么就很难保证他们会坚持这些承诺。

第三节　绩效考核结果应用过程中存在的常见误区

目前，国内企业纷纷建立了自己的绩效考核制度，绩效考核工作也搞得轰轰烈烈，但是对考核结果的运用却不尽如人意。绩效考核结果宛如花瓶，虽然美丽，但终究只是摆设。绩效考核作为有效管理工作的手段是过程而不是目的，关键在于考核结果的运用，结果运用性差使得绩效考核流于形式。

一、企业绩效考核结果运用存在的问题

1. 企业的管理者没有足够重视绩效考核结果的运用

管理者心目中的考核无非是奖优罚劣，即传统的胡萝卜加大棒。一些企业的领导人特别是高层领导除了对以"选拔"干部为目的的考核较为重视，对工作中员工的绩效并不重视。在他们看来，考核仅仅是人事部门的例行工作，与其他人事工作并没有必要联系，更与企业经济效益和发展不沾边。在这种错误认识下，管理者容易在考核工作中违背本应遵循的原则，甚至会错误地执行考核结果，员工则会惧怕、逃避和拒绝考核，从而给企业带来不应有的管理矛盾，以致影响企业的士气和战略。这种错误认识的主要原因在于管理者没有明确绩效考核的最终目的，因此也就谈不上对绩效考核结果的合理运用了。

2. 绩效考核结果缺乏反馈沟通，未能实现绩效改进

如今有许多企业在进行绩效考核时都存在某些误区：只重视考核结果的获得，而忽视结果的正确处理。一方面一些企业的绩效管理过程只进行到绩效考核即告一段落，往往认为填写完评估表格，算出绩效考核的分数就算是绩效考核结束了。企业上下齐心协力，辛苦努力才使每个人都有了一个考核结果，却被锁进抽屉，放进了档案室尘封起来，无任何用武之地。管理者都觉得很累而且充满了疑惑。另一方面不少企业在考核结束后，仅仅是公布了一下考核结果，就开始强制执行"机械式"的奖惩升迁，完全不考虑员工的反应。这些主要是由于企业没有建立一个良好的沟通和反馈机制，或者广大考核者和被考核者认为没有沟通反馈的必要性，或者认为根据考核结果与员工进行沟通太麻烦了，等等。这就造成了在绩效管理过程中，考核者和被考核者没有进行良好的反馈沟通，仅是为了完成考核而考核，导致很多工作上存在的问题、沟通上存在的问题仍然没有通过反馈来获得解决。由于反馈沟通的不足，对绩效改进没有起到较大的作用，更谈不上完成绩效考核目的——让广大员工发现自己的不足，然后在主管的辅导及自己的努力下，去改善和改进工作。

3. 绩效考核过程中出现的问题导致考核结果无法运用

考核的过程就是比较的过程，是收集信息与考核标准进行客观对比的过程。由于在考核的过程中存在以下问题，使得考核结果产生了偏差。例如，一直被评价为"工作出色"的部门，员工的工作成绩大家有目共睹，但是考核结果反而不如其他被评为"表现一般"的部门，究其原因是部门主管打分时标准过高，尺度过严。再如，"老好人"现象：一场考核下来，满眼90多分，甚至满分，没有几个是不优秀的，大家你好他好我也好，彼此没有任何差异。再如无根无据不公平的考核，等等。为什么会出现这样的情况？因为绩效考核过程中容易出现两类问题：一类与考核标准有关；另一类与主考人有关。

与考核标准有关的问题。首先，考核标准不严谨。考核项目设置不严谨，考核标准说明含糊不清，加大了考核的随意性；考核标准大而笼统，没有具体的评价指标；考核标准中有过多难以衡量的因素，致使对标准的理解不同，难以使员工信服。其次，考核的内容不够完整，无法正确评价员工的真实工作绩效。另外，德、能、勤、绩等定性化指标过多，不可避免地会使考核者的判断出现主观随意性，在一定程度上失去了公正性与有效性。

由于考核者主观随意性及某些心理倾向，如晕轮效应、宽严倾向、平均倾向、成见效应和近因效应等，使得绩效考核结果出现了偏差。以上两个因素导致考核结果与实际不符，因此也就无法正确地运用结果。

4. 绩效考核结果没有与薪酬、晋升和培训挂钩

在企业人力资源管理中，绩效考核对于人员的培训与发展、薪酬调整和晋升调岗都具有非常重要的参考价值，是进行人事决策的基础。但是目前国内的企业中能够把考核结果直接与薪酬、晋升和培训等挂钩的，真是少之又少，即便有部分企业勉强应用了绩效考核结果，最终却引起了大家的不满，这在一定程度上挫伤了广大员工对考核的积极性。同时对于绩效长时间较好的员工也没有一个培训和人事异动机制。久而久之，绩效考核工作就流于形式，导致广大员工对绩效管理的积极性不高，甚至有抵触情绪。

二、绩效考核结果运用有效性分析

解决绩效考核结果运用问题，可以采用以下五种方法。

1. 建立绩效管理导入制度

绩效管理导入即绩效培训。绩效管理导入可以发挥两方面效益：一方面，它有利于增进员工和管理者对绩效考核的理解，有助于消除各种误解和抵触情绪，提高企业管理者对绩效考核结果运用的重视；让管理者和员工认识到绩效考核的最终目的是改善员工的工作表现，通过提高员工工作效率来提高企业绩效；在实现企业经营目标的同时，提高员工工作积极性，提升员工的满意度和忠诚度，最终达到企业和个人发展的"双赢"；让企业真正树立起"以人为本"的管理理念，视绩效考核为满足员工追求高层次需要的手段，把做好绩效考核结果运用工作当作是对员工实现自身价值和提高企业绩效的有力促进。另一方面，绩效培训有利于考核者和被考核者掌握绩效管理的操作技能，保证绩效管理的有效性，达到统一管理者与员工对于评价指标、评价标准的理解；使考核者掌握具体的评价方法，熟悉绩效考核中使用的各种表格，并了解具体的评价程序，避免考核者误区的发生，使考核者了解如何尽可能地消除误差与偏见；帮助管理者学习如何进行绩效反馈和绩效指导。

绩效考核过程中出现的问题导致考核结果无法运用，可以通过提高绩效考核专业或技术水平及建立绩效考核结果申诉制度来有效避免。

2. 提高绩效考核技术水平

绩效考核结果无法运用，更多是专业或者技术上的问题。以平衡计分卡这个被绩效

考核广泛使用的管理工具为例。按照平衡计分卡的做法，员工绩效考核表上布满了从公司的战略目标衍生而来的具体的、量化的指标。无论张三还是李四，其目标完成的情况很容易在这些指标中得到体现。从中可以看出被考核者是否表现出了业绩考核表中所要求的那些指标。正是因为有了量化的、行为化的指标，且这些指标体系嵌入整个企业管理系统中，所以就不会出现由个人主观因素造成的评分不公平的问题，"老好人"现象也就无从产生了。

3. 建立绩效考核结果申诉制度

考核申诉产生的原因：一是被考核员工对考核结果不满或者认为考核者在评价标准的掌握上不公平；二是员工认为对考核标准的运用不当，有失公平。因此，要设立一定的程序，以在制度上促进绩效考核工作的合理化，达到提高绩效考核结果运用的作用。处理申诉工作一般由人力资源部门负责。首先，在处理考核申诉时，要注意尊重员工个人，申诉处理机构应该认真分析员工所提出的问题，找出问题发生的原因。其次，要把处理申诉过程作为互动互进的过程，当员工提出申诉时，组织应当把它当作一个完善绩效管理体系，促进员工提高绩效的机会，而不要简单地认为员工申诉是"员工有问题"。最后，处理考核申诉，应当把令申诉者信服的处理结果反馈给员工。

4. 实现绩效考核结果运用与薪酬、晋升和培训等挂钩

传统的绩效考核结果运用是把结果运用到薪酬、晋升和培训等。所以假如结果没有得到真正的应用，没有和薪酬、晋升和培训等切实挂钩，那么绩效管理只能流于形式。行为科学认为员工是社会人，是一个有理性的人。假如绩效考核对他的工作改善、自我提升和晋升加薪等没有影响或者作用非常微小，那么他就不会去重视、配合绩效考核工作。也会产生挫伤那些长期绩效较好员工的积极性等不良效应。所以绩效考核结果必须得到应用，必须与薪酬、晋升和培训切实挂钩，才能真正发挥实效。

5. 通过绩效考核结果的反馈沟通实现绩效改进

加强和推进绩效沟通和反馈，让绩效在沟通中改进和提升。绩效考核工作完成以后应该及时与员工进行绩效考核结果的沟通反馈。这是做好绩效管理的关键。绩效反馈是管理人员与员工就该员工在考核期内的具体表现进行双向的沟通，使员工认识到自己在考核期内主要的工作成绩与不足的过程。在进行绩效反馈的过程中，应自始至终地把握一个重点——反馈不是为了通知员工本次绩效考核的结果，更不是为了跟员工"算账"，而是为了使双方达成共识，让员工认识到在上一考核期内自己的工作中还存在哪些不足，以改进工作、提升能力为主要出发点。因此，在关于绩效考核结果的沟通中，管理人员应重在与员工就各项考核指标的完成情况进行沟通，分析各项指标未能完成的主要原因，并在此基础上制订绩效改进计划。一方面落实下一考核期的共同指标；另一方面则应针对员工上一期工作中存在的主要问题，进一步明确下一期的个性化考核指标及具体考核标准，为员工指出工作改进的目标与方向，鼓励员工把工作做好，从而促使员工工作改进、能力提升，推动企业战略目标的有效达成。

——————— 案 例 分 析 ———————

被束之高阁的绩效考核结果

A公司目前有员工一千人左右，前几年就开始从管理上进行改革。绩效考核工作是公司重点投入的一项工作。人事部在原有的考核制度基础上制定了《中层干部考核办法》。在每年年底正式进行考核之前，人事部还会出台当年的具体考核方案，以使考核达到可操作的程度。A公司的做法通常是由公司的高层领导与相关的职能部门人员组成考核小组。考核的方式和程序通常包括被考核者填写述职报告、在自己单位内召开全体职工大会并进行述职、民意测验（范围涵盖全体职工）、向科级干部甚至全体职工征求意见（访谈），考核小组汇总写出评价意见并征求主管副总的意见后报公司总经理。

考核主要包含三个方面：被考核单位的经营管理情况，包括该单位的财务情况、经营情况、管理目标的实现等方面；被考核者的德、能、勤、绩及管理工作情况，下一步工作打算，重点努力的方向。具体的考核细目侧重于经营指标的完成、政治思想品德，对于能力的定义则比较抽象。各业务部（子公司）都在年初与总公司对自己部门的任务指标进行了讨价还价。对中层干部的考核完成后，公司领导在年终总结会上进行说明，并将具体情况反馈给个人。尽管考核的方案中明确说考核与人事的升迁、工资的升降等方面挂钩，但最后的结果总是不了了之，没有任何下文。

对于一般员工的考核则由各部门的领导掌握。子公司的领导对于下属业务人员的考核通常是从经营指标的完成情况（该公司中的所有子公司的业务员均有经营指标的任务）来进行的；对于非业务人员的考核，无论是总公司还是子公司均由各部门的领导自由进行。通常的做法，都是到了年终要分奖金了，部门领导才会对自己的下属做一个笼统的排序。

公司在第一年进行操作时，获得了比较大的成功。由于被征求了意见，一般员工觉得受到了重视，感到非常满意。领导则觉得该方案得到了大多数人的支持，也觉得满意。但是，被考核者觉得自己的部门与其他部门相比，由于历史条件和现实条件不同，年初所定的指标不同，相互之间无法平衡，心里还是不服。考核者尽管需访谈三百人次左右，忙得团团转，但由于大权在握，体会到考核者的权威，还是乐此不疲。进行到第二年时，大家已经丧失了第一次的热情。第三、第四年进行考核时，员工考虑前两年考核的结果出来后，业绩差或好的领导并没有区别，自己还是在他手下干活，领导来找他谈话，他也只能敷衍了事。被考核者认为年年都是那套考核方式，没有新意，失去了积极性，只不过因为是领导布置的事情，不得不应付。

资料来源：https://wenku.baidu.com/view/f4fec70ffc0a79563c1ec5da50e2524de518d0a0.html

讨论题：

A公司绩效考核的问题在哪里？并请提出改进办法。

第四篇

特殊岗位的绩效考核方案

第十四章　高层管理岗位绩效考核

考核经理人绩效的最佳指标

A 公司系电子零件制造业企业，拥有广大市场，其用以衡量经理人绩效的指标有生产量、生产效率、经理人流动率、损失工时、加班时数、品质不良退货率等。

B 公司为通信设备大厂经销商，其用以衡量经理人绩效的指标有营业额、获利率、节约成本、经理人训练时数、客户满意度等。

C 公司经营精密化学产品，其衡量经理人绩效的指标有营业额成长率获利率、经理人流动率、客户满意度等。

D 公司系光学仪器代理商，其衡量经理人绩效的指标有营业额成长率、新客户开发数、主要客户维持数等。

E 公司系药品制造商，制造并销售医师处方用药，其衡量经理人绩效的指标有营业额、新产品开发、成本管控、安全卫生等。

F 公司系电脑周边产品制造商，加工生产电脑键盘外壳，其衡量经理人绩效的指标有营业额、产品不良率、退货率、加班时数、经理人流动率等。

上述六家个案公司在绩效衡量指标上都选用具体可量化且与企业营运相关的指标，如营业额、生产效率、新客户开发、加班时数等，企业以"成果为基础"的评估方式，最能有效地完成经理人绩效考核。

影响可量化目标达成的因素有哪些？高层经理人一致指出，主要是"人"。经理人的工作能力、学习能力等均系于其个人的工作态度，即经理人的工作意愿与行为因素决定其绩效表现，然而公司并没有以它为衡量指标，此指标诸如：团队合作、主动性、持续学习力、决断力、成果导向的工作态度等，其主要原因在于中小企业规模小、组织结构单纯、获利率不稳定，与经营最相关且可量化的指标来衡量经理人的绩效最为有效。

其实，企业无国界，仅以成果来衡量经理人的绩效表现，而忽略了执行过程，这样的绩效衡量指标是否能为企业组织带来竞争优势，是否能营造一个高效率的经营团队？这些问题关系到组织经营绩效。经理人一致表示，上述问题一直困扰着最高管理层，仅以现行的衡量指标并不能有效地扭转经营困难局面。

个案公司在经理人绩效衡量指标上，都希望在"成果指标"外能再加入"行为指标"，以整体评估经理人的绩效，只是行为指标不易具体化与量化。绩效评估结果与人力资源管理相关，如调薪、奖金、晋升、轮调、训练发展、资遣退休等，此管理决策牵动经理人个别权益，如没有使经理人信服的指标，组织内部的不安定与潜藏的经营危机将出现，因此在没有更合适的行为衡量指标前，受访的中小型科技企业大都仅以容易量化的成果指标来衡量经理人的绩效表现。

资料来源：杨涓子. 最新绩效考核与薪酬管理案例及操作要点分析[M]. 北京：企业管理出版社，2005：3-4.

第一节　高层管理岗位绩效考核方案

一、高层管理人员工作特点

高层管理人员是指对整个组织的管理负有全面责任的人，他们的主要职责是制定组织的总目标、总战略，掌握组织的大致方针，并评价整个组织的绩效。企业高层管理人员的作用主要是参与重大决策的制定和全盘负责某个部门，兼有参谋和主管双重身份。

一般企业中，高层管理职位具有如下特点。

（1）"一人之下，万人之上"，是组织的中坚力量。

（2）上司所提的绩效要求往往是原则性的，而他对下属的指令却必须是具体的、可操作的。

（3）工作绩效不一定和本人的努力成正比，受外部制约和偶然的因素影响较大。

（4）工作具有前瞻性、挑战性和创新性。

（5）工作的付出是体力、智慧、技能和心力，前三者能被外部感知或自己可以对人讲清楚，但心理上所承受的压力和疲惫，只有自己知道。

（6）上下信息流动的必经通道。

企业高管的职责主要有以下内容：根据组织安排主持公司工作，分工主管公司行政日常工作、人力资源管理、经营管理和投资管理工作。

1. 实施公司总体战略

（1）组织制定公司的发展战略，并根据内外部环境变化进行调整。

（2）组织实施公司总体战略，发掘市场机会，领导创新与变革。

2. 制订和实施公司年度经营计划

（1）根据董事会下达的年度经营目标组织制订、修改、实施公司年度经营计划。

（2）监督、控制经营计划的实施过程，并对结果负全面责任。

（3）组织实施财务预算方案及利润分配、使用方案。

3. 主持公司日常经营工作

（1）负责公司员工队伍建设，选拔中高层管理人员。

（2）主持召开总经理办公会，对重大事项进行决策。

（3）代表公司参加重大业务、外事或其他重要活动。

（4）负责处理公司重大突发事件，并及时向董事会汇报。

4．建立良好的沟通渠道

（1）负责与董事会保持良好沟通，定期向董事会汇报经营战略和计划执行情况、资金运用情况和盈亏情况、机构和人员调配情况及其他重大事宜。

（2）领导建立公司与上级主管部门、政府机构、金融机构、媒体等部门间顺畅的沟通渠道。

（3）领导开展公司的社会公共关系活动，树立良好的企业形象。

（4）领导建立公司内部良好的沟通渠道，协调各部门关系。

5．建立健全公司统一、高效的组织体系和工作体系

（1）主持、推动关键管理流程和规章制度，及时进行组织和流程的优化调整。

（2）领导营造企业文化氛围，塑造和强化公司价值观。

6．负责主持日常行政事务

（1）负责审定综合管理部各项工作计划。

（2）定期检查综合管理部计划执行情况。

7．负责人力资源开发、管理工作

（1）负责指导制订人力资源战略规划。

（2）组织指导人力资源部制定人力资源管理制度，并督促实施，定期检查。

（3）指导人力资源部拟定公司组织结构设计、岗位职责设计的修订方案。

（4）主持制定员工激励机制和约束机制。

二、高层管理人员考核目的

绩效考核是企业全员参与、全员接受考核的一个过程，企业绩效管理除了对基层员工的考核，还应包括对企业管理层的考核，它的实现有利于高层管理者更好地实现企业的战略目标，为股东会对总经理和领导班子进行管理和监督，有利于高管人员自身的成长和职业生涯规划。

第二节　高层管理职位绩效考核量表

一、总经理考核量表

表 14-1 为总经理绩效考核关键指标量表。

表 14-1　总经理绩效考核关键指标

被考核人姓名		职位	总经理	部门	
考核人姓名		职位	董事长	部门	

指标维度	KPI 指标	权重	绩效目标值	考核得分
财务	净资产回报率	15%	考核期内净资产回报率在____%以上	
	主营业务收入	15%	考核期内主营业务收入达到____万元	
	利润额	10%	考核期内利润额达到____万元	
	总资产周转率	5%	考核期内总资产周转率达到____%以上	
	成本费用利润率	5%	考核期内成本费用利润率达到____%以上	
内部运营	年度发展战略目标完成率	10%	考核期内年度企业发展战略目标完成率达到____%	
	新业务拓展计划完成率	5%	考核期内新业务拓展计划完成率在____%以上	
	投融资计划完成率	10%	考核期内投融资计划完成率在____%以上	
客户	市场占有率	5%	考核期内市场占有率达到____%以上	
	品牌市场价值增长率	5%	考核期内品牌市场价值增长率在____%以上	
	客户投诉次数	5%	考核期内控制在____次以内	
学习与发展	核心员工保有率	5%	考核期内达到____%	
	员工流失率	5%	考核期内控制在____%以内	
本次考核总得分				
考核指标说明	1．成本费用利润率 成本费用利润率＝$\dfrac{利润总额}{成本费用总额}\times100\%$ 2．品牌市场价值 品牌市场价值数据经第三方权威机构测评获得			

被考核人	考核人	复核人
签字：　　　日期：	签字：　　　日期：	签字：　　　日期：

二、营销总监绩效考核指标量表

表 14-2 为营销总监绩效考核关键指标量表。

表 14-2　营销总监绩效考核关键指标

被考核人姓名		职位	营销总监	部门	
考核人姓名		职位	总经理	部门	

指标维度	KPI 指标	权重	绩效目标值	考核得分
财务	净资产回报率	10%	考核期内净资产回报率在____%以上	
	主营业务收入	10%	考核期内主营业务收入达到____万元	
	销售收入	10%	考核期内销售收入达到____万元	
	销售费用	5%	考核期内销售费用控制在预算之内	
	货款回收率	5%	考核期内货款回收率达到____%	

续表

指标维度	KPI 指标	权重	绩效目标值	考核得分
内部运营	年度企业发展战略目标完成率	10%	考核期内年度企业发展战略目标完成率达到____%	
	销售计划完成率	10%	考核期内销售计划完成率达到____%	
	合同履约率	5%	考核期内合同履约率达到____%	
	销售增长率	5%	考核期内达到____%	
	市场推广计划完成率	5%	考核期内市场推广计划完成率达到____%	
客户	市场占有率	5%	考核期内市场占有率达到____%	
	客户保有率	5%	考核期内客户保有率达到____%	
	客户满意率	5%	考核期内客户满意率在____%以上	
学习与发展	培训计划完成率	5%	考核期内培训计划完成率达到100%	
	核心员工保有率	5%	考核期内核心员工保有率达到____%	
本次考核总得分				
考核指标说明	销售增长率 $$销售增长率=\left(\frac{当期销售额或销售量}{上期（或去年同期）销售额或销售量}-1\right)\times100\%$$			
	被考核人		考核人	复核人
	签字： 日期：		签字： 日期：	签字： 日期：

三、行政总监绩效考核指标量表

表14-3为行政总监绩效考核指标量表。

表14-3 行政总监绩效考核关键指标

被考核人姓名		职位	行政总监	部门		
考核人姓名		职位	总经理	部门		

指标维度	KPI 指标	权重	绩效目标值	考核得分
财务	净资产回报率	10%	考核期内净资产回报率在____%以上	
	主营业务收入	5%	考核期内主营业务收入达到____万元	
	办公用品费用控制	5%	考核期内办公用品费用控制在预算范围之内	
	行政成本控制	10%	考核期内企业行政成本控制在预算之内	
内部运营	年度企业发展战略目标完成率	10%	考核期内年度企业发展战略目标完成率达到____%	
	行政工作计划完成率	10%	考核期内行政工作计划完成率达到100%	
	行政工作流程改善目标完成率	10%	考核期内行政工作流程改善目标完成率达到____%	
	后勤工作计划完成率	10%	考核期内后勤工作计划完成率达到100%	
	行政办公设备完好率	5%	考核期内达到____%	

续表

指标 维度	KPI 指标	权重	绩效目标值	考核 得分
客户	内部员工满意度	5%	考核期内内部员工满意度达到____分	
	后勤投诉次数	10%	考核期内后勤投诉次数不得高于____次	
学习与 发展	培训计划完成率	5%	考核期内培训计划完成率达到100%	
	核心员工保有率	5%	考核期内核心员工保有率达到____%	
本次考核总得分				
考核指 标说明	行政办公设备完好率 行政办公设备完好率$=\dfrac{完好设备台数}{设备总台数}\times100\%$			

被考核人		考核人		复核人	
签字：	日期：	签字：	日期：	签字：	日期：

———— 案 例 分 析 ————

考核管理人员是否必要

　　D 企业是一家刚刚成立的 OTC（非处方药品）生产、销售企业，产品销往全国各地。为便于市场管理，该公司把全国市场划分为几个大区：东北区、华北区、西北区、西南区、华中区等，并且每个大区都设有大区经理。同时，根据不同区域市场的特点和潜力，公司制订了不同区域的营销目标，目标考核期为一年，并与各大区经理签订了《目标责任书》，而企业认为任务与责任已经落实下去了，就未与销售部经理签订《目标责任书》。由于完成目标后的激励，各大区经理工作都非常努力，为快速把营销网络建起来并提升销售量，都想尽了办法。

　　在完成产品市场战略布局和产品铺货后，D 公司决定采取广告终端拉动的办法，改变仅有推力的市场状况。但是根据公司能力可用于广告促销的费用相当有限，如果拿到中央电视台可能大家都受益，但这有限的广告费用在中央电视台播出可谓杯水车薪。可是，这几个大区经理都纷纷向总部提出广告和促销支援，有限的广告费用该怎样分配？无奈之下，D 公司来了个"大锅饭"，把广告平均分摊到各大区。

　　尽管如此，一些区域经理还是不满意，因为这些区域销售情况相对好一些，这些区域经理认为自己的区域市场企业应重点投入，于是对公司产生了不满情绪。同时，这些区域经理还扬言如果完不成绩效指标，将不承担相应责任，甚至消极对抗公司总部的管理。这把公司销售部经理、营销副总搞得无可奈何，他们没有更好的解决办法，不知如何是好。

　　绩效考核是企业全员参与、全员接受考核的一个过程，企业绩效管理除了对基层员工的考核，还应包括对企业管理层的考核，尤其是对高层管理人员的考核。高层管理岗位位于层级组织的最高层，任职人员需要对整个组织负责。相对于基层员工，高层管理人员掌握更多的资源，承担着更大的责任，他们工作绩效的好坏，对企业整体绩效起着决定性作用。

资料来源：杨涓子. 最新绩效考核与薪酬管理案例及操作要点分析[M]. 北京：企业管理出版社，2005：82.

第十五章 职能岗位绩效考核

考核制度下的"牺牲品"

　　某公司又到了年终绩效考核的时候，从主管人员到普通员工每个人都忐忑不安，公司用强迫分布式，每到年底要根据员工的表现，将每个部门的员工划分为 A（优秀）、B（良好）、C（一般）、D（较差）、E（特别差）五个等级，要求各个考核级别的人数分别占总人数的 10%、20%、40%、20%、10%。

　　该公司考核规定：如果员工有一次被排在最后一级那么工资降一级，如果有两次排在最后一级则需要下岗进行培训，培训后根据考察的结果再决定是否上岗，如果上岗后再次被排在最后 10%，则被强制淘汰，此外，下岗培训期间员工只能领取基本生活费。

　　公司各级经理和员工对这种绩效考核方法都很有意见，其中有些职能部门，例如财务部门经理每年都为此煞费苦心。该部门是职能部门，大家工作中都有明确的绩效评价标准，从一定意义上来讲都没有什么错误，工作都做得很好，把谁评为 E 档都不合适。2013 年，孙雪因家里有事请了几天假，还有几次迟到了，但是也没耽误工作。财务部经理实在没办法，只好把孙雪报上去了，孙雪成为财务部的强制离散指标，成了考核的"牺牲品"。

资料来源：贺清君. 绩效考核与薪酬激励整体解决方案[M]. 北京：中国法制出版社，2014：57.

讨论题：
财务部门的考核使用强制分布是否合理？

第一节　职能岗位绩效目标设计

一、职能岗位绩效目标设定

职能工作具有服务性强的特点，主要体现在如下几方面，如图 15-1 所示。

1. 综合性

综合性是职能工作最显著的特点。人事、财务、后勤、宿舍、绿化、卫生、保安以及行政等工作都属于职能工作的范围，可以说职能管理工作涉及企业支持工作的方方面面，这就需要职能管理部门协调好人、财、物的各个方面，保障企业职能系统的正常运行，进而确保企业的正常运行。

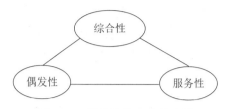

图 15-1　职能岗位工作特点图

2. 偶发性

职能管理工作中很多工作具有一定的偶然性和突发性。例如，某一处发现安全隐患、领导临时需要召开会议等，这就需要职能部门的人员第一时间赶到现场并进行处理。

3. 服务性

服务性也是职能部门的特点之一。这种服务性表现在两个方面：一是为企业运营服务，正常运营是企业获得收益的保障，职能部门要为正常的企业运营提供支持和保障；二是为企业员工服务，只有把企业的员工服务好，才能使这些员工在工作中投入百分之百的精力，更好地为企业的发展出力。

二、职能界定与划分

1. 确定职能的原则

职能的确定原则是以流程为中心（流程以顾客为导向），职能划分如图 15-2 所示。

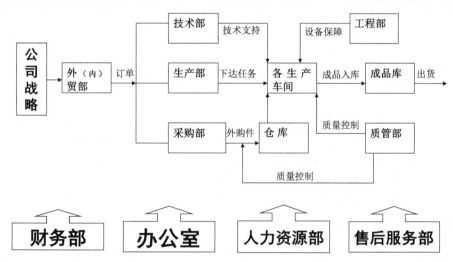

图 15-2　职能划分

流程的搭接原则：例如，市场部门找订单，生产部门按照订单去生产。签署合同以前所有工作是市场部的，签订了合同，生产部应该按照订单生产，就以签订合同为搭接点。

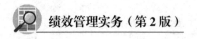

2. 权力委让而责任不委让的原则

设计上下级关系时，可能会放权但是不放责。不能说因为把权放给下级，那这个事情我就不负责了。例如，财务总监是掌握大方向的，财务部经理就要亲自做一些工作，会计师要去记账算账。权力委让，并不等于责任委让。并不等于出了财务问题财务总监不负责。

第二节　职能岗位绩效考核方案

一、考核目的

（1）部门获得评优的依据，重点在部门协调管理、绩效提升和服务质量考核。
（2）员工晋升、调配岗位的依据，重点在对工作能力及发挥的考核。
（3）确定工资、奖金的依据，重点在工作成绩（绩效）考核。

二、绩效考核原则

（1）公开的原则。考核过程公开化、制度化。
（2）客观性原则。用事实标准说话，切忌带入个人主观因素或武断猜想。
（3）反馈的原则。在考核结束后，考核结果必须反馈给被考核人，同时听取被考核人对考核结果的意见，对考核结果存在的问题做出合理解释或及时修正。
（4）时限性原则。绩效考核反映考核期内被考核人的综合状况，不溯及本考核期之前的行为，不能以考核期内被考核人的部分表现代替其整体业绩。

三、绩效考核周期

公司绩效考核包括月度绩效考核、季度绩效考核和年度绩效考核，具体安排如下。
（1）季度考核一年开展四次，第一季度考核时间是 4 月 1 日—4 月 10 日。
（2）第二季度考核时间是 7 月 1 日—7 月 10 日。
（3）第三季度考核时间是 10 月 8 日—10 月 17 日。
（4）第四季度考核时间是第二年 1 月 6 日—1 月 16 日。
（5）年度考核一年开展一次，考核时间是第二年 1 月 6 日—第二年 1 月 30 日。
上述考核时间为示意日期，不包含节假日，描述的皆为工作日行为；月度考核从当月实际工作日的第一天起计算，连续 5 个工作日；季度考核从当月实际工作日的第一天起计算，连续 10 个工作日；年度考核从当月实际工作日起计算，连续 1 个月。

四、绩效考核人和被考核人

1. 绩效考核人相关要求

（1）部门经理的主要绩效考核人是考核与薪酬委员会和公司分管高级管理人员。

（2）人力资源部组织并监督绩效考核实施过程，并将评估结果汇总报公司总经理。

（3）人力资源部经理的考核结果由公司分管领导直接汇总。

（4）考核人需要熟练掌握绩效考核相关表格、流程、考核制度，能与被考核人及时沟通与反馈，公正有效地完成考核工作。

2. 被考核人相关要求

被考核人为公司部门经理，但若部门经理有以下情况则不参与考核。

（1）月度考核期内累计不到岗超过 10 天（包括请假与其他各种原因缺岗）的员工不参与本月度考核。

（2）季度考核期内累计不到岗超过 1 个月（包括请假与其他各种原因缺岗）的员工不参与本季度考核。

（3）年度考核期内累计不到岗超过 3 个月（包括请假与其他各种原因缺岗）的员工不参与本年度考核。

五、考核内容

（1）岗位职责考核（考核的重点），指对每个管理人员要担当的本职工作、上级交付任务的完成情况进行评价。基本考核要素为部门质量目标，工作质量、效率，工作交期和工作跟进等，此项考核占总考核的 70%。

（2）能力考核，指对具体职务所需要的基本能力以及经验性能力进行测评。基本要素包括担当职务所需要的理解力、创造力、指导和监督能力等经验性能力以及从工作中表现出来的工作效率、方法等。

（3）品德考核，指对达成工作目标过程中所表现出的工作责任感、工作勤惰、协作精神以及个人修养等。

（4）组织纪律考核，指对达成工作目标过程中所表现出的纪律性以及其他工作要求等进行测评。基本要素包括遵守纪律、仪表仪容、环境卫生以及接听电话的语言规范等。

六、考核等级

（1）A 级（优秀级）90～100 分，工作成绩优异，有创新性成果。

（2）B 级（良好级）80～89 分，工作成果达到目标任务要求标准，且成绩突出。

（3）C 级（合格级）70～79 分，工作成果均达到目标任务要求标准。

（4）D 级（较差级）60～69 分，工作成果未完全达到目标任务要求标准，但经努力可以达到。

（5）E 级（极差级）60 分以下，工作成果均未达到目标任务要求标准，经督导未改善的。

案例分析

形式化的绩效考核

山东省某烟草专卖局主要负责专卖执法、卷烟经营等工作，公司现有资产总量 2.9 亿元，占地 8 万平方米，建筑面积 3.6 万平方米，现有职工近 2000 人。近年来，公司发展迅速，营业额逐年上升，逐渐由增长型企业转变为成长型企业。企业的快速发展给企业的管理带来了新的要求，而绩效管理作为构建企业核心竞争力、促进企业由增长型向成长型转变的有力管理工具，也得到公司决策层的高度重视。在实际管理过程中，该公司对绩效管理体系的搭建进行了积极的探索，经过数十年的努力，该公司的绩效管理体系取得了一定的成效，已经建立了相对完善的基层业务单位绩效管理体系。但是，对公司下属十几个职能部门（包括财务部、办公室、人事部、行政部等）的绩效考核仍存在一定问题，各部门的考核成绩基本无差异，"大锅饭"现象严重，也有部分员工抱怨考核不公平。

而公司领导层对绩效管理体系的搭建非常重视。为保障绩效考核的公平性，该公司成立了考核小组，考核小组成员主要由各部门员工兼职。该公司现行的绩效考核指标体系是由各部门基于自身工作职责进行梳理的，其考核标准不明确，更多的是定性描述，其中，对于下属十几个职能部门的绩效考核主要以考核人员打分为主。近年来，在领导的大力支持下，该公司的绩效考核开展得如火如荼，但是，公司领导发现虽然十几个部门的工作量、工作质量有明显差异，但各部门的绩效考核得分却一直以来相差无几。这也难怪，由于是国有企业，考核者与被考核者常年在一起工作，碍于面子或人际关系，当然不会轻易给被考核者扣分。面对每次提交上来的几乎没有任何差异的绩效考核成绩单，公司领导大为恼火，于是明确要求严格执行绩效考核标准，各部门的考核成绩必须有所差异，结果"上有政策，下有对策"，各职能部门的考核出现"轮流坐庄"的现象，即考核小组与被考核部门商定每个考核期内各部门考核得分的排名情况，各部门轮流得分最高或最低。几个月过去了，各职能部门正暗自得意的时候，领导又发现了绩效考核得分的"马脚"。在领导的再次严格要求下，考核小组不得不严格按照绩效考核指标对各部门进行打分，其结果反而更差强人意，工作任务繁重、经常加班的部门，往往是扣分最多的部门，而工作清闲的部门，反而得分最高，真可谓"洗的碗越多，打的碗越多"，引起员工的强烈不满。

经过深入分析和调研，管理咨询顾问指出，绩效管理几乎被奉为当代企业管理的"圣杯"，其作用在于调动员工的工作积极性，提高组织绩效，促进企业战略发展目标的实现。然而，职能部门的绩效考核一直是绩效管理体系搭建过程中的难题。由于工作烦琐、无定形，职能部门绩效考核的形式化往往较为严重。

资料来源：佚名. 山东省烟草专卖局（公司）：创新发展争一流[J]. 支部生活（山东），2011（5）：2.

第十六章　销售岗位绩效考核方案

--- 导 入 案 例 ---

新新文具绩效考核问题

新新文具是一家大型文具生产企业，林绩是该公司工作了30年的老销售员。但前几天，他却收到了公司的解雇书，解雇原因是他无法完成公司的销售目标、工作过于缓慢、无法拜访关键客户。

林绩23岁大学毕业后就加入了该公司，在当销售员期间，他成功地在华南和华中开展了一系列的销售任务，并因此得到不断的提升。前年，林绩被派到新成立的东北区进行文具的推销。在东北，很多文具经销商对林绩评价非常高，这证明他确实比一般的销售员有能力。刚到东北区的那一年，林绩年终就成为东北区8个员工中销售量排名第一的人。文具用品业的竞争是非常激烈的，各种因素的变动包括人员的流动都很大，而林绩每年的成绩都是在这样的背景下获得的，可见并不容易。

2003年，东北区新调来一个销售总监叫李效，虽然林绩2003年中期的表现在东北区排名第一，但针对有些指标，李效给了林绩在公司有史以来最低的半年表现评价——"好"，这使林绩的工资增长反而还不如该区的其他员工。

李效上任以来，启动了新的业绩考核系统，与以前公司通常使用的销售配额体系不同，销售员们现在通过两种基本不同的方式核定业绩：一个是数量目标；另一个是销售员的行为评定，主要以代表销售员有效或无效销售行为的重要事件为基准。

业绩核定的数量部分依据产品所占的市场销售份额的排名，这些排名在公司的半年文具分类报告中得到体现。重要事件那一部分，是通过地区销售经理给销售代表打电话，以此来验证他们的行为表现进行的。

中期考核5个月后，李效发现林绩在两种文具的销售上相对竞争对手出现了下滑，尽管其他文具销售量比这两种文具的销售量大得多。于是李效在11月份给林绩写了份意见书，说他的业绩表现远远低于自己的实际能力，鼓励他要做得更好，并建议林绩为每个季度制订产品的销售计划。但林绩对此的答复是他不想这样做，他将像过去一样，尽自己的能力做到最好。

后来一次偶然机会，李效发现林绩的车在早上十点半时依然停在家门前，这显然违反了公司要求销售员8:30就要离开家的政策。他并没有将这次观察告诉林绩，以"看他在每月总结上的诚实程度"。后来几次的抽查中，李效均发现林绩有同样的违纪表现，但林绩在报告里称自己全天都在工作。于是公司在季度总结上批评了林绩的这些表现。但林绩认为李效不应该怀疑自己的忠诚并进行监视，显然他们之间的对立情绪开始产生。

2004年年初，李效基于林绩表现没有什么大变化，决定对林绩实行半年的察看计划，这个计划持续六个月。在察看期间，林绩必须使其负责的产品达到这个地区的平均市场份额，如果达不到这个目标，公司将会进行处罚，包括解雇。

在察看期结束后，林绩还有两种文具没有达到目标，而且总的销售收入排在东北区最后一名。于是公司决定给予第二次察看，以给林绩一次为自己长期服务辩驳的机会。在第二次察看期，林绩必须在公司两种最重要的产品上达到销售目标，同时其他产品销量也不能下滑。如果不能做到，则会被解雇。最终，林绩在其中一种最重要产品上没有达到地区市场份额，于是被公司解雇。

事后，林绩为自己辩护：车几次可能时间较晚还停在家里，是因为他的妻子生病，或者是因为有一天他的岳母突然生病而必须去看医生，其他几次可能是因为他的高血压引起了头晕而耽误了工作。但他说无论他何时开始工作，他都投入了一天的劳动。事实上，新新公司也并不知道他在当天何时结束工作。他认为李效对他不公平。在察看的事情上，第一次察看要求他把所有产品都达到地区的平均市场份额，但这个地区的其他销售员都没有这个业绩标准。而第二次察看及察看的销售目标，李效三个月后才通知他。由于感到存在不公平的管理行为，林绩对客户的行为也开始改变，一些大经销商也反映，林绩正在变得消沉。

资料来源：布勒，斯库勒. 组织变革中的人力资源管理案例[M]. 6版. 刘洪敏，徐春燕，石庆芳. 译，北京：人民邮电出版社，2004：193-203.

讨论题：

1. 林绩的表现不尽如人意是谁的过失？（提示：从林绩自身、企业绩效评价体系两方面进行分析）

2. 如何看待李效的绩效评价标准？（提示：从政策合理性，是否符合公司现状及实施情况三方面加以分析讨论）

第一节　销售岗位目标设计

一、销售岗位工作特点

由于销售人员面对的是高度竞争的、瞬息万变的市场，工作性质要求他们必须具备灵活的头脑，勇于创新，与企业一般员工相比，呈现出自身具有的特征：为适应瞬息万变的市场竞争的要求，销售人员须具备强烈的创新精神和创新能力；为满足客户日益增长的需求，销售人员必须善于学习，勤奋刻苦；因为工作内容以客户为主体，所以需要深谙社会文化心理，善于经营文化；成功的销售人员须具备全面的知识和丰富的阅历，不仅要懂产品，还要懂技术，懂市场营销，掌握一定的心理学、社会学、公共关系等人文科学，与其他工作人员相比，需要更高的人力成本。

二、销售考核的特征

1. 可量化的考核指标

1）销售人员的业绩完成情况

（1）市场占有率。

（2）市场增长率。

（3）新产品推广。

（4）回款率。

2）内部流程的协调情况

（1）企业内部销售流程处理。

（2）与经销商或代理商的合作。

3）服务客户的情况

（1）外部客户服务。

（2）客户忠诚度。

（3）客户满意度。

4）接受岗位培训与晋升培训的情况

（1）是否完成本岗位的学习，可否胜任。

（2）是否具有晋升潜力，具备良好的职业素养。

2. 不可量化的考核指标

（1）工作主动性、积极性。

（2）学习能力。

（3）团队协作。

营销人员需要共同协作才能完成预算计划指标，因此部门业绩完成率占到营销员工个人一定的考核内容。

营销人员的主要工作职责就是完成营销业绩，所以业绩指标构成营销人员的主要考核内容。业绩指标一般用计划完成率来计算，即营销人员所完成的实际业绩量与目标或预算业绩量的比例，业绩指标的制定应充分考虑上年度完成情况，同行业、同地区完成情况，产品差异情况，市场形势，等等。过高的业绩指标会让营销人员退缩，过低的业绩指标又起不到激励作用，并使考核结果无法兑现。同时针对已出现超额或严重低于标准的考核结果，应该制订详细的措施。

3. 追求能力提升的考核特点

随着组织的发展和市场的成熟，企业高层和销售管理人士越来越深刻地认识到：机会导向、关系销售、冲量制胜这些法宝，其效果开始变得越来越有限，而品牌拉动、销售战略和策略越来越成为销售业绩提升的主要驱动因素。组织整体销售能力的高低，对销售业绩的影响也越来越大。能力的提升状况，成为影响组织销售业绩长期、持续成长的重要因素。

在市场结构相对稳定环境中的企业，管理者尤其应关注以下问题：如何保证公司的总体销售策略落地为销售人员的日常销售活动？如何使销售人员成长得更快？如何更有效地提升销售人员的销售能力？如何避免明星销售人才的流失？等等。

判断企业是否从快速发展期进入成熟期，首先考虑的因素是企业的经营管理状况，包括市场占有率、品牌知名度和忠诚度、内部管理制度等方面。此外，企业所处行业的特点和成熟度，也是一个非常重要的考量标准。在一些垄断行业、非市场因素主导的行业中，行业的不成熟也使身处其中的企业进入成熟期的时间相对滞后。对于有幸由快速成长期步入成熟期的企业来说，企业的管理视野也将变得长远，所关注的问题也将从"如何在高速行驶下确保不翻车"，转移到"如何让列车跑得更远"。相应地，销售考核的重点也转移到如何提升销售人员对销售战略和策略的执行能力、如何实现销售能力的持续提升，以及如何留住优秀的销售人员这些关键问题上。企业成熟期，销售考核的内容，重点应放在保证策略落地，实现能力提升。

因此，企业成熟期，考核内容中结果性指标所占权重将会降低，能力考核的权重将会增加。对于结果性指标来说，现在到了应该体现销售战略和策略、开始精耕细作的时候了。推动销售人员销售价值的关键是根据销售利润来评价销售人员的业绩，结合销售时的价格、费用、折让、收款期、坏账率，总体考核"销售人员获利率"。

第二节　销售岗位绩效考核方案

一、考核的目的

促使销售人员明确自己的工作任务和努力方向，让销售管理人员充分了解下属的工作状况，同时促进销售系统工作效率的提高，保证公司销售任务的顺利完成。

二、考核的原则

1. 定量原则

尽量采用可衡量的量化指标进行考核，减少主观评价。

2. 公开原则

考核标准的制定是通过协商和讨论完成的。

3. 时效性原则

绩效考核是对考核期内工作成果的综合评价，不应将本考核期之前的行为强加于本次的考核结果中，也不能取近期的业绩或比较突出的一两个成果来代替整个考核期的业绩。

4．相对公平原则

对于销售人员的绩效考核将力求体现公正的原则，但实际工作中不可能有绝对的公平，所以绩效考核体现的是相对公平。

三、考核指标的确定

期待什么就考核什么，这是一句再简单不过的话，但做起来却非常难。究其原因在于，在为销售人员制订考核目标时，有许多因素需要统筹考虑，并非简单地下指标、拿提成。这种复杂性如表 16-1 所示。

表 16-1　销售的复杂性

销售者	以个人为主——以团队为主
销售产品	简单的实体产品——复杂的成套设备或专业服务
企业生命周期	创业阶段——成熟阶段
产品周期	引入——退出

首先要考虑的是人的要素，可以分为个人和团队两个维度。以个人为主的销售主要取决于销售人员个人与潜在终端客户的良好沟通，比较典型的例子出现在零售和个人金融产品销售中。

以团队为主的销售则主要依赖销售团队与潜在客户的深入沟通，比较典型的例子如专业服务、复杂软件系统、成套设备等产品或服务的销售，需要销售团队完成与客户的多层次、高频率的深入沟通协调。

这种区别在对销售人员的考核上带来的影响是明显的。对以个人为主的销售，在制订考核目标时，既要关注人员的状况——是资深员工还是新进员工，又要考虑销售过程和结果的统一，不能只关注最后结果，忽略了对过程的控制。对以团队为主的销售，在制订考核目标时，关键是在重视量化指标如销售收入、市场份额等的同时，对团队素质指标如人均销售额、单品利润率、单品销售成本、人员流动率等加以重点关注。

其次是考虑产品的因素。产品不同，对销售周期、销售过程和销售结果的设定大不相同。例如，对于那些比较简单的实体产品，如男子成衣、儿童玩具等，销售周期比较短，销售过程相对比较简单，主要靠增加销量来体现销售业绩。制定考核指标时要比较关注销售量、日销量、周销量等指标。而对一些复杂的产品如成套设备、ERP 系统或管理咨询服务，由于产品本身是无形的或者应用比较复杂，客户在做出选择时需要更多信息进行判断，所需销售周期比较长，所以要求对销售过程必须十分重视，像客户响应速度、客户提案通过率、客户首选率、客户回头率、客户满意度等指标就十分关键。

最后就是要考虑企业周期和产品周期，这是在为销售人员制订考核目标时必须特别考虑的。处在创业阶段的企业，由于刚进入市场，所拥有的资源有限，需要尽快扩大市场份额，因而对人均销量指标、铺货率、回款速度、销售成本等极为关注；而进入精细化阶段的企业，企业开始拥有明确方向，有了多样化的产品组合，但同时内部系统增加，在销售上更重视团队销量、品种结构目标达成、主打产品利润率、新品销量等因素。

而就产品周期而言，产品从引入期开始，历经成长期、成熟期，最后到达衰退期。对引进期产品而言，对产品渠道、铺货率关注更为重要；而对成长期的产品而言，对渠道销售量、渠道销量增长率等成长类指标应更为关注。

上述因素也许并非单独对销售人员的考核发生作用。正因如此，在对销售人员进行考核时必须对前述因素综合考虑，这是一个多维的坐标系，不同企业在其中的位置从根本上决定了对销售人员进行考核的方向。

与考核指标的确定不同，影响绩效的因素分主观方面和客观方面，那么可以将指标分为主观绩效指标和客观绩效指标。销售人员的绩效指标可按不同的影响因素分别设立相应指标。

1. 客观绩效指标

客观绩效指标以上述分析为基础，反映了组织对销售人员的目标和期望，它与工作的产出直接相关。常用的指标可分成三类：投入指标、产出指标和效率指标。

投入指标有销售人员访问客户的总数量，所有客户的平均访问次数，不同客户（分老、新、潜在客户）的访问次数和平均访问次数，销售人员的销售费用等；产出指标有销售量、销售额、销售毛利、销售利润、资金周转、现有客户总数、新增客户数、旧客户流失数、订单总数、与新客户的成交额等；效率指标是以比率表示的指标，存在很多种组合，包括：

（1）销售投入及产出方面的比率指标，如：

实际销售费用比率=实际销售费用/实际销售额×100%销售费用使用率

=实际使用费用/计划销售费用×100%

销售毛利率=（销售收入-销售成本）/销售成本×100%

销售定额完成率=实际销售额/计划销售额×100%

（2）客户方面的比率指标，如：

新客户转化率=新客户数/客户总数×100%

流失客户率=流失的客户数/客户总数×100%

客户平均销售额=销售额/客户总数×100%

订单平均销售率=销售额/订单数×100%

客户平均访问次数=访问次数/客户总数×100%工作日平均访问次数

=访问次数/工作日×100%

2. 主观绩效指标

主观绩效指标的成立条件是：如果销售人员做正确的事，他们的产出就会与组织的期望一致。它往往包括工作技能、公司关系、个人特征等方面的内容。常用的指标有工作态度、销售技能、外表举止、沟通技能、创造性和进取性、产品知识、计划能力、时间管理、判断力、创新、客户信誉度等。

企业可以通过销售定额的方式确定指标，客观绩效指标的衡量标准比较明确，指标值比较容易测量。而主观绩效指标往往要用一些考核技术工具，如图示考核法、行为锚定等级法等进行评价。

确定了销售人员的考核指标和绩效指标，接下来要做的就是从各种来源搜集数据。考核的难点除了考核指标的设定以外，最难之处在于缺少考核信息，无法评价指标完成情况，因此必须建立高效率的管理信息系统。每周一次或每月一次的销售工作计划报告，可以让销售主管了解业务员的工作动向，并比较各个业务员的计划与业绩。当然还有销售日报、月度总结和书面报告，可以让上级掌握业务员销售计划的完成情况和工作进展。同时，对客户与消费者的调查了解也是必不可少的，从他们那里得到服务满意度的信息资料。特别是日常的客户投诉，可能比一年一度的正式评估反馈意见更能说明顾客的真实意见。以下三张表对于收集销售人员的绩效考核信息，提升销售管理能力非常重要。

（1）销售人员日报表。销售人员日报表即销售人员填写并上交管理人员的报表，是对每日的销售情况所做的全面记录，是进行销售员绩效考核的重要的第一手资料。

表格在具体设计时应满足如下几点：

① 恰当的项目设定，如访问对象、销售额、折扣、费用等；

② 格式统一以便于管理。现实中可制定配套的管理制度，例如上报时间的规定等；

③ 简单，即能够使销售人员较方便地操作，从而节省销售人员的时间。好的销售人员日报表能有助于销售人员能力的提高与经验的积累。

（2）销售人员月报表。由主管人员将销售人员日报表中的主要内容摘录到月报中，并进行简单的统计计算，便得到了销售人员月报表中所需的内容。销售人员月报表是销售人员月绩效的主要记录，具体格式企业应统一设计与集中管理。

（3）销售人员效率计算表。销售人员销售效率表的制作是利用月报表中的统计数据而计算绩效考核指标体系中的比例指标的过程。因为比例指标有助于抛开量值指标的局限，更易准确衡量销售人员的绩效水平，在实际中应两者结合进行使用。

四、销售人员绩效考核实施中应注意的关键问题

1. 考核应结果和过程并重

首先，企业对销售人员的考核应该分为定量和定性两部分来定期考核。定量考核包括考核销售人员的销售结果，如销售额（这是最常用的指标）、回款额、利润额、市场占有率（特别是区域性销售人员在该销售区域与竞争对手相比之下的市场占有率，是表明该区域销售成绩的重要标准）和客户数，还要考核销售人员的销售行动，如推销员每天平均拜访次数、每次访问所用时间等，以考核销售人员工作的努力程度。为了持续发展销售人员的能力、提升其竞争力，虽不会直接表现在即期的目标中，但也需要重点控制。

其次，销售管理要结果和过程并重。所谓结果，就是上面说的指标体系。那么销售过程呢，主要是每周进行销售总结，也就是我们说的销售周会。由于销售经理是分布在各地的，所以可以采用多种方式，比如实体会议、电话会议、电子邮件。不管是实体会

议，还是虚拟会议，总之要把营销例会限定在每周。每周的周末，都要举行这样的营销例会，从中发现问题，找出难点。这样，就能保证每个销售经理都在公司总部的监控之下。

现在，优秀的公司对营销人员的过程管理都已经控制到每天，对销售经理，是控制到周，这样，就能保证完成指标的过程受控，而不是单纯用指标体系来考核结果。

对于掌握公司一条条生命线的销售人员，要保证"授权要受控"，过程控制非常重要。其中日常报表制度与 KPI 考核联系最为紧密，如销售日志、工作周报、市场信息汇总等，因为 KPI 考核必须建立在拥有相关报表的数据资料基础上，因此需要对上述可量化指标进行表格化的日常管理，积累相关数据资料，为评价指标的量化和衡量做准备，而且要求销售人员定期将有关管理表格向管理层汇报。月/季度述职报告制度也是必要的，即销售人员结合自身工作目标的执行情况定期述职的制度。公司管理层每月/季度召开一次销售人员述职报告会，进行相应的、客观的监控和评估。巡视制度是为了及时、有效地掌握一手信息，管理层或其代表定期、不定期对各个业务单元进行巡视，与有关销售人员进行沟通，并对他们进行指导，重点了解销售人员各项工作的进展情况，并做出相应的评价。作为考核者对被考核者进行现场巡察后，要及时总结并告诉观察结果，包括做得好的方面及不足之处，在一个要素或一个期间考核结束之后，考核者还要将所有的相关信息通过合适的方式及时反馈给被考核者。这种反馈方式很符合人性，能使被考核的销售人员乐于接受和真正受益。这样，被考核者无论是否通过了考核，都收到了一份礼物：要么是成绩肯定，要么是改进计划，两者都是很宝贵的。

2. 考核应系统考虑

销售人员的综合绩效评估和考核结果，往往与薪酬、奖励、升迁等挂钩，无疑表明考核以结果为导向，使公司进入优胜劣汰的良性发展模式。但是许多公司没有将绩效考核放在绩效管理的体系中考虑，孤立地看待考核，因此不够重视考核后期的相关工作。要想做好绩效考核，还必须做好销售人员考核期后的结果反馈工作。在考核结束后，考核者需要与销售人员进行绩效面谈，共同制订今后工作改进的方案。要保证评估结果的有效传达与沟通，这样才能保证不出现因相互的猜测与不必要的心理防范而导致对工作的影响。最后，这种结果不要迅速地与薪酬挂钩，只有经过连续三次且间隔在相当时间之后，才可以相互联系，否则，对于个人或公司的发展，结果将是不可预测的。

3. 考核与个人发展相结合

把考核和经理的职业生涯规划结合起来。这种思路的设计思想是，促进个人和公司共同成长。考核可以评定经理们是否合格、是否优秀，但仅仅发现经理们的欠缺是不够的，还必须有切实的方法帮助经理们提升能力，这就涉及非人力资源部门的人力资源技巧。

比如说每一个销售经理，都由他的上级经理同他做面谈沟通，设计他的生涯规划，然后按照他的生涯计划和他目前的业务计划进行对照，看看哪方面实现了、哪方面没有实现；没有实现的原因是什么；哪些是素质问题、哪些是态度问题；对素质问题采用什么培训方法，对态度问题又如何进行培训。总而言之，就是要在考核的同时，帮助经理们不断发展。只用人、不培养人的企业是不能吸引经理长期为其工作的。

绩效考核"考"跑了销售员

　　A 公司是一家生产、销售乳制品的大型食品饮料企业，该公司产品主要销往市内各大商场、超市等零售网点。销售员每天都要深入销区，除忙于新品谈判、贷款结算业务外，更重要的是处理网络维护、卖场销售情况反馈、终端促销员管理等工作。由于公司近几个月已经没有新产品推出，并且贷款结算大都为月结，规律性较强，公司陈老板便认为员工无所事事，甚至没有作为。于是找到了主管营销的副总经理，让其拿出一套绩效考核体系，以加强对销售人员的管理，防止他们在市场上"浪费"时间。营销副总接受任务后，绞尽脑汁最后设计出了一套表格，要求销售人员逐日填写每天访问客户、时间、工作内容、接洽人电话等内容。刚开始，销售人员还如实填写，但后来销售人员便产生了抵触情绪，认为这是公司对员工的严重不信任，于是就开始在表格上信手"涂鸦"。虽然营销副总也曾通过打电话给客户监督、检查表格内填写内容是否真实，可是执行起来并不容易，经常找不到人，并且客户也没有义务配合，而营销副总又不能到实地去核查，实际上这种考核"流产"了，根本反映不了销售人员的实际工作。

资料来源：https://wenku.baidu.com/view/f87665d826284b73f242336c1eb91a37f0113255.html

讨论题：
此案例中 A 公司的绩效考核误区在哪里？

第十七章　研发岗位绩效考核方案

E公司研发人员在考核中遇到的问题

E公司成立于1995年，从事工业原材料研发、生产和销售业务。E公司从成立之日起，依靠敏锐的市场嗅觉，抓住机会，经过十几年的发展取得行业前五名的地位。但是，这两年整个市场容量不断扩大，行业竞争越来越激烈，和前几年相比，发展速度明显放慢。

该公司研发人员的待遇由基本工资和提成奖金组成。公司基本工资偏低，基本工资的调整缺乏制度，往往开发人员主动提出才调整工资，有经验的员工、老员工和新员工之间工资差距比较小。在奖金方面，按照研发人员个人开发出来的产品销售后毛利的一定百分比进行提成奖励。公司成立后的几年，因为行业竞争不太激烈，产品毛利率比较高，公司研发人员较少，基本工资加上提成有一定吸引力。

2004年以来，竞争越来越激烈，同行纷纷提高工资待遇吸引优秀人才。E公司管理层也意识到市场正在发生变化，企业核心能力必须从生产和销售向产品和技术研发方向转变，必须构建自己的研发优势。所以不断引进人才，包括很多有经验的博士、硕士研究生和应届研究生。但在不断引进人才的同时，公司内有经验的人才却纷纷流失，使公司的研发部成了行业培训中心之一。

行业龙头老大在发展过程中，对研发人员也同样采取毛利提成制度，并取得巨大成功，年销售额几乎是行业第2~10名的总和，所以E企业坚信以产品毛利的一定比例对研发人员进行提成激励的制度是合理的，不能改，否则担心员工的研发活动会不以市场为导向。同时，对研发人员的奖励额度也没有了依据。

同时，公司管理层发现研发部的问题越来越严重。研发人员只对自己开发的产品负责，对其他事情毫无兴趣；研发部不是一个团队，单兵作战；老员工不愿意共享经验，每次员工离职都给公司带来重大创伤；公司想发展的产品没有人开发，开发难度大销售量小的产品也没有人开发；因为不同产品的市场容量相差很大，导致员工之间的收入差距非常大；新的开发人员来了以后只能自己摸索，从头做起，浪费大量的时间和试验材料；等等。

发现这些问题后，为了激励研发人员开发公司战略产品和难度大的产品，管理层对重点新产品开发项目进行评估"定价"，产品开发成功后按照"定价"进行奖励。反之，如果开发不成功，根据定价的一定比例进行处罚。但是政策实施后，不但没有提高新产品开发速度，研发人员反倒越来越害怕开发新产品了。

对待目前的奖金分配制度，管理层和研发人员各执一词。

　　管理层坚持认为开发产品的目的就是要在市场上取得成功，以研发人员开发产品的市场销售毛利的一定比例来进行提成奖励是天经地义的。否则，如何评价技术人员的表现，如何衡量研发人员的绩效呢？虽然研发人员之间的确存在一定的收入差距，但是如果研发人员有能力，未来的收入同样会很高。高收入要靠自己多开发新产品来争取。公司不赚钱，研发人员的奖金从哪里来呢？

　　但是，研发人员认为不公平，开发什么产品是上级分配的，而产品在市场上的表现由市场容量和销售人员的努力决定，和研发人员关系不大。所以，他们认为提成是由产品分配决定的，而不取决于自己的努力。并且，产品的毛利和产品开发难度没有对应关系。很多非常难以开发的产品市场容量很小，导致提成很少。很多研发人员，尤其是销量小的产品开发人员认为付出和收益不成正比，纷纷提出要开发其他市场容量大的产品，并说干到合同期满就辞职；同时，认为职位晋升没有制度，基本工资不能反映有经验员工对公司的贡献。

第一节　研发岗位绩效目标设计

一、研发人员的业务特点

　　在企业技术创新过程中，作为创新主体的研发人员，是最具创造性的因素和最活跃的核心资源。研发人员的工作比一般生产工人、操作人员的复杂、有创造性，对激励的需求也与一般员工有差别。

　　研发人员的业务特点主要体现在以下四个方面。

　　（1）创新性强。研发人员工作的主要目标是实现技术和产品的不断创新，以取得更高层次的创新成果。

　　（2）工作过程难以监控。研发人员的工作主要是脑力劳动，没有固定的流程和步骤。

　　（3）工作需要特定的技术和经验。研发人员的工作对技术水平要求很高，需要接受系统的专业学习。

　　（4）工作压力大，强度高。如果研发任务非常紧迫，一般都会加班加点，再加上高智商的工作要求，研发人员面临的压力巨大。

二、技术研发目标与分解

　　技术研发岗位的工作目标主要来自两方面：一是总体战略目标的分解；二是研发目标的细化。

（1）公司技术研发战略目标的分解。根据公司总体的技术开发目标，可提供的绩效指标包括设计产品数量、规划产品数量、开发产品数量、投新产品数量。

（2）技术研发目标的细化。技术研发岗位的核心工作目标可以细化为战略方向目标、内部控制目标、外部竞争目标、培训发展目标四项。

第二节　研发岗位绩效考核方案

一、考核目的

研发岗位绩效考核的目的是确保产品研发目标的达成，推动研发项目的发展，提升研发部整体研发水平和研发工程师的工作效率，提高研发人员的工作积极性。

二、综合绩效考核

1. 研发部关键绩效考核

研发部关键绩效考核用来评价研发部的工作，每年进行一次，根据评价结果调整下一年度工作计划。

2. 研发部负责人关键绩效考核

研发部负责人关键绩效考核用来评价研发部负责人的工作，每年进行一次，评价结果作为研发部负责人薪金调整和人事变动的重要依据。

3. 研发人员关键绩效考核

研发人员关键绩效考核用来评价研发人员的工作，每年进行一次，评价结果作为研发人员薪金调整和人事变动的重要依据。

三、研发部门绩效考核指标

1. 研发部门可量化指标（见表 17-1）

表 17-1　研发部门可量化指标

序　号	指标名称		说　明
1	新产品开发管理	新产品开发数量	已开发出新产品的数量
2		新产品试制一次成功率	验证新产品的设计能否达到预期效果
3		中试一次通过率	考核产品中试环节，完善工艺技术，提高成品率和质量的稳定性
4		新产品投资利润率	$\dfrac{新产品利润}{研发新产品的投资总额}\times100\%$

234

序　号	指标名称		说　　明
5	新产品开发管理	新产品合格率	$\dfrac{实际合格数量}{新产品送检数量}\times100\%$
6	项目研发	阶段成果产出率	$\dfrac{项目实施的阶段成果产出数量}{计划产出数量}\times100\%$
7		项目完成准时度	$\dfrac{实际开发花费时间}{计划开发花费时间}\times100\%$
8		开发预算使用率	$\dfrac{项目开发的实际花费}{研发总预算}\times100\%$
9		申请项目通过率	$\dfrac{立项通过数}{申请总数}\times100\%$
10		开发成果验收合格率	$\dfrac{成果验收合格数}{总验收次数}\times100\%$
11		科研成果转化率	$\dfrac{得到转化的科研成果（得到使用的）数量}{成果总数}\times100\%$
12		项目计划完成率	$\dfrac{项目完成数量}{项目总数量}\times100\%$ 或$\dfrac{实际工作完成量}{计划工作完成量}\times100\%$
13	专利情况	专利申报通过率	$\dfrac{专利通过数量}{专利申请次数}\times100\%$
14	技术管理	发生事故次数	试验、研发工程中发生事故的次数，越低越好
15	员工管理	员工流失率	$\dfrac{员工流失人数}{总员工数}\times100\%$

2. 研发部门定性指标（见表17-2）

表17-2　研发部门定性指标

序　号	指标名称	说　　明
1	产品的稳定性	产品投放市场后又进行更改的次数
2	研发制度制定情况	研发相关的制度与规范的完善程度、规范程度等
3	部门协作	部门之前协作的满意度
4	市场信息收集	收集的及时性与准确性
5	技术支持情况	客户对技术服务的满意度评价情况
6	技术资料提供情况	考察员工向客户提供技术资料的及时性、准确性（推荐以是否发生投诉或客户的满意度为考核依据）
7	技术档案管理	考察员工的技术资料是否规范、是否外泄了涉密的技术资料
8	技术资料的完整度	平时送交相关部门的各类资料是否在规定时间内送到、送交资料是否完整等

3. 研发部门定性绩效考核评价表示例（见表 17-3）

表 17-3　研发部门定性绩效考核评价表

结构	考核指标	不合格 （1～0分）	合格 （2分）	中 （3分）	良 （4分）	优 （5分）
素质结构	事业心	工作敷衍，责任心差	工作较马虎，责任心不强	责任心一般，可完成日常任务	工作勤奋，责任心较强	工作一丝不苟，勇于承担责任
	纪律性	组织纪律性差，经常迟到早退	组织纪律性较差，较少迟到早退	有一定的组织纪律性，偶尔迟到早退	组织纪律性较强，无迟到早退	组织纪律性强，经常加班加点
知识结构	主动性	经常偷懒，工作懈怠	工作较被动，有时需要外界推动才去做	工作较主动，不偷懒	能积极主动地完成本职工作	对分内分外工作十分积极主动
	文化知识	具有初中以下知识水平	具有初中知识水平	具有中专或相当于中专学历的知识水平	具有大专或相当于大专学历的知识水平	具有大学本科或相当于同等学力的知识水平
	专业知识	缺乏本专业知识	本专业知识了解粗浅	对本专业知识掌握情况一般	掌握本专业知识，有一定深度	全面掌握本专业知识，对相关专业知识有广泛了解
素质结构	口头表达能力	讲话含糊其辞，意思不清楚	基本上能表达意思，但缺乏条理	辞能达意，但过于刻板	语言简练、重点突出，较生动	语言清晰、幽默，具有出色的谈话技巧
	创新能力	没有创新精神，工作因循守旧	工作比较保守，很少有新办法	能开动脑筋，对工作进行改进，但步子不大	工作中有一定改进成果	有魅力，善于产品创新，工作绩效高
	交际能力	交际能力弱，不善于与人交往	交际能力较弱，社交面窄	交际能力一般，但步子不大	交际能力较强，社交面广	善于与人交往，广泛建立业务关系
	合作能力	性格孤僻，不愿与人合作	能与他人合作	愿意与他人合作	主动与他人合作	积极合作，乐于助人
	理解力	对分配的工作和新知识掌握慢，不得要领	理解力差，在旁人的指导和帮助下能初步掌握分配的工作和新知识	掌握分配的工作和新知识的能力一般	能较快地掌握分配的工作和新知识，理解能力较强	能迅速掌握分配的工作和新知识，理解深刻
绩效结构	产品质量	经常出错，质量低下	偶有出错，质量较差	较少出错，质量一般	不出错，质量较高	从不出错，手工精巧
	工作任务	不能完成额定任务	在同事的帮助下能完成任务	能独立完成任务	能按时完成任务，偶有超过	长期超额完成任务

———— 案 例 分 析 ————

朗讯科技（中国）的 KPI 指标设计

依托贝尔实验室的创新，朗讯科技（中国）有限公司致力于为中国信息产业的发展提供业界领先的综合解决方案以及涉及整个网络生命周期的专业服务，成为其面对当前及未来市场挑战的可靠合作伙伴。朗讯中国目前在中国设有八个地区办事处、一个贝尔实验室分部、五个研发中心、多家合资企业和独资企业。

朗讯中国的业务主要集中在无线网络、无线市话（PHS）网络、光网络、数据网络、专业服务等在中国最具发展前景且最能发挥朗讯优势的领域。朗讯的综合解决方案已成功应用于中国电信、中国联通、中国移动等国内主要电信运营商的网络中，并发挥着重要作用。

"中国是全球最大的亮点，在中国取得成功是确保朗讯全球领先地位的关键。"朗讯科技董事长兼首席执行官陆思博女士的话表明了朗讯对待中国市场的信心与策略。为顺应中国市场环境的变化，应对电信市场新竞争格局的出现，配合朗讯全球性战略调整，特别是面对中国加入 WTO 带来的全新挑战，朗讯中国已经形成以客户为中心，集研发、生产、营销、服务等全部企业资源及优势于一体的全新的业务运营模式，以便向中国及全球的各服务供应商提供更快捷和优质的服务。

2005 年，朗讯经历了和阿尔卡特的合并。阿尔卡特和朗讯合并后的新公司更名为"阿尔卡特—朗讯"，公司总部位于法国巴黎，同时于朗讯总部所在地美国新泽西州设立美国运营总部。股票同时在欧洲证券交易所和纽约证券交易所两地上市，交易代码为"ALU"。新公司成立后，原朗讯董事会主席兼 CEO 陆思博（Patricia Russo）出任首席执行官，原阿尔卡特公司总裁塞尔日·丘鲁克（Tchuruk）担任新公司的总裁，但不直接管理业务。合并后的新公司市值高达 360 亿美元，且拥有全球通信业最大的研发机构，一跃成为全球第一大电信设备巨头。截至 2013 年，阿尔卡特—朗讯在中国合计投资额达 18 436.909 8 万美元。

面对如此之快的发展速度，朗讯公司沉着应对。在这几年的发展过程中，公司的愿景与使命保持不变。朗讯以创新沟通方式、缔造多彩生活为愿景，并自始至终以卓越实力推动客户发展、壮大自身业务、丰富人们的沟通体验，在电信市场上攻城略地。在这个过程当中，人力资源管理，尤其是绩效管理发挥着不可估量的作用。

从朗讯的人力资源管理架构来看，从员工招聘入职开始到离职解聘结束，绩效管理在公司的人员管理中占据着中心地位。它与培训、晋升、岗位轮值替换和薪酬奖励有着密不可分的关系。朗讯的绩效管理严格遵循目标化的原则。所谓目标化，是指在进行绩效目标管理时，在明确企业愿景和使命、分析企业内外环境后，确定企业战略的重点，并将战略按照层次逐步分解，最后得出各个部门的目标和具体到个人的任务。

基于上述愿景和使命，朗讯选取了影响成功的关键绩效维度，并找出每个维度的关键的成功因素，再将关键的成功因素细分为各项指标，即 KPI。朗讯运用平衡计分卡得出了绩效管理四个维度的各项指标。在关键的成功因素中，朗讯将盈利能力、市场地位、生产率以及员工的发展作为影响企业是否能成功的重要因素。通过上述过程，朗讯成功地将其战略目标落实到各个部门，再由各个部门领导根据 SMART 原则，将任务具体分配到个人。

确定绩效目标后，朗讯的绩效管理流程中还有一个不可缺少的部分，那就是绩效面谈。通常说来，面谈有以下三个目的。

（1）将绩效考核的结果反馈给员工。管理者可以通过这种方式将考核结果真实地反映给员工。

（2）与员工讨论考核的结果。管理者要与员工进行沟通，如果员工对结果有不满或不同的看法，要讨论到双方达成一致看法为止。对绩效不合格的方面，管理者要与员工讨论其原因，并制订绩效改进计划。

（3）制订下一个绩效考核周期的目标。在面谈时，要对下一个周期的考核目标进行讨论和沟通，达成共同的目标。在朗讯的绩效面谈中，员工和管理者双方都要对自己做出评价。一方面，员工要提交成果摘要，主要总结在过去一年的成就和目标，对自己的优秀之处要予以保持，对自己的不足之处要提出改进计划。员工可以和管理者一起制订具体的行动计划，而且，管理者还要在合理的范围内给员工提供物质上的支持。这样一来，不仅员工自我评估的价值得到了体现，而且其职业兴趣和发展也得到了相应的帮助。另一方面，管理者要总结出员工过去一年来的成就及目标完成情况，即总结出员工的业绩概要和发展趋势。同时，管理者还必须给出相应的看法和建议，在肯定员工优点的时候，还不忘指出其不足的地方，并提供力所能及的帮助。

朗讯绩效管理的几个特点如下。

从传统意义上来讲，大多数公司都奉行一年一次的绩效考核。而朗讯的做法是实行季度考核，以此来充分实现绩效管理的目的——将公司的目标进行到底。此外，在考核办法上，依照平衡计分卡的指标，上级管理者会根据 OVGIUN 标准相应地给其下级打分。在此过程中，管理者按照强制分布的原则来对下级进行分类。评分低者将惨遭淘汰。

朗讯对公司负责人、高层管理人员、职能部门人员和研发人员绩效管理的原则如下。

对于子公司负责人来说，由于他们地处各个省市地区，可以说是企业的销售代表，因此，子公司负责人绩效的好坏将直接关系到整个公司的利益。为了充分发挥公司的整体效应，对子公司负责人的绩效进行定期的考核与管理就显得尤为重要。具体来说，这些原则包括以下几项。

（1）通过绩效管理促使子公司经营活动与集团公司战略方向保持一致。

（2）掌握子公司负责人的具体业绩，并对出现的问题提供帮助。

（3）将绩效管理与薪酬相结合，发挥其激励作用，增强子公司负责人的工作积极性。

对于高管人员来说，他们的参与对企业是否能获得并保持竞争优势有着不可替代的作用。他们站在企业总体发展战略的高度，参与制定各项决策。他们的决策关系到组织战略的实施。所以，对高管的绩效进行仔细衡量和有效的管理对一个组织的成功至关重要。对高管的绩效管理，朗讯主要依照下列原则。

（1）通过绩效管理促使高管之间达成一致。

（2）使高管对目前的绩效有一个清楚的认识，从而发现差距。

（3）利用绩效考核结果进行奖惩，兑现承诺，并激励其继续努力。

尽管与业务部门相比，对职能部门的考核没有明确的业务指标，但是对于他们的绩效考核也是不容忽视的。对于这一部分人员，朗讯的绩效管理原则如下。

（1）考核指标符合 SMART 原则，尽量量化、细化。

（2）考核指标全面客观地反映被评价对象的绩效。

对于研发人员来说，他们所扮演的角色比较特殊。研发人员的绩效管理主要从两个方面考虑：研发部门和研发人员自身。针对这类人员，朗讯的原则如下。

（1）将结果考核与行为考核结合起来。

（2）依据项目的进行情况分阶段进行考核。

（3）以市场导向为原则，制定出具体评估细则和实施方法。

最后，朗讯运用绩效考核结果来决定薪酬和奖金的发放，以及个人培训和晋升。但最重要的目的还是激励员工，让大家为公司的目标共同努力。尤其要提到的一点是，绩效考核的结果形成了一个矩阵。朗讯公司高层根据人员具体的考核情况，为高绩效人员分配资源，帮助其在公司内部发展；而对低绩效人员，公司则决定暂且留用或予以辞退。

资料来源：林新奇. 绩效管理[M]. 大连：东北财经大学出版社，2016：38-140.

参 考 文 献

[1] 李文静，王晓莉. 绩效管理[M]. 2 版. 大连：东北财经大学出版社，2015.

[2] 林新奇. 绩效管理[M]. 3 版. 大连：东北财经大学出版社，2016.

[3] 云鹏，尹海燕. 绩效管理[M]. 北京：中国商业出版社，2015.

[4] 白睿. 绩效管理全流程实战方案[M]. 北京：中国法制出版社，2019.

[5] 刘祯. 一本书读懂绩效管理[M]. 北京：中国友谊出版公司，2019.

[6] 刘琴琴，戴剑. 新常态下的人力资源管理：战略、体系和实践[M]. 上海：上海财经大学出版社，2017.

[7] 程延园. 绩效管理经典案例解析与操作实务全书（上）[M]. 北京：中国经济出版社，2016.

[8] 程延园. 绩效管理经典案例解析与操作实务全书（下）[M]. 北京：中国经济出版社，2016.

[9] 付立红. 税务机关绩效管理理论与实践[M]. 北京：中国经济出版社，2019.

[10] 贺清君. 绩效考核与薪酬激励整体解决方案[M]. 3 版. 北京：中国法制出版社，2018.

[11] 彭剑锋，张小峰. 战略绩效管理十大方法[M]. 上海：复旦大学出版社，2020.

[12] 谭中阳，刘嫔. 绩效考核管理实战从新手到高手（案例版）[M]. 北京：清华大学出版社，2019.